精品课程配套教材

21世纪应用型人才培养"十四五"规划教材

"双创"型人才培养优秀教材

成本会计

（修订版）

主　编　张　伟

副主编　陈华娜　张　帆　安永红

　　　　阳玉秀　刘　洋　李晓玲

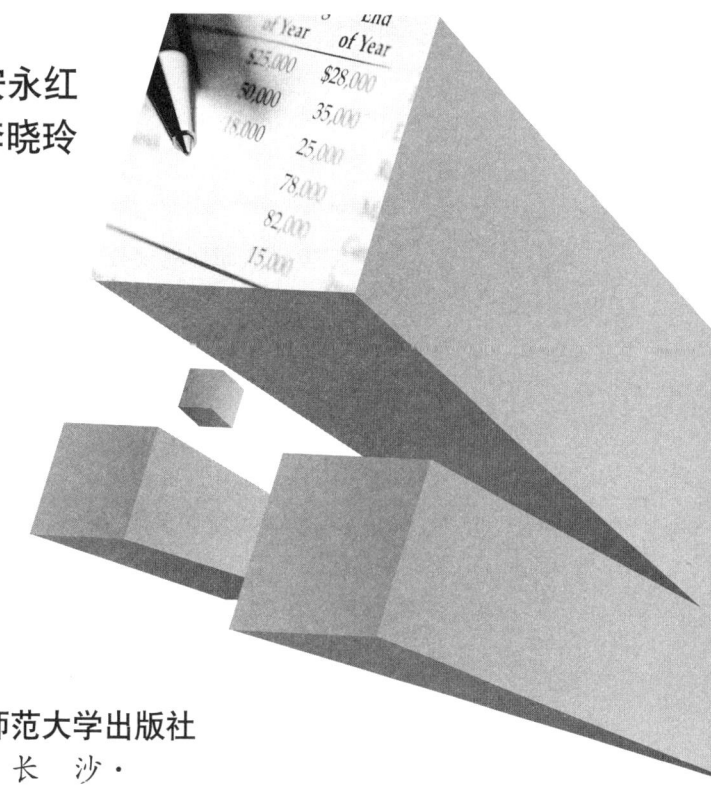

湖南师范大学出版社

·长　沙·

图书在版编目（CIP）数据

成本会计／张伟主编.—长沙：湖南师范大学出版社，2012.1（2023.6重印）
ISBN 978-7-5648-0657-6

Ⅰ.①成…　Ⅱ.①张…　Ⅲ.①成本会计-高等教育-教材　Ⅳ.①C93

中国版本图书馆 CIP 数据核字（2012）第 006065 号

成本会计
CHENGBENG KUAIJI

张　伟　主编

◇全程策划：王　强
◇组稿编辑：杨海云
◇责任编辑：付秀芹　柳　丰
◇责任校对：欧　洋
◇出版发行：湖南师范大学出版社
　　　　　　地址／长沙市岳麓山　　邮编／410081
　　　　　　电话／0731-88872751　　传真／0731-88872636
　　　　　　网址／https：//press.hunnu.edu.cn
◇经　　销：全国新华书店
◇印　　刷：涿州汇美亿浓印刷有限公司

◇开　　本：787mm×1092mm　1/16
◇印　　张：14.75
◇字　　数：355 千字
◇印　　次：2023 年 6 月第 4 次印刷
◇书　　号：ISBN 978-7-5648-0657-6
◇定　　价：39.80 元

（教学资料包索取电话：刘老师 13269653338）

前　言

　　全球经济一体化进程的加速，使得市场需求瞬息万变，企业之间的竞争变得异常激烈，成本优势的取得对于一个企业的生存和发展显得更加重要。因此，成本会计的重要作用更加凸显。由于现代成本会计与管理紧密结合，因此，它的职能更加丰富。现代成本会计的主要职能有：成本预测、成本决策、成本计划、成本控制、成本核算、成本分析和成本考核。在成本会计的各个职能中，成本核算是最基本的职能，没有成本核算就没有成本会计。成本会计的各个职能是相互联系，互为条件的，并贯穿于企业生产经营活动的全过程，在全过程中发挥作用。

　　习近平总书记在党的二十大报告中指出，"加快发展数字经济，促进数字经济和实体经济深度融合"。新一代信息技术与各产业结合形成数字化生产力和数字经济，是现代化经济体系发展的重要方向。

　　本书在编写的时候有所舍取，如成本会计中的成本预测、成本决策、成本计划、成本控制等内容与管理会计学中的预测、决策、预算、控制等内容类似，两门课程有些章节的内容则完全一样，如标准成本制度、作业成本计算法等。本书在编写过程中力求突出以下几个方面的特点：

　　（1）引入最新企业会计准则，切合国家相关的法律法规；密切关注企业实务需求，实现理论和实务高度融合。

　　（2）选择的语言力求通俗易懂、精练准确，使读者能更容易接受和理解专业知识。

　　（3）内容规划上，突出适度新颖、多举实例、重在应用，加强实际操作能力的培养。

　　（4）课后习题和课程内容紧密贴合，尽可能的反映每个项目的重难点内容。

　　本书在编写过程中，参阅了大量的文献资料，借鉴和吸收了国内外众多学者的研究成果，在此向有关作者表示最诚挚的谢意！由于笔者水平所限，错误在所难免，如有不妥之处，敬请读者斧正。

编　者

目 录

项目一　总　论

项目要点

1. 成本的经济内涵及作用。
2. 支出、费用与产品成本之间的关系。
3. 费用的分类。
4. 成本会计的含义、职能和任务。
5. 成本计算方法的选择。
6. 成本会计工作的组织。

知识目标

1. 理解成本及成本会计的概念。
2. 了解成本的作用和成本会计的任务。
3. 理解成本会计的对象和职能。

技能目标

掌握成本费用的分类。能够正确划分各种费用。

导入案例

在某大学的成本会计课上，授课老师正在向学生介绍成本会计的内容，他告诉学生"成本会计是会计学科中一门独立的分支学科，因为它有了自己独立的概念框架和独特的方法体系。"当学生问到："以前没有学过或者没有学好其他会计课程，甚至以前学理科的学生初学会计，能够学好成本会计吗？"老师回答说："只要有一点会计基础知识，即使没有学过太多的财务会计或财经类其他课程，也可以将成本会计学好，因为它有自己独立的方法体系"。

要求同学们思考：

1. 成本会计是会计学科的一门独立的分支学科吗？
2. 只要学习过基础会计，就可以学好成本会计吗？
3. 如何才能学好成本会计？

一、成本的含义

成本是一个普遍的经济范畴，在社会主义市场经济中是客观存在的。人们要进行生产经营活动或达到一定的目的，就必须耗费一定的资源，其所费资源的货币表现及其对象化称之为成本。随着商品经济的不断发展，成本概念的内涵和外延都处于不断的变化发展之中。加强成本管理，努力降低成本，无论对提高企业经济效益，还是对提高整个国民经济的宏观经济效益，都是极为重要的。要做好成本管理工作就必须充分认识成本的经济内涵。

（一）成本的经济内涵

《资本论》中指出："按照资本主义方式生产的每一个商品 W 的价值，用公式来表示是 W＝C+V+M。如果从这个产品价值中减去剩余价值 M，那么，在商品中剩下的，只是一个在生产要素上耗费去的资本价值 C+V 的等价物或补偿价值。"按照马克思的成本价格理论，商品的成本由 C+V 两部分构成，被称为理论成本。即在正常生产、合理经营条件下的社会平均成本，是物化劳动和活劳动中的必要劳动的价值组成。

成本会计所要研究的成本主要是企事业单位所发生的成本，特别是具有典型意义的物质生产部门为制造产品而发生的成本，即产品生产成本。由马克思的成本价格理论推论可知，产品生产成本可以用 C+V 表示，并可以进一步延伸为：为了生产某一产品，而在生产过程中消耗的生产资料价值 C 和劳动者为自己创造的价值 V，并应从销售收入中得到补偿的价值，以保证简单再生产的继续进行。

结合会计分期假设和权责发生制原则，应该归属于一定种类和数量产品的生产耗费，即对象化的生产耗费，才构成产品成本。因此，产品生产成本可以定义为：生产者为生产一定种类和数量的产品耗费而又必须补偿的物化劳动和活劳动中必要劳动的货币表现。

（二）成本的开支范围

成本开支范围是国家为了加强成本管理，正确计算成本，防止滥挤成本、乱摊费用，对计入产品成本的各项费用所作的统一规定。按现行制度规定，应该计入成本的包括下列各项：

（1）生产经营过程中实际消耗的原材料、辅助材料、备品配件、外购半成品、燃料、动力、包装物的原价和运输、装卸、整理等费用。

（2）企业直接从事产品生产人员的职工薪酬。

（3）车间房屋建筑物和机器设备的折旧费、租赁费及低值易耗品的摊销费等。

（4）因生产原因发生的废品损失以及季节性和修理期间的停工损失。

（5）其他为组织、管理生产活动所发生的制造费用。

企业发生下列费用，不应计入成本：

（1）企业为组织、管理生产经营活动所发生的管理费用、财务费用、销售费用。

（2）购置和建造固定资产的支出、购入无形资产和其他资产的支出。

（3）对外界的投资以及分配给投资者的利润。

（4）被没收的财物以及违反法律而支付的各项滞纳金、罚款以及企业自愿赞助、捐赠的支出。

（5）在公积金、公益金中开支的支出。

（6）国家法律、法规规定以外的各种付费。

（7）国家规定不得列入成本的其他支出。

成本开支范围是国家根据成本的客观经济内涵、国家的分配方针和企业实行独立经济核算要求而规定的。各企业必须严格遵守国家规定的成本开支范围，以保证成本计算的正确性、可比性。

（三）支出、费用与产品成本之间的关系

支出、费用、成本是三个关系极为密切的概念。下面就工业生产企业的支出、费用和产品成本，简要说明它们之间的联系与区别。支出、费用与产品成本的关系见图1-1。

1. 支 出

支出是指企业在经济活动中发生的一切开支与耗费。一般而言，企业的支出可分为资本性支出、收益性支出、所得税支出、营业外支出和利润分配支出五大类。

资本性支出是指该支出的发生不仅与本期收入有关，也与其他会计期间的收入有关，而且主要是为以后各期的收入取得而发生的支出。如企业购建的固定资产、无形资产以及递延资产、对外投资等。

收益性支出是指一项支出的发生仅与本期收益的取得有关，因而它直接冲减当期收益，如企业为生产经营而发生的材料、应付职工薪酬等开支。

所得税支出是企业在取得经营所得与其他所得的情况下，按国家税法规定向政府缴纳的税金支出。所得税支出作为企业的一项费用也是直接冲减当期收益。

营业外支出是指与企业的生产经营业务没有直接联系的支出，如企业支付的罚款、违约金、赔偿金以及非常损失等。这些支出尽管与企业生产经营活动没有直接联系，但与其收入的取得还是有关系的，因而也被作为当期损益的扣减要素。

利润分配性支出指在利润分配环节的开支，如支付股利等。

2. 费用以及费用与支出的关系

费用是指企业为销售商品、提供劳务等日常活动所发生的经济利益的流出，即企业在获取收入的过程中，对企业拥有或控制的资产的耗费。

费用按其同产品生产的关系可划分为生产费用和期间费用两类。生产费用是指产品生产过程中发生的物化劳动和活劳动的货币表现，如直接材料、直接人工和制造费用等耗费，它同产品生产有直接关系；期间费用是指同企业的经营管理活动有密切关系的耗费，它同产品的生产没有直接关系，但与发生的期间配比，应作为当期收益的扣减。企业的期间费用包括销售费用、管理费用和财务费用。

费用是企业支出的构成部分，在企业支出中凡是同企业的生产经营有关的部分，即可表现或转化为费用，否则不能列为费用。

3. 生产费用与产品成本的关系

生产费用和产品成本是两个既相互联系又互相区别的概念。生产费用按一定的产品加

以归集和汇总,就是产品成本。因此,生产费用是产品成本的基础,而产品成本则是对象化的生产费用。

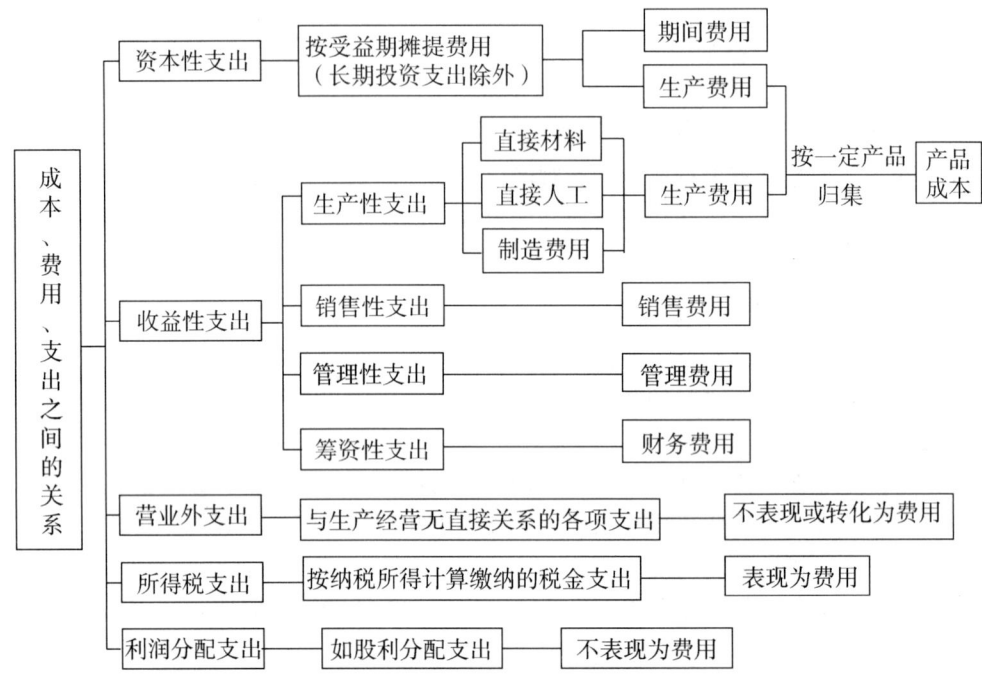

图1-1 支出、费用与产品成本的关系

(四)费用的分类

费用是企业重要的会计要素之一。工业企业生产经营过程中发生的费用是多种多样的,为了科学地进行成本管理,正确计算产品成本和期间费用,需要对种类繁多的费用进行合理分类。费用可以按照不同的标准进行分类,其中最基本的是按费用的经济内容和经济用途进行的分类。

1. 费用按经济内容的分类

企业的生产经营过程,也是物化劳动和活劳动的耗费过程。在这一过程中,发生的货币计量的生产耗费,称为生产费用。生产费用按经济内容划分,可分为劳动对象消耗的费用、劳动手段消耗的费用和活劳动中必要劳动消耗的费用,具体分为下列项目。

(1)外购材料。指企业为进行生产而耗用的一切从外部购进的原材料及主要材料、辅助材料、半成品、包装物、低值易耗品、修理用备件等。

(2)外购燃料。指企业为进行生产而耗用的一切从外部购进的各种固体、液体和气体燃料。

(3)外购动力。指企业为进行生产而耗用的一切从外部购进的各种动力。

(4)应付职工薪酬。指企业应计入产品成本和期间费用的职工工资以及向有关部门缴纳的社会保险费、住房公积金、工会经费等。

(5)折旧费。指企业按规定计算的应计入费用的固定资产折旧费。

（6）利息支出。指企业应计入财务费用的借入款项的利息支出减去利息收入后的净额。

（7）税金。指企业应计入税金及附加的各种税金。包括房产税、车船使用税、土地使用税、印花税等。

（8）其他支出。指不属于以上各项目的支出，如差旅费、邮电费、保险费、租赁费等。

生产费用要素是一种原始形态的费用支出，这种分类可以反映企业一定时期内在生产经营过程中发生了哪些费用，数额是多少，据以分析企业在各个时期各种费用的构成和水平；这种分类反映了企业生产经营中外购材料和燃料费用以及职工薪酬的实际支出，可以为企业核定储备资金定额、考核储备资金的周转速度，并为编制材料采购计划和劳动工资计划提供资料。

但是，这种分类不能说明各项费用的用途，因而不便于分析各项费用支出是否节约、合理。

2. 费用按经济用途的分类

工业企业在生产经营中发生的费用，按经济用途可分为计入产品成本的生产费用和不计入产品成本的生产费用（直接计入当期损益的期间费用）两类。计入产品成本的生产费用，按其用途还可以进一步划分为若干项目，在会计上称为产品成本项目。工业企业一般应设置以下几个成本项目。

（1）原材料。也称直接材料，指直接用于产品生产并构成产品实体的原料、主要材料与外购半成品，以及有助于产品形成的辅助材料费用。

（2）燃料和动力。也称直接燃料和动力，指直接用于产品生产的各种燃料和动力费用。

（3）应付职工薪酬。也称直接人工，指直接参加产品生产的工人的职工薪酬。

（4）制造费用。指间接用于产品生产的各项费用，以及虽直接用于产品生产，但不便于直接计入产品成本，因而没有专设成本项目的费用（如机器设备的折旧费）。制造费用包括企业内部生产单位的管理人员的职工薪酬、固定资产折旧费、租赁费、办公费、水电费、机物料消耗、低值易耗品摊销、劳动保护费、季节性或修理期间的停工损失以及其他制造费用等。

企业可根据生产特点和管理需要对上述成本项目做适当调整。对于管理上需要单独反映、控制和考核的项目，以及产品成本中比重较大的费用，可以专设成本项目；否则，为了简化核算，不必专设成本项目。例如，如果废品损失在产品成本中所占比重较大，在管理上需要对其进行重点控制和考核，则应单独设置"废品损失"成本项目。又如，如果工艺上耗用的燃料和动力不多，可将燃料费用并入"原材料"成本项目，将动力费用并入"制造费用"成本项目。

3. 生产费用的其他分类

（1）生产费用按与生产工艺的关系分类

计入产品成本的生产费用，按与生产工艺的关系，可以分为直接生产费用和间接生产费用。直接生产费用指由于生产工艺本身引起的、直接用于产品生产的各项费用，如原材料费用、生产工人工资和机器设备的折旧费等。间接生产费用指与生产工艺没有联系，间接用于产品生产的各项费用，如机物料消耗、辅助工人工资和车间厂房折旧费等。

（2）生产费用按计入产品成本的方法分类

计入产品成本的各项生产费用，按计入产品成本的方法，可以分为直接计入费用（一般称为直接费用）和间接计入费用（一般称为间接费用）两种。直接计入费用是指可以分清哪种产品所耗用、可以直接计入某种产品成本的费用。间接计入费用是指不能分清是哪种产品所耗用、不能直接计入某种产品成本，而必须按照一定标准分配计入有关各种产品成本的费用。

上述两种分类方法之间既有联系又有区别。它们之间的联系表现在：直接生产费用在多数情况下是直接计入费用，如原材料、主要材料费用直接计入某种产品成本；间接生产费用在多数情况下是间接计入费用，如机物料消耗需要按照一定标准分配计入有关的各种产品成本。但它们毕竟是对生产费用的两种不同分类，直接生产费用和直接计入费用、间接生产费用和间接计入费用不能等同。例如，在只生产一种产品的企业（或车间）中，直接生产费用和间接生产费用都可以直接计入这种产品成本，因而均属于直接计入费用；又如在用同一种原材料，同时生产出几种产品的企业（或车间）中，直接生产费用和间接生产费用都需要按照一定标准分配计入有关各种产品成本，因而均属于间接计入费用。

此外，费用还有其他的分类方法，如费用按与产量的关系可以分为变动费用（变动成本）和固定费用（固定成本）。

（五）成本的作用

成本的经济内涵决定了成本在经济管理工作中具有十分重要的作用。

1. 成本是补偿生产耗费的尺度

为了保证企业再生产的不断进行，必须对生产耗费进行补偿。企业是自负盈亏的商品生产者和经营者，其生产耗费是用自身的生产经营成果，即营业收入来补偿的。而成本是衡量这一补偿份额的尺度。企业在取得营业收入以后，必须把相当于成本的数额划分出来，用于补偿生产经营中的资金耗费。这样，才能维持资金周转按原有规模进行。如果企业不能按照成本来补偿生产耗费，企业资金就会短缺，再生产就不能按原来的规模进行。可见，成本作为补偿生产耗费的尺度，对企业的生产经营有着重要的影响。

2. 成本是综合反映企业工作质量的重要指标

成本是一项综合性的经济指标，企业经营管理中各方面工作的业绩，都可以直接或间接地在成本上反映出来。例如，新产品设计的好坏、生产工艺的合理程度、原材料消耗的节约和浪费、劳动生产率的高低、固定资产的利用情况等等，都可以通过成本直接或间接地反映出来。

成本既然是综合反映企业工作的指标，因而企业可以通过对成本的计划、控制、监督、考核和分析等来促使企业以及企业内部各单位加强经济核算，努力改进管理，降低成本，提高经济效益。例如，通过对成本的对比和分析，可以及时发现在物化劳动和活劳动消耗上的节约和浪费，找出工作中的薄弱环节，采取措施挖掘潜力，合理地使用人力、物力和财力，从而降低成本，提高经济效益。

3. 成本是制定产品价格的一项重要因素

在商品经济中，产品价格是产品价值的货币表现。价格围绕价值上下波动的价值规律，使得产品价值决定产品价格。但在实际中，我们还不能直接计算产品的价值，而只能计算产品的成本，通过成本间接地、相对地掌握产品的价值。因此，成本就成了制定产品价格的重要因素。当然，产品的定价还受国家价格政策、市场供求关系等的影响，所以产品成本只是一项重要因素。

4. 成本是企业进行经营决策的重要依据

企业在激烈的市场竞争中立于不败之地，提高经济效益，首先要制定正确的生产经营决策。进行生产经营决策，需要考虑的因素很多，其中成本是一项重要的因素。这是因为，在销售价格等因素一定的前提下，成本的高低直接影响着企业赢利的多少，影响着企业的竞争能力。

任务二 成本会计的认知

一、成本会计的定义

成本会计是指运用会计的基本原理和一般原则，采用一定的技术方法，对企业生产经营过程中发生的各项费用和产品成本进行连续、系统、全面、综合的核算和监督的一种管理活动。它是现代会计的一个重要分支。

成本会计一般可分为广义成本会计和狭义成本会计：

（一）狭义的成本会计含义

狭义的成本会计指对成本核算资料进行各种归集、记录、汇总、分配，最终确定产品的总成本和单位成本的工作。该定义主要侧重于指产品成本核算。

（二）广义的成本会计含义

广义的成本会计指除了产品成本计算、核算外，还包括对成本预测、决策、计划、控制、核算、分析和考评等管理活动。

二、成本会计的对象

成本会计对象指的是成本会计核算和监督的内容。由于成本会计研究的主要是物质生产部门为制造产品而发生的成本即产品生产成本，所以成本会计核算和监督的主要内容是指产品生产成本。

成本会计对象不仅包括工业生产企业的产品生产成本和经营管理费用，还包括其他行业企业的成本和经营管理费用，如商业企业、交通运输企业、施工企业、房地产开发企业等。因为成本作为经济范畴遍及各行业企业的经济活动，这些行业企业从事经济活动发生的耗费也就理所当然地成为成本会计对象的内容。

综上所述，成本会计的对象可以概括为：各行业企业的生产经营业务成本和有关的经营管理费用，简称为成本、费用。因此，成本会计实际上是成本、费用会计。

三、成本会计的职能

成本会计的职能，是指成本会计在经济管理中的功能。成本会计作为会计的重要分支，其基本职能与会计一样，具有反映和监督两大基本职能。但随着社会经济发展和管理水平的提高，其具体内容也在不断扩大。

1. 反映职能

反映职能是成本会计的首要职能，就是从价值补偿的角度出发，反映生产经营过程中各种费用的支出，以及生产经营业务成本和期间费用等形成情况，为经营管理提供各种成本信息的功能。就其最基本的方面来说，是以已经发生的各种费用为依据，为经营管理提供真实的、可以验证的成本信息，从而使成本分析、考核等工作建立在有客观依据的基础上。随着社会生产的不断发展、经营规模的不断扩大、经济活动的日趋复杂，成本管理需要加强计划性和预见性。因此，成本会计除了要提供反映成本现状的资料外，还要提供有关预测未来经济活动的成本信息资料，以便正确地作出决策和采取措施，达到预期的目的。由此可见，成本会计的反映职能，是从事后反映发展到分析预测未来。

2. 监督职能

成本会计的监督职能，是指按照一定的目的和要求，通过控制、调节、指导和考核等监督各项生产经营耗费的合理性、合法性和有效性，以达到预期的成本管理目标的功能。

成本会计的监督，包括事前、事中和事后监督。首先，成本会计应从经营管理对降低成本、提高经济效益的要求出发，对企业未来经济活动的计划或方案进行审查，并提出合理化建议，从而发挥对经济活动的指导作用；在反映各种生产耗费的同时，进行事前监督，即以国家的有关政策、制度和企业的计划、预算等为依据，对有关经济活动的合理性、合法性和有效性进行审查，限制或制止违反政策、制度和计划、预算等的经济活动，支持和促进增收节支的经济活动。其次，成本会计要通过成本信息的反馈，进行事中和事后的监督，也就是通过对所提供的成本信息资料的检查和分析，控制和考核有关的经济活动，从而及时总结经验，发现问题，提出建议，促使有关部门采取相应措施，调整经济活动，使其按照原先规定的要求和预期的目标进行。

成本会计的反映和监督两大职能是辩证统一、相辅相成的。没有正确、及时的反映，监督就失去了存在的基础；只有进行监督，才能使成本会计为管理提供真实可靠的信息，使反映的职能得以充分地发挥。所以，只有把反映和监督两大职能有机地结合起来，才能更有效地发挥成本会计在管理中的作用。

四、成本会计的任务

成本会计的任务是成本会计职能的具体化，也是人们期望成本会计应达到的目的和对成本会计的要求。成本会计的任务主要包括以下几个方面。

1. 进行成本预测，参与经营管理，编制成本计划，为企业有计划地进行成本管理提供基本依据

在社会主义市场经济中，企业应在遵守国家有关政策、法规和制度的前提下，按照市

场经济规律的要求，正确地组织自己的生产经营活动。为此，企业必须在经营管理中加强预见性和计划性。面对市场，企业应在分析过去的基础上，科学地预测未来，周密地对自身的各项经济活动实行计划管理。

2. 严格审核和控制各项费用支出，努力节约开支，不断降低成本

企业作为自主经营、自负盈亏的商品生产者和经营者，应加强经济核算，节约开支，不断提高经济效益。为此，成本会计必须以国家有关成本费用开支范围和开支标准，以及企业的有关计划、预算、规定、定额等为依据，严格控制各项费用开支，监督企业内部各单位严格按照计划、预算和规定办事，并积极探求节约开支、降低成本的途径和方法，以促进企业经济效益不断提高。

3. 及时、正确地进行成本核算，为企业经营管理提供有用信息

在成本管理中，对各项费用的监督与控制主要是在成本核算过程中，利用有关核算资料来进行的；成本的预测、决策、计划、考核、分析等也是以成本核算所提供的成本信息为基本依据的。所以，按照国家有关法规、制度的要求和企业经营管理者的需要，及时、正确地进行成本核算，提供真实、可靠的成本信息，是成本会计的基本任务。

4. 考核成本计划的完成情况，开展成本分析

成本是反映企业以及企业内部有关单位的工作业绩的重要经济指标，成本会计必须按照成本计划等的要求，进行成本考核，肯定成绩，找出差距；在成本管理中，还必须认真、全面地开展成本分析工作，揭示影响成本升降的各种因素及其影响程度，以便正确评价企业成本管理工作中的问题，从而促进成本管理工作的改善，提高企业的经济效益。

【例1-1】饺子店是否应该延长营业时间

假定一家饺子店的管理部门正在考虑扩展业务增加新品种，或是在一个不同地区增加新的连锁店。决策的关键是确定哪种选择最有利可图：保持现有规模？在现营业地点扩大经营？或开设新店？

例如，大娘饺子店单一经营饺子业务，每天的营业时间是上午11点到晚上9点。店老板巧珍准备考虑延长营业时间，即每天晚上9点到12点也营业。该决策从经济效益考虑是否可行呢？这取决于延长时间后收入和成本的变动情况。她将此任务交给了主管成本工作的会计万欣。万欣利用他的知识以及工作经验和市场情况来预计成本的变化，并确认引起成本变动的因素。根据预测，万欣认为晚上延长3个小时营业时间，每个月的收入、原料成本、人工及水电费将增加30%，其他成本将增加10%，由于经营用房是按年租借的，每月的租金不变，设备的折旧不变，那么预计的月利润情况如表1-1所示。

表1-1 大娘饺子店月利润表（预计）

项　目	基本营业时间的金额（元）	延长营业时间后的金额（元）	差异（元）
销售收入	100 000	130 000	30 000
成本			
原料	40 000	52 000	12 000
人工	16 000	20 800	4 800
水电费	5 000	6 500	1 500
租金	20 000	20 000	0
折旧	5 000	5 000	0
其他	4 000	4 400	400
成本合计	90 000	108 700	18 700
营业利润	10 000	21 300	11 300

通过收入和成本对比分析可以发现，延长晚上营业时间每月可以增加11 300元营业利润。以此为依据，老板巧珍决定延长在晚上的营业时间。

任务三 成本会计计算方法的选择

产品成本是在生产过程中形成的，采用何种方法计算成本在很大程度上取决于企业生产的特点（生产的工艺特点和生产组织形式）；而成本计算主要是为成本管理提供资料，采用方法时也需考虑成本管理的要求。

一、产品成本计算的含义及内容

产品成本计算是指以一定的成本计算对象为依据，分配和归集生产费用并计算产品总成本和单位成本的过程。产品成本计算的内容一般包括：成本计算对象的确定；成本计算期的确定；成本项目的确定；成本核算的账户设置；成本费用的归集及其计入产品成本的顺序；间接费用的分配；生产费用在完工产品和在产品之间的分配；产品总成本和单位成本的计算。

二、企业生产类型及其特点

影响成本计算方法的首要因素是企业的生产特点，不同行业的生产工艺千差万别，按照工业生产的一般特点，可做如下分类。

（一）按生产工艺过程的特点分类

工业企业的生产工艺过程是指产品从投料到完工的生产工艺的加工过程，它以生产工艺是否间断为基本特征。按照生产工艺过程的特点不同，工业企业的生产可以分为单步骤生产和多步骤生产两种类型。

（1）单步骤生产（也称简单生产），是指生产工艺不能间断的生产，或者由于工作地点限制不便于分散在几个不同地点进行的生产。属于单步骤生产的企业，其产品的生产周期较短，生产工艺过程简单，生产过程一般只能由一个企业整体进行，而不能由几个企业协作完成。典型的单步骤生产的企业有采掘、玻璃制品的制造、发电、供水、供气、铸造等工业生产企业。

（2）多步骤生产（也称复杂生产），是指在生产工艺上可以间断为若干生产步骤，可以分别在不同时间、不同地点进行的生产。其生产过程可以由一个企业或车间独立完成，也可以由几个企业或车间连续加工完成。属于多步骤生产的企业，其产品的生产周期一般较长，生产活动可以分别在不同的时间、不同的地点进行。典型的多步骤生产的企业有冶金、纺织、机械制造等。多步骤生产按加工形式不同，又可分为连续式多步骤生产和装配式多步骤生产两种。连续式多步骤生产是指从原材料投入生产后，要依次经过若干个生产步骤的连续加工，才能成为产品的生产。在这种生产方式下，各步骤之间有先后顺序，需依次进行加工。典型的企业有纺织、冶金等。装配式多步骤生产是指产品的各个生产步骤无先后顺序，可分别同时加工，再装配成产成品的多步骤生产。典型的企业有汽车制造、机械制造等。

（二）按生产组织形式的特点分类

按照生产组织形式特点的不同，工业企业生产可分为大量生产、成批生产和单件生产三种。

（1）大量生产指不断地大量重复生产相同产品（定型产品）的生产。在这种生产的企业和车间，产品的品种往往较少、产量较大，而且比较稳定，如冶金、纺织、采掘、酿酒、造纸等的生产均属大量生产。

（2）成批生产指按事先规定的产品批别和数量进行的生产。一般来说，这类产品的生产产品品种较多，而且各种产品经常轮番进行生产，如现使用的《成本会计》印刷、服装生产、家电用器、某些机械产品的生产均属成批生产。成批生产按照批量的大小，又可进一步分为大批生产和小批生产。大批生产批量较大，往往重复生产，从性质上看接近于大量生产。小批生产批量较小，一批产品一般可同时完工，从性质上看接近于单件生产。

（3）单件生产是指根据客户订单的要求，生产个别的、性质特殊的产品的生产。这类产品的生产，一般来说，产品的品种较多，每一订单产品数量很少，一般不重复或不定期重复生产，例如，船舶制造和重型机械及专用设备制造等均属单件生产。

不同的生产工艺过程和不同的生产组织形式相结合，可以形成多种生产类型。常见的有：在单步骤生产及连续式多步骤生产工艺过程下，往往采用大量大批生产组织形式，分别称作大量大批单步骤生产和大量大批连续式多步骤生产；在装配式多步骤生产工艺过程下，可以采用大量大批，也可以采用小批单件生产组织形式，分别称作大量大批装配式多步骤生产和小批单件装配式多步骤生产。

三、企业生产特点和管理要求对产品成本计算的影响

企业生产工艺特点对产品成本计算的影响主要表现在三个方面：一是成本计算对象，二是成本计算期，三是生产费用在完工产品与在产品之间的分配。这三个方面有机结合，形成了不同的成本计算方法。

（一）对成本计算对象的影响

从生产工艺过程特点看，在单步骤生产下，由于生产不可能或不需要划分生产步骤，

生产的产品只要求按照产品的品种计算产品成本；在多步骤连续式生产下，生产过程是由几个可以间断的、分布在不同地点的生产步骤所组成。为了加强对各个步骤的管理，在计算产品成本时，不仅要求按照产品品种，而且还要求按照每一生产步骤作为成本计算对象，计算每一个生产步骤上的半成品成本，以便提供各个步骤的生产成本资料。在多步骤装配式生产下，由于零部件不对外销售也无独立核算的必要，一般不需要按步骤计算半成品成本，而以产品品种作为成本计算对象。从产品生产组织特点看，在大量生产下，企业在较长时间内大量地生产同一种产品，因此计算产品成本时只能以产品品种作为成本计算对象；在大批生产下，视情况按产品品种或批别计算产品成本。如果大批生产比较稳定，为了经济合理地组织生产，耗用量较少的零部件，往往集中投产，生产一批零部件，供应几批产品耗用；耗用量较多的零部件，也可以另行分批投产。在这种情况下，零部件生产的批别与产品生产的批别往往不一致，这样就不能按照产品的批别计算成本，而只能按照零部件和产成品品种计算成本；在单件、小批生产下，产品批量小，一批产品一般可以同时完工，可以按批组织生产，在计算产品成本时，可以分批别计算产品成本。

（二）对成本计算期的影响

成本计算期是指产品成本计算的间隔期。计算成本的期间并不完全与产品的生产周期或会计结算期（会计结算总是按月定期进行）一致。成本计算期一般有定期计算和不定期计算两种。定期计算是指以月份为成本计算期，在月末进行，这样成本计算期和会计报表编报期是相同的。不定期计算是以产品生产周期为成本计算期，一般是指某一批产品生产完工的月份才计算产品成本，在这种情况下，成本计算期与生产周期是相同的。

在大量大批生产企业中，由于随时都有完工产品入库，但为了减少会计工作量，一般不在产品完工同时，立刻就计算它的成本，产品成本计算都是定期于每月月末进行。这时，产品的成本计算期与会计结算期相一致，而与产品的生产周期并不一致。在单件小批生产的企业，一般情况下，当某一定单产品或某一批别产品在月末未完工时，全部都是在产品成本，只有当产品全部完工时，才能计算完工产品成本，所以其成本计算周期是不固定的，与产品的生产周期一致，而与会计结算期不一致。

（三）对完工产品与在产品之间费用分配的影响

企业在生产过程中发生的全部生产费用，经过归集与分配后，最终都归集到"基本生产成本"总账及所属的各成本明细账中。在单步骤生产企业里，由于生产过程不能间断，生产周期较短，月末在产品很少或没有，所以月末不必计算在产品成本；在大量大批多步骤生产企业里，月末经常有在产品，因此需要将生产费用在完工产品与月末在产品之间进行分配；在单件小批多步骤生产的企业里，成本计算期经常与生产周期一致，在某批或某件产品完工之前，产品成本明细账的月末余额就是月末在产品成本。产品完工后，产品成本明细账中归集的生产费用就是产品成本，因而不存在完工产品与在产品之间分配费用的问题。

四、产品成本计算的方法

（一）产品成本计算的基本方法

上述生产特点和管理要求对产品成本计算三方面的影响，构成以成本计算对象为主要标志的三种成本计算的基本方法，即品种法、分批法和分步法：1. 按产品的品种（不分批、不分步）计算产品成本，该方法称为品种法；2. 按产品的批别（分批、不分步）计算产品成本，该方法称为分批法；3. 按产品的生产步骤（分步、不分批）计算产品成本，该方法称为分步法；这三种方法的基本特点简单列示如表 1-2，具体内容会在后面项目五至项目七中阐述。

表 1-2　产品成本计算基本方法的特点

成本计算方法	成本计算对象	成本计算期	期末在产品成本的计算	适用范围	
				生产特点	成本管理要求
品种法	产品品种	按月计算，与会计报告期一致	单步骤生产下一般不需计算，多步骤生产下一般需计算	大量大批单步骤或多步骤生产	管理上不要求分步计算产品成本
分批法	产品批别	不定期计算，与生产周期一致	一般不需要计算	单件小批单步骤或多步骤生产	管理上不要求分步计算成本
分步法	产品品种及其所经过的步骤	按月计算，与会计报告期一致	需要计算	大量大批多步骤生产	管理上要求分步计算成本

（二）产品成本计算的辅助方法

1. 在产品品种、规格繁多的工业企业，为了简化成本计算工作，还应用着一种简便的成本计算方法——分类法。

2. 在定额管理基础较好的工业企业，还应用着一种将符合定额的生产费用和脱离定额差异分别核算，保证成本计划、定额的完成的一种产品成本计算方法——定额法。

产品成本计算的辅助方法的基本特点和使用范围如表 1-3，具体内容会在后面项目八中阐述。产品成本计算的辅助方法，是为了简化成本核算、加强成本定额管理而采用的，一般应与基本方法结合起来使用，而不能单独使用。

表 1-3　产品成本计算的辅助方法的基本特点和使用范围

方法	基本特点	适用范围
分类法	以产品类别为成本计算对象，将生产费用先按产品的类别进行归集，计算各类产品成本，然后再按照一定的分配标准在类内各种产品之间分配，来计算各种产品的成本	适用于产品的品种规格多，但每类产品的结构、所用原材料、生产工艺过程都是基本相同的企业
定额法	以产品的定额成本为基础，加上或减去脱离定额差异以及定额变动差异来计算产品的实际成本	适用于管理制度比较健全、定额管理基础工作较好、产品生产定型和消耗定额合理且稳定的企业

任务四　成本会计工作的组织

一、成本会计的基础工作

成本会计的基础工作包括以下四项内容。

（一）建立定额管理制度，制定必要的消耗定额

定额是企业在生产经营过程中，对人力、物力、财力的消耗所规定的标准。与成本有关的定额包括劳动定额、材料、动力、工具消耗定额、费用定额、质量定额等。制定的定额既要先进又要切合实际，并应随着企业生产技术条件的变化和管理水平的提高而定期修订。

（二）加强物资的计量、验收、领发和清查制度

做好物资的计量、验收、领发和清查工作，是正确计算成本的必要条件。企业一切物资的收发都要经过计量验收和办理必要的凭证手续。库存物资应定期进行清查、盘点，做到账物相符。

（三）建立内部结算制度，制定内部结算价格

内部结算要抓好内部结算价格、内部结算方式和内部结算组织三个方面的工作。

（四）建立原始记录制度，制定合理的凭证传递流程

企业应健全原始记录制度，统一规定各种原始记录的格式、内容、填制方法、存档和销毁等制度；应根据成本计算和内部控制的需要，制定各种原始记录的传递程序，包括凭证传递所流经部门、各部门对凭证的处理程序等。

二、成本会计工作的组织原则

企业应根据单位生产经营的特点、生产规模的大小和成本管理的要求等具体情况来组织成本会计工作，需要遵循以下几项原则。

（一）成本会计工作要与技术相结合

产品的设计、加工工艺等技术是否先进、经济上是否合理，对产品成本高低有着决定性的影响。传统的成本会计工作中，会计部门多注重产品加工中的耗费，技术部门只考虑技术问题，两者工作的脱节使得企业在降低产品成本方面受到很大限制，成本会计工作仅限于事后算账。因此，成本会计工作要与技术相结合，才能使成本会计工作真正发挥应有的作用。

（二）成本会计工作要与经济责任制相结合

为了降低成本，实行成本管理上的经济责任制是一条重要的途径。例如，实行成本分级分口管理，成本会计工作处于中心地位，负责组织成本指标的制定、分解落实、日常的监督检查、信息的反馈、调节以及成本责任的考核、分析、奖惩等工作，可以收到很好的效果。

（三）成本会计工作要树立全员意识

企业的各种费用是在生产经营的各个环节发生的，成本的高低取决于各部门、车间、班组和职工个人的工作质量。实现降低成本的目标，必须充分调动企业每一个人的积极性和主动性，增强全员成本意识和参与意识。

三、成本会计工作的组织

成本会计工作的组织包括成本会计工作应遵循的法规制度、成本会计机构及其人员，以及成本会计工作的组织形式等内容。

（一）成本会计的机构

成本会计机构是处理成本会计工作的职能单位，也是企业会计机构的一个分支。它是根据企业规模和成本管理要求来考虑，通常由集中工作和分散工作两种方式。成本会计的机构包括成本会计工作的领导机构、成本会计的职能机构、成本归口管理部门和班组经济核算。

（二）成本会计人员

成本会计工作要求从事此项工作的人员，除了应具备会计职业道德之外，不仅要懂会计和财务管理，还要懂经营管理，特别要熟悉生产技术。

（三）成本会计制度

成本会计制度既要以会计准则、财务通则和财务会计制度的有关规定为依据，适应企业生产经营特点和内部管理的具体要求，也要同其他有关规章制度相协调，并要通过调查研究，在认真总结经验的基础上加以制定。企业成本会计制度的内容，应包括对成本进行预测、决策、计划、控制、核算、分析和考核等作出决定，比如关于成本预测和决策的制度；关于成本定额、成本计划编制的制度；关于成本控制的制度；关于成本核算制度；关于成本报表制度；关于成本分析制度；企业内部价格制定和结算制度和其他有关成本会计的规定。成本会计制度一经确定，应保持相对稳定。

同步测试题

一、单项选择题

1. 成本会计有狭义成本会计和广义成本会计之分，所谓狭义成本会计就是指(   )。
   A. 成本核算　　　　B 成本预测　　　　C. 成本控制　　　　D. 成本考核和分析
2. 成本会计的最基本职能是 (   )。
   A. 成本预测　　　　B. 成本决策　　　　C. 成本核算　　　　D. 成本分析
3. 下列项目中不能计入产品成本的费用是 (   )。
   A. 企业管理人员的工资及福利费　　　　B. 企业支付的动力费用
   C. 生产工人的工资及福利费　　　　D. 车间管理人员工资及福利费
4. 所谓理论成本，就是按照马克思的价值学说计算的成本，它主要包括 (   )。

A. 已耗费的生产资料转移的价值

B. 劳动者为自己劳动所创造的价值

C. 劳动者为社会劳动所创造的价值

D. 已耗费的生产资料转移的价值和劳动者为自己劳动所创造的价值

5. 下列 (   ) 属于费用按经济内容的分类。

    A. 制造费用　　　　B. 外购动力　　　　C. 营业费用　　　　D. 管理费用

6. 成本会计的一般对象可以概括为 (   )。

A. 各行业企业生产经营业务的成本

B. 各行业企业有关的经营管理费用

C. 各行业企业生产经营业务的成本和有关的经营管理费用

D. 各行业企业生产经营业务的成本、有关的经营管理费用和各项专项成本

7. 下列应计入产品生产成本的费用是 (   )。

    A. 广告费　　　　　　　　　　　B. 租入办公设备的租赁费

    C. 生产工人工资　　　　　　　　D. 利息支出

8. 工业企业的生产组织类型和管理要求对产品成本计算的影响，主要表现在(   )。

A. 完工产品与在产品之间分配费用的方法

B. 成本计算期的确定

C. 间接费用分配方法的确定

D. 成本计算对象的确定

9. 决定成本计算对象的因素是生产特点和 (   )。

    A. 成本计算实体　　B. 成本计算时期　　C. 成本管理要求　　D. 成本计算方法

10. 成本计算的基本方法和辅助方法之间的划分标准是 (   )。

    A. 成本计算工作的繁简　　　　　B. 对于计算产品实际成本是否必不可少

    C. 对成本管理作用的大小　　　　D. 成本计算是否及时

二、多选题

1. 产品成本开支范围包括(   )。

A. 行政管理部门为管理和组织生产而发生的各种管理费用

B. 为制造产品而消耗的材料费用

C. 为制造产品而消耗的动力费用

D. 生产过程中发生的废品损失

E. 生产单位为管理组织生产而发生的费用

2. 下列哪些项目是将费用按经济用途划分(   )。

    A. 制造费用　　　　　　　　　　B. 固定费用

    C. 直接材料　　　　　　　　　　D. 间接费用

    E. 管理费用

3. 下列各项中，属于制造费用项目的有(   )。

    A. 生产车间的办公费　　　　　　B. 生产车间管理用具的摊销

C. 自然灾害引起的停工损失　　　　D. 生产车间管理人员的工资

E. 生产设备的折旧费

4. 成本会计的基础工作中，要建立健全的原始记录主要包括(　　)。

A. 材料物资的原始记录　　　　　　B. 劳动资源方面的原始记录

C. 设备使用方面的原始记录　　　　D. 费用开支方面的原始记录

5. 成本会计工作的组织包括(　　)。

A. 成本会计制度　　　　　　　　　B. 成本会计人员

C. 成本会计机构　　　　　　　　　D. 成本管理责任制

E. 班组经济核算

三、判断题

1. 原始记录是企业进行成本核算的依据。(　　)

2. 从理论上讲，商品价值中的补偿部分，就是商品的理论成本。(　　)

3. 在只生产一种产品的工业企业或车间中，直接生产费用和间接生产费用都可以直接计入该种产品成本，都是直接计入费用，这种情况下，没有间接计入费用。(　　)

4. 企业某一期间为生产产品发生的费用总额，不一定等于该会计期间产品成本的总额。(　　)

5. 产品成本项目是由国家统一规定的，任何企业不能变动。(　　)

四、案例分析题

某企业在本会计期间发生的部分经济业务如下：

(1) 为制造产品消耗材料费用 250 000 元，消耗的全部材料均为前期储备材料；

(2) 为制造产品支付工资费用 150 000 元；

(3) 生产设备和生产用房屋计提折旧费用 80 000 元，行政管理部门办公设备和办公用房屋计提折旧费用 30 000 元；

(4) 生产过程中发生因料废品损失 5 000 元；

(5) 购买新的生产设备支付银行存款 500 000 元；

(6) 维修生产用厂房支付现金 3 000 元；

(7) 对外投资支付现金 20 000 元；

(8) 向投资者分配利润 30 000 元；

(9) 以现金支付办公费用 4 000 元；

(10) 以银行存款支付广告费 50 000 元；

(11) 因违反税法有关规定被处罚，支付现金 6 000 元；

(12) 支付保险期为一年的财产保险费 9 000 元，其中生产车间保险费 6 000 元，行政管理部门保险费 3 000 元；

(13) 支付本期利息支出 600 元；

(14) 支付生产车间水电费 1 000 元；

(15) 向长期合作单位捐赠现金 40 000 元。

　　该企业将上述各项支出，按照其用途分别计入当期生产的甲、乙两种产品成本中。

　　要求：对该企业的上述会计处理进行评述，并说明原因。

五、拓展训练

　　通过网络、或实地走访的形式对一家或两家工业企业成本会计工作情况进行调查。

　　要求：

　　1. 了解企业成本会计工作的组织方式；

　　2. 了解企业制定的成本会计制度的内容；

　　3. 了解企业成本核算项目以及成本核算流程。

项目二 产品成本核算概述

项目要点

1. 产品成本核算的原则和要求。
2. 产品成本核算的一般程序。
3. 产品成本核算的账户设置。

知识目标

1. 理解成本会计核算的原则和要求。
2. 熟悉成本核算的一般程序及成本计算的基础工作。

技能目标

掌握成本核算的账户设置并能够正确运用各账户。

导入案例

华山电器制造公司是一个拥有 80 个职工的小型企业，主要生产消毒柜。王明清是刚分配到该公司担任成本核算的会计人员。王明清接手此工作后，觉得公司成本核算比较粗略，成本核算的基础工作也不健全，不能满足企业成本管理的要求。于是他根据学校所学，仔细规划了成本核算方案。其中产品成本项目设计为"直接材料"、"直接人工"、"燃料和动力"、"制造费用"四个成本项目。其中"直接材料"成本项目设计为多栏式明细项目，分"原材料"、"主要材料"、"燃料"、"辅助材料"等小栏目详细反映其所耗，为考核所有材料耗费提供资料，但由于其中的辅助材料所占比例非常小，决定不按实际成本计价而按计划成本计价。

请你用产品成本核算的有关原则评价王明清的做法是否合适。

任务一　产品成本核算的原则和要求

一、产品成本核算的原则

产品成本核算原则是指进行产品成本核算应当遵循的规范，是人们在产品成本核算实践中总结的经验，并把感性认识上升为理性认识而逐渐形成的，是产品成本核算方法的基础和依据，是计算产品成本应遵循的原则。

成本核算原则主要包括：

1. 合法性原则。指计入成本的费用都必须符合法律、法令、制度等的规定。

2. 可靠性原则。包括真实性和可核实性。真实性就是指所提供的成本信息与客观的经济事项相一致。可核实性指成本核算资料按一定的原则由不同的会计人员加以核算，都能得到相同的结果。

3. 相关性原则。包括成本信息的有用性和及时性。有用性是指成本核算要为管理当局提供有用的信息，为成本管理、预测、决策服务。及时性是强调信息取得的时间性。及时的信息反馈，可及时地采取措施，改进工作。

4. 重要性原则。对于成本有重大影响的项目应作为重点，力求精确。而对于那些不太重要的琐碎项目，则可以从简处理。

5. 一致性原则。成本核算所采用的方法，前后各期必须一致，以使各期的成本资料有统一的口径，前后连贯，互相可比。

6. 分期核算的原则。企业为了取得一定期间所生产产品的成本，进行分期，分别计算各期产品的成本。

7. 权责发生制原则。应由本期成本负担的费用，不论是否已经支付，都要计入本期成本；不应由本期成本负担的费用，即使在本期支付，也不应计入本期成本。

8. 按实际成本计价的原则。生产所耗用的原材料、燃料、动力要按实际耗用数量的实际单位成本计算、如实务中材料发出的核算采用计划成本法，期末需通过"材料成本差异"将计划成本调整为实际成本，完工产品成本的计算也要按实际发生的成本计算。

二、产品成本核算的要求

为了充分发挥产品成本核算的作用，在产品成本核算工作中，应达到以下几个方面的要求。

（一）算管结合，算为管用

所谓算管结合、算为管用，就是成本核算应当与加强企业经营管理相结合，所提供的成本信息应当满足企业经营管理和决策的需要。因此，成本核算既要对费用支出进行事后核算，提高成本信息，还要以成本计划和消耗定额为依据，加强对费用支出的事前、事中的审核和控制，及时进行信息反馈。对合法、合理、有利于提高经济效益的开支，要积极支持；否则就要坚决抵制，当时已经无法制止的，要追究责任，采取措施，防止以后再次发生。对属于定额或计划不符合实际情况而发生的差异，应按规定程序修订定额或计划。

进行成本计算时，既要防止片面追求简化，以致不能为管理提供必要的信息，也要防止为算而算，搞繁琐哲学，脱离管理实际需要的做法。成本核算应该做到：分清主次，区别对待，主要从细，次要从简，简而有理，细而有用。另外，为了满足企业经营管理和决策的需要，成本核算还应为不同的管理目标提供不同的管理信息，如变动成本与固定成本信息、可控成本与不可控成本信息、作业成本信息等。

（二）正确划分各种费用界限

为了正确地计算产品成本和期间费用，进行成本核算时必须正确划分以下五个方面的费用界限。

1. 正确划分资本性支出与收益性支出的费用界限

资本性支出是指支出的效益在以后几个期间，如固定资产、无形资产，其支出的费用应分期计入产品成本或期间费用。收益性支出是指支出的效益在本期，即日常生产经营活动中的各种耗费，包括产品生产和销售、组织、管理生产经营活动，以及为筹集生产经营资金所发生的各项支出，应计入当期产品成本或期间费用。

2. 正确划分产品生产费用与期间费用的界限

工业企业在日常生产经营中所发生的各项耗费，其用途和计入损益的时间是不同的。用于产品生产的耗费，即生产费用，形成产品成本，并在产品销售后作为产品销售成本计入企业损益；由于当月投产的产品不一定当月完工，当月完工的产品也不一定当月销售，因而当月的生产费用往往不是计入当月损益的主营业务成本。而本月发生的产品销售费用、管理费用、财务费用，则是作为期间费用直接计入当期损益。因此，为了正确计算出产品成本和期间费用，正确计算各月份损益，必须正确划分产品生产费用和各项期间费用的界限。

3. 正确划分各月份的费用界限

为了按月分析和考核成本计划的执行情况和结果，正确计算各月损益，需要正确划分各月份的费用界限。本月发生的生产费用，都应在本月全部入账，不能将其延至下月入账。更重要的是应该按照权责发生制原则，正确地核算待摊消费用和需预先提取的费用。对于本月支付但属于本月及以后各月受益的费用计入"其他应收款"或"预付账款"在受益期内分期摊销（受益期限超过一年的费用，应计入"长期待摊费用"，分月摊入成本）；本月虽未支付，但本月已经受益，应由本月负担的费用，应预先提取作为"其他应付款"，计入本月的成本。为了简化核算工作，对于数额较小的应该跨期摊销和预提的费用，也可以将其全部计入支付月份的成本。正确划分各月份的费用界限，是保证成本核算正确的重要环节。应当防止利用待摊和预提的办法人为地调节各月成本，从而调节各月损益的做法。

4. 正确划分各种产品的费用界限

如果企业生产的产品不只一种，那么，为了正确计算各种产品成本，为分析和考核各种产品成本计划或定额成本执行情况，都必须将应计入本月产品的生产费用在各种产品之间正确地划分。凡属于某种产品单独发生，能够直接计入该种产品的费用，均应计入该种产品成本；凡属于几种产品共同发生，不能直接计入某种产品的费用，则应采用适当的分配方法，分配计入这几种产品的成本。应该防止在盈利产品与亏损产品之间、可比产品与

不可比产品之间任意转移生产费用，以盈补亏、掩盖成本超支、弄虚作假的错误做法。

5. 正确划分完工产品与在产品的费用界限

在月末计算产品成本时，如果某种产品已经完工，这种产品的各项生产费用之和，就是这种产品的完工产品成本；如果某种产品尚未完工，这种产品的各项生产费用之和，就是这种产品的月末在产品成本；如果某种产品既有完工产品，又有在产品，则应将这种产品的各项生产费用之和，采用适当的分配方法在完工产品与月末在产品之间进行分配，分别计算完工产品成本与月末在产品成本。要注意防止通过月末在产品成本的任意升降来调节完工产品成本的错误做法。

上述五个方面费用界限的划分过程，也就是产品成本的计算和各项期间费用的归集过程。在这一过程中，应贯彻受益原则，即谁受益谁负担费用，何时受益何时负担费用，负担费用的多少应与受益程度的大小成正比。

（三）正确确定财产物资的计价和价值结转的方法

工业企业的生产经营过程，同时也是各种劳动的耗费过程。在各种耗费中，财产物资的耗费，占了相当的比重。因此，这些物资的计价和价值结转方法直接影响着产品成本的计算。如固定资产原值的计算方法、折旧方法、发出材料成本的计价方法、低值易耗品的摊销方法等。为了正确计算产品成本，对于各种财产物资的计价和价值结转，都应采用既较为合理又较为简便的方法，如果国家有统一规定的，应采用国家统一规定的方法。各种方法一经确定，应保持相对稳定，不能随意改变，以保证成本信息的可比性。

（四）做好成本计算的各项基础工作

1. 建立和健全原始记录

原始记录是反映生产经营活动的原始资料，是反映企业活动的第一手资料，是进行成本核算和分析的依据。因此，企业对生产过程中材料的领用、动力与工时的耗费、费用的开支、废品的发生、在产品及半成品的内部转移、产品质量检验即产成品入库等，都要有真实的原始记录。成本核算人员要会同企业的计划统计、生产技术、劳动工资、产品物资供销等有关部门，制定既符合成本核算需要，有符合各方面管理要求，既科学又简便易行、讲求实效的原始记录制度。在建立健全原始记录的基础上，企业应组织有关部门职工认真做好各种原始记录的登记、传递、审核和监督工作，以便正确及时地为成本核算和其他有关方面提供所需的原始资料。

2. 建立和健全材料物资的计量、收发、领退和盘点制度

成本核算是用价值形式来核算企业生产经营管理中的各项费用，而价值核算是以实物计量为基础的。为了提供准确的数量，正确地计算产品成本，进行成本管理，企业必须建立和健全材料物资的计量、收发、领退和盘点制度。凡是材料物资的收发、领退，在产品、半成品的内部转移，以及产成品的入库等，都要填制相应的凭证，办理审批手续，并严格进行计量和验收。库存的各种材料物资、车间的在产品、产成品都应按规定进行盘点。只有这样，才能保证账实相符，保证成本计算的正确性。

3. 做好定额的制定和修订工作

产品的各项消耗定额，既是编制成本计划、分析和考核成本水平的依据，也是审核和控制成本的标准。在产品成本计算时，往往要用产品的原材料和加工工时的定额消耗量或定额费用作为分配实际费用的标准。因此，为了加强生产管理和成本管理，企业必须建立和健全定额管理制度，凡是能够制定定额的各种消耗，都应制定先进、合理、切实可行的消耗定额，并随着生产的发展、技术的进步、劳动生产率的提高，不断修订消耗定额，以充分发挥其应有的作用。

4. 做好企业内部计划价格的制定工作

在计划管理基础较好的企业中，为了分清企业内部各单位的经济责任，便于分析和考核企业内部各单位成本计划的完成情况和管理业绩，应对原材料、半成品、厂内各车间相互提供的劳务制定计划价格，一般在年度内不变，作为内部结算和考核的依据。在计划价格的基础上，月末再采用适当的方法计算各产品应负担的价格差异，据以计算产品的实际成本。

（五）适应生产特点和管理要求，采用适当的成本计算方法

产品成本是在生产过程中形成的，产品的生产工艺过程和生产组织不同，所采用的产品成本计算方法也应该有所不同。成本计算方法选择的合理与否，将直接影响产品成本计算的准确性。因此，企业只有按照产品生产特点和管理要求，选用适当的成本计算方法，才能准确及时地计算出产品成本，为成本管理提供有益的成本信息。

任务二　产品成本核算的一般程序

产品成本核算的一般程序是指对企业在生产经营中发生的各项费用，按照成本核算的要求，逐步进行归集和分配，最后计算出各种产品的成本和各项期间费用的基本过程。根据前述的成本核算要求和费用的分类，可以将成本核算的一般程序归纳如下。

1. 确定成本计算对象

成本计算对象是生产费用的归集对象和生产耗费的承担者。它是设置产品成本计算单和计算产品成本的前提。由于企业的生产特点和管理要求的不同，企业的成本计算对象也不同。对工业企业来说，主要有产品品种、产品批别和产品生产步骤三种成本计算对象。

2. 确定成本项目

产品成本项目是生产费用按经济用途划分成的若干项目，可以反映成本的经济构成以及产品生产过程中不同的资金耗费情况。因此，企业为了满足成本计算和成本管理的需要，可在直接材料、燃料和动力、直接人工、制造费用等四个成本项目的基础上进行必要的调整，确定适当的成本项目。

3. 确定成本计算期

成本计算期是指成本计算的间隔期，是完工产品成本计算的整个时间长度，与产品生产的工艺特点相关。通常情况下，在大批量生产时，产品成本计算期与会计期间一致；在单件、小批生产时，产品成本计算期与产品的生产周期相一致。

4. 审核和控制各项生产费用

按照国家有关规定，对企业的各项支出进行严格地审核和控制，确定其应否计入产品成本、期间费用，以及应计入产品成本还是计入期间费用，即对各项支出的合理性、合法

性进行严格审核和控制的基础上做好费用的界限划分。

5. 正确处理费用的跨期摊提工作

此项工作包括将本月实际支出而应由以后月份摊销的费用，计入等待分摊的费用；将以前月份开支的等待分摊的费用应由本月负担的份额，计入本月的成本；将本月尚未开支但应由本月负担的费用，预提计入本月成本。

6. 归集和分配生产费用

将应计入本月产品成本的各项生产费用，在各种产品之间按照成本项目进行分配和归集，计算出各种产品的成本。这是本月生产费用在各种产品之间横向的分配和归集。

7. 计算完工产品成本和在产品成本

对于月末既有完工产品又有在产品的产品，将该种产品的生产费用（月初在产品生产费用与本月生产费用之和）在完工产品和月末未完工产品之间进行分配，计算出该种产品的完工产品成本和月末在产品成本。这是生产费用在同种产品的完工产品和月末在产品之间纵向的分配和归集。

任务三　产品成本核算的账户设置

为了进行产品成本核算，企业一般应设置"生产成本"总分类账户，用以核算企业进行产品生产、自制材料、自制工具、自制设备等发生的各项生产费用。并下设"基本生产成本""辅助生产成本"二级账户，分别用于核算基本生产成本和辅助生产成本，并根据成本对象设置明细账户。

一、"生产成本—基本生产成本"账户

基本生产是指为完成企业主要生产目的而进行的产品生产。

"生产成本—基本生产成本"账户属于成本类账户，基本生产所发生的各项费用，记入该账户的借方；完工入库的产品成本和已完成的劳务成本，记入该账户的贷方；该账户的余额，就是基本生产在产品的成本，也就是基本生产在产品占用的资金。

"生产成本—基本生产成本"账户的明细账户应按照成本计算对象设置，如产品品种、生产产品的批别、生产步骤等成本核算对象设置明细账户，账内按照产品成本项目分设专栏或专行。其常用格式如表2-1所示。

表2-1　产品成本计算单（基本生产成本明细账）

车间名称：第×车间　　　　　　　　产品名称：×产品　　　　　　　（金额单位：元）

月	日	摘要	产量/件	成本项目			成本合计
				直接材料	直接人工	制造费用	
		月初在产品成本					
		本月生产费用					
		生产费用累计					

月	日	摘要	产量/件	成本项目			成本合计
				直接材料	直接人工	制造费用	
		本月完工产品成本					
		完工产品单位成本					
		月末在产品成本					

二、"生产成本—辅助生产成本"账户和其他有关账户的设立

辅助生产是指为基本生产部门、企业管理部门和其他部门提供劳务和产品的生产，例如工具、模具、修理用备件等产品的生产、运输等劳务的供应等。辅助生产提供的产品和劳务，有时也对外销售，但这不是它的主要目的。

"生产成本—辅助生产成本"账户属于成本类账户，辅助生产所发生的各项费用，记入该账户的借方；完工入库产品的成本或分配转出的劳务费用，记入该账户的贷方；该账户的余额，就是辅助生产在产品的成本，也就是辅助生产在产品占用的资金。

"生产成本—辅助生产成本"账户应按辅助生产车间和生产的产品、劳务分设辅助生产成本明细账，账中按辅助生产的成本项目或费用项目分设专栏或专行进行登记。其常用格式如表2-2所示。

表2-2　产品成本计算单（辅助生产成本明细账）

车间名称：第×车间　　　　　　　　产品名称：×产品　　　　　　　（金额单位：元）

月	日	摘要	产量/件	成本项目				成本合计
				直接材料	直接人工	制造费用	其他	
		材料费用分配表						
		燃料、动力费用分配表						
		应付职工薪酬费用分配表						
		折旧费用分配表						
		其他费用分配表						
		合计						
		结转本月发生额						

三、"制造费用"账户

"制造费用"账户属于成本类账户，核算企业生产车间为生产产品和提供劳务发生的各项用于产品生产而不能直接计入产品成本的间接费用，包括车间的管理人员职工薪酬、办公费、水电费、固定资产折旧费等。该账户的借方登记企业各生产单位发生的各项间接费用；贷方登记月末未分配并转出的应由各产品成本计算对象负担的制造费用。该账户月末一般无余额。该账户应该按不同车间、不同部门和费用项目设置明细账。其常用格式如表2-3所示。

表 2-3 制造费用明细账

车间名称:第×车间 （金额单位：元）

月	日	摘要	成本项目						成本合计
			物料	办公费	薪酬	折旧	动力	其他	
		材料费用分配表							
		燃料、动力费用分配表							
		应付职工薪酬费用分配表							
		折旧费用分配表							
		其他费用分配表							
		合计							
		结转本月发生额							

为了简化篇幅，本书中制造费用账户只用于核算基本生产车间的制造费用，辅助生产车间发生的制造费用直接计入辅助生产成本，而不单设"制造费用"。

四、除成本以外的其他账户的设置

由于计入成本的费用和计入损益的期间费用的发生是同步的，因此在归集生产费用的同时，还会涉及损益类账户，如"销售费用""管理费用""财务费用"等。根据权责发生制的要求，在处理跨期业务时还要涉及"长期待摊费用"账户。这些账户的结构和明细账的设立，在财务会计中已经讲过，本课程不再重述。

同步测试题

一、单选题

1. 企业因生产产品、提供劳务而发生的各项间接费用，包括工资、福利费、折旧费等，属于（ ）成本项目。
   A. 管理费用　　　　　　　　　　B. 制造费用
   C. 直接人工　　　　　　　　　　D. 直接材料

2. 企业为生产产品发生的原料及主要材料的耗费，应计入（ ）。
   A. 生产成本—基本生产成本　　　B. 生产成本—辅助生产成本
   C. 管理费用　　　　　　　　　　D. 制造费用

3. 生产车间耗用的物料费用，应贷记"原材料"账户，借记（ ）账户。
   A. 基本生产成本　　　　　　　　B. 待摊费用
   C. 辅助生产成本　　　　　　　　D. 制造费用

4. 企业对于一些主要产品、主要费用应采用比较复杂、详细的方法进行分配和计算，而对于一些次要的产品、费用采用简化的方法进行合并计算和分配的原则称为（ ）。

A. 实际成本计价原则　　　　　　　　B. 成本分期原则

C. 合法性原则　　　　　　　　　　　D. 重要性原则

5. 下列属于产品成本核算首要程序的是（　　　）。

A. 确定成本计算期　　　　　　　　　B. 生产费用的归集和分配

C. 确定成本项目　　　　　　　　　　D. 确定成本计算对象

二、多选题

1. 为了正确计算产品成本，必须正确划分（　　　）。

A. 各种产品的费用界限　　　　　　　B. 完工产品和在产品的费用界限

C. 盈利产品和亏损产品的费用界限　　D. 应计入管理费用和财务费用的界限

E. 各个月份的费用界限

2. 产品成本是企业生产经营管理的重要会计信息，为了保证该信息的质量，成本核算时应遵循一定的原则，而且每个原则都有特定的要求，其中实际成本核算原则的要求包括（　　　）。

A. 某项成本发生时按实际耗用数确认

B. 完工入库产品的成本按实际应负担的数额计价

C. 当期已销产品应负担的成本按该产品实际生产成本结账

D. 产品的实际成本必须真实

3. 在进行成本核算时，在不同时期、不同产品以及产成品和在产品之间正确分摊费用，应分清有关成本的几个界线包括（　　　）。

A. 分清本期成本和下期成本的界线

B. 分清各种产品成本的界线

C. 分清在产品成本和产成品成本的界线

D. 分清计入产品成本和不应计入产品成本的界线

E. 分清本企业产品成本和其他企业产品成本的界线

4. 在进行成本总分类核算时应设置的会计科目主要有（　　　）。

A. 生产成本　　　　　　　　　　　　B. 制造费用

C. 销售费用　　　　　　　　　　　　D. 财务管理

E. 待摊费用

5 "生产成本"科目应设置的明细科目是（　　　）。

A. "生产成本——基本生产成本"

B. "生产成本——基本生产车间制造费用"

C. "生产成本——辅助生产成本"

D. "生产成本——辅助生产车间制造费用"

E. "生产成本——在产品成本"

三、判断题

1. 成本核算的分期，不一定与会计制度的分月、分季、分年相一致。（　　　）

2. 生产车间发生的制造费用应由本车间生产的产品负担，因此，期末时"制造费用"科目期末一定没有余额。（　　）

3. 企业在进行费用分配时，应先分配基本生产车间的制造费用，然后才能分配辅助生产车间的制造费用。（　　）

4. 在企业规模较大时，其成本的明细核算可采用两级核算体制，当企业规模较小时，成本的明细核算则可采用一级核算体制。（　　）

5. 实际成本的核算原则要求对产品成本要素形成的所有环节发生的耗费都必须按实际成本核算。（　　）

四、案例分析

某小型生产企业，由于考虑成本效益原则，所以在成本核算工作中存在一些不足，比如材料消耗是根据实际领料数量进行核算，没有考核标准，因而各月之间成本波动较大，而且领用材料计量不够准确，对于不能点数的材料采用目测的方法估算。针对存在的问题，企业经理决定进行整改。如果请你为经理出谋划策，请问你有哪些建议？

项目三　生产费用要素的归集和分配

项目要点

1. 生产费用的概念、分类及分配的一般原则和方法。

2. 材料费用的核算。

3. 动力费用的核算。

4. 人工费用的核算。

5. 辅助生产费用的直接分配法、一次交互分配法、代数分配法和计划成本分配法等分配方法的计算程序和具体应用。

6. 制造费用的实际分配率法和年度计划分配率法。

7. 损失性费用的核算。

知识目标

1. 掌握材料费用、外购动力费用和职工薪酬费用归集和分配的方法。

2. 掌握各种费用分配表的编制方法。

3. 熟悉各种费用归集和分配的账务处理。

4. 了解辅助生产费用的归集程序和分配方法。

5. 掌握制造费用的归集程序和分配方法。

6. 掌握废品损失的核算。

技能目标

1. 能够处理要素费用归集与分配的业务。

2. 能够编制各要素费用分配表。

3. 能够采用不同分配方法进行辅助生产费用分配。

4. 能够采用不同分配方法进行制造费用分配。

5. 能够正确进行废品损失的核算

导入案例

西北聚力科技有限公司是一家基础装备公司。公司研制和生产大型数控机床和关键功能部件。公司目前可生产立式车床、卧式车床、铣床及龙门刨床。车床、铣床生产过程分

为以下几个阶段：铸造阶段、机加工阶段、组装阶段、检验阶段等。设有机修和配电两个辅助生产车间，负责对全厂机器设备的维修及产品生产电力配送。该公司产品生产自动化程度较高，各步骤机器工时均有记录；原材料消耗有产品消耗定额作为考核依据，生产时间有定额生产工时作为考核依据；生产工人工资除基本基本工资外与加工轴承数量挂钩作为效益工资，废品在每个步骤均有记录，其他管理人员工资是没月基本工资加工人平均效益奖；基本生产车间与辅助生产车间经济效益独立考核。

　　问题：1. 该企业的成本核算涉及哪些要素费用？
　　　　　2. 企业成本核算的具体程序有哪些？

任务一　生产费用要素概述

一、生产费用要素按经济内容的分类

（一）生产费用要素的定义

生产费用，是指企业一定时期内在生产经营过程中发生的各种耗费的货币表现。

生产费用不外乎是劳动对象、劳动手段和活劳动中必要劳动消耗等三方面的费用。这种按费用的经济内容不同所作的分类，在会计上称为生产费用要素。

（二）生产费用要素的分类

工业企业的这些生产费用要素进一步划分为外购材料费用、外购燃料费用、外购动力费用、工资、折旧费用和其他支出等六个费用要素。

1. 外购材料

是指企业为进行生产而耗用的一切由企业外部购入的原料及主要材料、辅助材料、包装物、低值易耗品、修理用备件等。

2. 外购燃料

是指企业为进行生产而耗用的一切由企业外部购入的各种燃料，如固体燃料、汽体燃料、液体燃料等。

3. 外购动力

是指企业为进行生产而耗用的一切由企业外部购入的动力，如电力、蒸汽、热力等。

4. 职工薪酬

是指职工在职期间和离职后企业提供给职工的全部货币性薪酬和非货币性薪酬，包括工资总额、职工福利费、社会保险费、住房公积金、工会经费和职工教育经费、非货币性福利、辞退福利、股份支付等内容。

5. 折旧

是指对企业使用的各项固定资产，按规定的折旧方法计算提取的折旧费。

6. 其他费用

是指不属于以上各要素的费用支出，如差旅费、邮电费、水电费、办公费、取暖费等。

（三）按生产费用要素反映的生产费用和按成本项目反映的产品成本之间的联系与区别

联系：

两者就其经济内容来说基本一致，即都是耗费，企业在一定时期的生产费用发生额是企业计算该期间完工产品成本的基础。

区别：

1. 包括的范围不同。按生产费用要素反映的生产费用包括工业生产费用和非工业生产费用（指进行非工业性生产而发生的费用）；按成本项目计入产品成本的生产费用，只包括工业性生产费用。

2. 计算的基础不同。生产费用是同"期间"相联系的，它反映本期产品生产过程中生产费用的实际发生额；而产品成本则是同"产品"相联系的，它反映本期产品成本所应负担的费用。它们两者不一定相等。因为有些本期支出的生产费用可能转入下期产品成本，而有些将在下期支出的生产费用可能有一部分要提前计入本期产品成本。此外，由于企业在本期投产的产品不一定在本期全部完工，同时本期完工的产品也不一定全部是本期投产的。因此，计算本期完工产品成本，就要在各种产品本期生产费用的基础上，加上期初在产品成本，减去期末在产品成本。

二、生产费用要素分配的一般原则

费用要素分配的一般原则可概括为：凡是属于直接费用应直接计入产品成本；属于间接费用经归集与分配后，分配计入产品成本。在只生产一种产品的企业，应计入产品成本的全部费用，都是直接费用，应直接计入产品成本。在生产多种产品的企业，应计入产品成本的费用要素，有的是为某种产品所耗用，有的为几种产品共同耗用。对于能确定为某种产品所耗用的直接费用要直接计入；为几种产品共同耗用的间接费用，要采用一定的方法分配计入。

三、生产费用要素的分配程序

生产费用要素分配的一般程序是：

（1）根据发生费用的原始凭证或原始凭证汇总表，编制费用分配表或费用汇总分配表，并编制记账凭证；

（2）根据原始凭证或记账凭证，登记各种成本明细账；

（3）根据记账凭证汇总表，登记"基本生产成本""制造费用"等成本类总账。

四、生产费用归集与分配的方法

虽然各种费用要素都有其自身的特点，但其核算都包括费用的归集、分配及其账务处理。要素费用的归集、分配和账务处理是指将生产经营过程中发生的各项要素费用归集和分配到各个成本计算对象和期间费用中，并分别计入相应的会计科目和成本项目。

通过归集我们可以将计入产品成本的生产费用和期间费用区分开，划清了生产费用和期间费用的界限；而对于产品生产费用，有的可以直接计入某一成本计算对象，有的是若干个成本计算对象共同发生的，无法直接计入某一成本计算对象，需要采用适当的方法在各个成本计算对象之间进行分配，这一过程就是要素费用的分配。要素费用归集和分配完毕，按照企业会计制度的规定，还应将各项要素费用计入"生产成本""制造费用""管理费用""销售费用"等会计科目及相应的成本项目中，这就是对各项要素费用的账务处理。

工业企业发生的费用开支，应在认真审查各费用开支原始凭证的基础上，明确其经济用途，按照"谁耗用、谁承担"的基本原则进行分配，并视不同情况进行分配。

对所归集起来的要素费用按照其用途进行分配，可能会有两个不同分配层次。

（一）第一次分配：将费用按用途在各相关总账账户之间分配

分配原则如下：

1. 对于非生产经营管理费用方面的开支，应根据其具体用途，直接计入"固定资产""在建工程""营业外支出"等总账及所属明细账，不得计入产品成本，或是期间费用；

2. 在生产经营管理费用中，凡属于行政部门组织和管理生产经营、筹集资金及产品销售所耗用的费用，不应计入产品成本，而应作为期间费用，直接计入当期损益；

3. 对于直接用于产品生产，专门设有成本项目，且能确定为哪一种产品所耗用的费用，应直接记入"基本生产成本"或"辅助生产成本"总账及所属明细账；

4. 对于直接用于产品生产，专门设有成本项目，但为几种产品所共同耗用的费用，需采用一定的分配标准及方法，经过"二次分配"，记入"基本生产成本"或"辅助生产成本"总账及所属明细账；

5. 对于间接用于产品生产，或是虽然直接用于产品生产，但没有专设成本项目的费用，应先记入"制造费用"总账及其所属明细账，然后通过一定的程序、分配方法，经过"二次分配"，转入"基本生产成本"或"辅助生产成本"总账及其所属明细账。

（二）第二次分配：对已经确认计入某一总账账户，但不能确定明细归属的费用，在各相关明细账账户间分配：

需要进行二次分配的费用，为某一总账账户下的几种不同具体成本核算对象所共同耗用的同一要素费用。其中，对于应该计入生产成本的费用，如二种及其以上产品所共同耗用的材料物资、动力、人工、折旧等费用，必须在其所共同受益的各种不同产品，或是其它成本计算对象之间，选择合理的分配标准，进行分配。对于此次分配，可通称为"二次分配"。

费用"二次分配"的一般程序与方法如下。

先选取某一合理的分配标准，并计算出分配标准总量：

$$分配标准总量 = \sum 分配范围内各分配对象的分配标准数量$$

再计算费用分配率：

$$费用分配率 = 待分配费用总额 \div 分配标准数量$$

根据各分配对象的受益情况，计算其所应负担的费用额：

$$某分配对象应分配的费用 = 该对象的分配标准数量 \times 费用分配率$$

尽管企业生产经营过程中费用种类繁多，分配标准各异，且标准选择困难，但无论何种费用，其分配过程均为这一般分配程序与方法的具体运用。

其中，对要素费用的分配应当采用适当的方法，即分配所依据的标准与所分配的费用应有密切的联系，而且分配标准的资料比较容易取得，从而使分配的结果比较合理、计算比较简便。常见的分配要素费用的标准主要有：

1. 成果类，如产品的重量、体积、产量、产值等；
2. 消耗类，如人工工时、机器工时、生产工人工资、原材料消耗量等；
3. 定额类，如定额消耗量、定额费用等。

任务二　材料费用的核算

材料包括经过加工后构成产品主要实体的各种原料及主要材料；在生产中只起一定辅助作用的辅助材料；为修理本企业机器设备和运输工具所专用的各种备品、配件；以及为包装本企业产品，随同产品一起出售或者在销售产品时出租、出借给购货单位使用的各种包装物等。

在企业的生产经营过程中，要大量消耗上述各种材料，这些材料虽然在生产过程中所起的作用各不相同，但其价值转移方式是相同的。材料经过生产过程的消耗，会改变原有实物形态，材料价值就一次或分次的转移到新生产的产品或期间费用中，转化成新产品的材料成本或各期的期间费用。而要反映上述过程，必须对发生的材料费用进行恰当的归集和分配，并进行相应的账务处理。

一般将材料按其用途分为以下几大类：原料及主要材料、辅助材料、燃料、修理用备件、包装物、低值易耗品。上述材料还可以按其性质、技术特征和规格等标准进一步分类，以满足实物管理的需求和会计核算的要求。

一、材料费用的核算

材料费用是指企业库存的各种材料，包括原料及主要材料、辅助材料、外购半成品

(外购件)、修理用备件(备品备件)、包装材料、燃料等的计划成本或者实际成本。收到来料加工装配业务的原料、零件等,应当设置备查簿进行登记。期末借方余额,反映企业库存材料的计划成本或者实际成本。

(一)材料费用的归集

1. 消耗材料数量的确定

材料发出所依据的原始凭证是领料单、限额领料单或领料登记表。会计部门应该对发料凭证所列单据的种类、数量和用途等进行审核,检查所领材料的种类和用途是否符合规定,数量有无超过定额或计划。只有经过审核、签章的发料凭证才能据以发料,并作为发料核算的原始凭证。为了更好地控制材料的领发,节约材料费用,应该尽量采用限额领料单,实行限额领料制度。有关领料单、限额领料单见表3-1、表3-2。

表3-1 领料单

领料单位: 用途: 日期: 材料仓库:

材料编号	材料类别	名称	规格	计量单位	数量		成本	
					请领	实发	单价	金额

发料人: 领料人: 领料单位负责人: 主管:

表3-2 限额领料单

领料单位: 材料名称: 编号:
计划产量: 单位消耗定额: 发料仓库:

材料编号	材料名称	规格	计量单位	单位	领用限额	全月实用	
						数量	金额

领料日期	请领数量	实发数量	领料人签章	发料人签章	限额结余
合计					

供应部门负责人: 生产部门负责人: 仓库管理人员:

生产所剩余料,应该编制退料单,据以退回仓库。对于车间已领未用,下月需继续耗用的材料,为保证车间成本计算的正确性及避免手续上的麻烦,可以采用"假退料"方法。即材料实物仍在车间,只是在凭证传递上,填制一张本月份退料单,表示该项余料已经退库,同时还须编制一张下月份的领料单,表示该项余料有作为下月份的领料出库。

2. 消耗材料价格的确定

为了进行材料收发结存的明细核算，应该按照材料的品种、规格设置材料明细账。材料收发结存的核算，可以按照材料的实际成本进行（先进先出法、个别计价法或加权平均法）；也可以先按材料的计划成本进行，然后在月末计算材料成本差异率，将材料发出的计划成本调整为实际成本。

3. 编制发出材料汇总表，计算本期材料消耗总额；

（二）材料费用的分配

通常材料按照产品品种分别领用，其费用属于直接计入费用，可以根据领退料凭证直接计入各种产品成本；对于不能分产品领用的材料费用，即几种产品共同耗用的材料费用，则属于间接计入费用，应采用适当的分配方法在各种产品之间进行分配，然后计入相应的产品成本中。材料费用的分配就是指计入间接费用的分配。

1. 材料费用的分配标准

对材料费用进行分配，首先要解决的问题就是确定分配标准。对于一个企业来说，可选的分配标准很多，包括产品的重量、体积、产量、定额耗用量和定额成本等。每一个企业都必须选择适当的分配标准。这里适当的分配标准是指作为分配标准的资料容易取得，而且分配标准应同各个成本计算对象负担的材料费用成正比例关系。比如，以产品重量作为分配标准时，产品所耗用材料的多少应与产品重量有着直接联系。总之，不同的企业应当根据其具体情况选择最适用的分配标准，一个企业对于不同种类的材料费用也可以根据其自身特点选用不同的分配标准。

2. 材料费用分配的方法

材料费用分配方法有很多，这里只介绍定额消耗量比例法和定额费用比例法。

定额消耗量比例分配法是按照产品材料定额消耗量比例分配费用的方法。它适用于各种材料消耗定额比较健全而且相对准确的材料费用的分配。其中消耗定额是指单位产品可以消耗的数量限额，可以根据企业的有关指标确定；定额消耗量是指一定量下按照消耗定额计算的可以消耗的材料数量。该方法以产品材料定额消耗量作为分配标准，其具体公式如下：

某种产品材料定额消耗量＝该种产品实际产量×单位产品材料定额消耗量

材料消耗量分配率＝材料实际总消耗量÷各种产品材料定额消耗量总和

某产品应分配的材料数量＝该产品材料定额耗用量×材料消耗量分配率

某产品材料应分配的材料费用＝该产品应分配的材料数量×材料单价

为了简化材料费用的分配工作，对于不需要核实材料实际耗用量的企业，可以采用按材料定额费用的比例直接分配材料费用的方法，即定额费用比例法。

计算公式：

材料费用分配率＝材料实际耗用量×材料单价÷各种产品材料定额耗用量（或定额费用）之和

＝各种材料实际费用总额÷各种产品材料定额耗用量（或定额费用）之和

某产品材料应分配的材料费用＝该产品材料定额耗用量×材料费用分配率

【例 3-1】长江企业生产车间生产甲、乙两种产品，共同消耗 A 材料 48 400 千克，该材料的单位实际成本为每千克 4 元。甲、乙两种产品的产量分别是 3 475 件和 3 240 件，甲、乙两种产品的单位定额消耗量分别是 8 千克和 5 千克。请以材料定额消耗量作为分配标准分配材料费用。

解析：

甲产品定额消耗量 = 3 475×8 = 27 800（千克）

乙产品定额消耗量 = 3 240×5 = 16 200（千克）

材料消耗量分配率 = 48 400÷（27 800+16 200）= 1.1

甲产品应分配的材料数量 = 27 800×1.1 = 30 580（千克）

乙产品应分配的材料数量 = 16 200×1.1 = 17 820（千克）

甲产品应分配的材料费用 = 30 580×4 = 122 320（元）

乙产品应分配的材料数量 = 17 820×4 = 71 280（元）

【例 3-2】以为资料，用定额费用比例法计算结果如下：

甲产品定额消耗量 = 3 475×8 = 27 800（千克）

乙产品定额消耗量 = 3 240×5 = 16 200（千克）

材料费用分配率 = 48 400×4÷（27 800+16 200）= 193 600÷44 000 = 4.4

甲产品应分配的材料费用 = 27 800×4.4 = 122 320（元）

乙产品应分配的材料费用 = 16 200×4.4 = 71 280（元）

根据上述计算结果，编制会计分录如下：

借：生产成本——基本生产成本——甲产品　　　　　　　122 320

　　　　　　　　　　　　　　——乙产品　　　　　　　　71 280

　　贷：材料——A 材料　　　　　　　　　　　　　　　　　　193 600

（三）材料费用分配的账务处理

在实际工作中，材料费用的分配是通过编制"材料费用分配表"进行的。材料费用分配表按照材料的具体用途，根据归类的领退料凭证编制。其中直接用于基本生产车间产品生产的材料费用，属于"直接材料"成本项目，应当直接计入或分配计入"基本生产成本"；直接用于辅助生产的材料费用，属于"直接材料"成本项目，直接计入或分配计入"辅助生产成本"；生产部门一般消耗的各项间接材料费用，计入"制造费用"；管理部门组织和管理生产经营活动而发生的各种材料费用，计入"管理费用"；产品销售过程中耗用的各种材料费用，计入"销售费用"。

【例 3-3】长江企业 2014 年 5 月编制的材料费用分配表见表 3-3，假设该企业甲、乙产品共同耗用的材料费用为 43 120 元，以产品材料定额耗用量为标准进行分配。

表 3-3 材料费用分配表

2014 年 5 月

应借科目			共同耗用材料费用的分配					直接领用材料（元）	合计（元）
总账及二级科目	三级明细科目	成本项目	产量（件）	单位消耗定额（千克）	定额消耗用量（千克）	分配率	应分配材料费用（元）		
基本生产成本	甲产品	直接材料	3 475	8	27 800	0.98	27 244	36 000	63 244
	乙产品	直接材料	3 240	5	16 200	0.98	15 876	19 500	35 376
	小计				44 000		43 120	55 500	98 620
辅助生产成本	供水车间	直接材料						12 000	12 000
	供电车间	直接材料						2 400	2 400
	小计							14 400	14 400
制造费用	基本车间	机物料消耗						3 800	3 800
管理费用		其他						4 200	4 200
销售费用		其他						5 000	5 000
合计								82 900	126 020

根据上述"材料费用分配表"分配材料费用计入有关科目，其会计分录如下。

借：生产成本——基本生产成本——甲产品 　　　　63 244
　　　　　　　　　　　　　　——乙产品 　　　　35 376
　　　　　辅助生产成本——供水车间 　　　　12 000
　　　　　　　　　　　——修理车间 　　　　2 400
　　　制造费用 　　　　3 800
　　　管理费用 　　　　4 200
　　　销售费用 　　　　5 000
　　贷：材料 　　　　　　　　126 020

二、燃料费用分配的核算

燃料也是材料，因而燃料费用分配的程序和方法与原材料分配的程序和方法相同。

燃料费用如果在产品成本中所占的比重不大，可以合并在"直接材料"成本项目中反映，企业也不需单独开设"燃料"账户，计入"原材料"账户即可；如果所占比重较大，

则可以与动力费用一起专门设立"燃料和动力"成本项目，另增设"燃料"账户，记录燃料费用的收发存情况。

直接用于产品生产的燃料，如果领用时能分清产品归属，应根据领退料凭证直接计入各产品成本的"燃料和动力"成本项目，如领用是不能分清产品归属，应采用适当的分配方法，分配记入各有关产品成本的该成本项目。分配标准可以是燃料的定额消耗量或定额费用，也可以是产品的重量体积等与燃料消耗相关的标准。

直接用于辅助生产的燃料费用、用于生产车间一般消耗的燃料费用、专设销售机构耗用的燃料费用及管理部门用于组织和管理生产经营活动的燃料费用，应分别分配计入"辅助生产成本""制造费用""销售费用"和"管理费用"等账户的借方。已领用的燃料总额，应记入"燃料"账户的贷方。

三、周转材料的核算

周转材料是指不作为固定资产核算的各种劳动材料，包括包装物、低值易耗品，以及企业（建筑施工企业）的钢模板、木模板、脚手架等。企业的包装物、低值易耗品，也可以单独设置"包装物""低值易耗品"科目。期末借方余额，反映企业在库周转材料的计划成本或者实际成本以及在用周转材料的摊余价值。

周转材料虽然从性质上看属于劳动资料，但由于其价值一般较低，虽易损耗不便于按固定资产的管理方法对其进行核算，故将其视同材料进行核算。周转材料的日常核算可以按实际成本计价进行核算，也可以按计划成本计价核算。在按计划成本核算时，应在"材料成本差异"总账账户下设置"周转材料成本差异"明细账，核算周转材料实际成本与计划成本的差异。

周转材料领用后，其价值应摊销计入成本、费用中。周转材料摊销额在产品成本中所占比重一般较小，故一般不在生产成本明细账中专设成本项目。因此，用于生产的周转材料摊销额记入"制造费用"账户；用于组织和管理生产经营活动的周转材料摊销额，记入"管理费用"账户。

周转材料的摊销应根据具体情况采用一次摊销法、分次摊销法或五五摊销法。

（一）一次摊销法

一次摊销法也称一次转销法。采用这种方法，在领用时，就将其全部价值一次计入当月成本、费用。领用时根据领用凭证指明的用途和领用部门，借记"制造费用""辅助生产成本"（辅助生产车间不另设制造费用明细账）和"管理费用"等账户，贷记"周转材料"账户。在周转材料报废时，应将报废的残料价值或变价收入作为当月周转材料摊销额的减少，冲减相应的成本、费用，即借记"原材料""银行存款"等账户，贷记"制造费用"或"管理费用"账户。

如周转材料采用计划成本核算时，应在领用月末结转其成本差异。

【例 3-4】某制造企业生产车间 2009 年 5 月领用一批生产工具，实际成本 560 元；管理部门领用办公用具，实际成本 320 元。采用一次摊销法。同时报废一批以前领用的生产工具，残料入库作价 80 元；报废一办公桌，出售得现金 60 元。则应编制会计分录如下。

领用生产工具和办公用品：

借：制造费用   560

   管理费用   320

  贷：周转材料   880

报废生产工具：

借：原材料   80

  贷：制造费用   80

出售报废办公桌：

借：库存现金   60

  贷：管理费用   60

一次摊销法核算简便。由于周转材料的使用期一般不止一个月，因而采用这种方法将使各月成本、费用负担不太均衡。这种方法一般使用于单位价值较低、使用期限较短或易于损坏的周转材料。

（二）分次摊销法

分次摊销法是指将领用周转材料的价值根据其使用期限的长短分次计入成本、费用的方法。领用时，周转材料的价值先转入"其他应收款"（摊销期在一年或一年以内）、"长期其他应收款"（摊销期在一年以上）。以后按月摊销时，再借记"制造费用""管理费用"等账户，贷记"其他应收款"或"长期其他应收款"账户。报废周转材料时，收回的残料价值或变价收入冲减相应的成本、费用，作为当月周转材料摊销额的减少。

如果周转材料的日常核算是按计划成本计价进行的，领用周转材料时应按计划成本先发出其计划成本，并于当月月末调整所领用周转材料的成本差异。该成本差异理论上也应一并转入"其他应收款"或"长期应收款"，以后一并分期摊销。但如果成本差异不大，按重要性原则，也可在当月月末一次计入成本、费用，以简化核算。

【例3-5】某制造企业新建一条生产流水线，投产时领用全套生产工具，计划成本72 000元，按规定两年内平均摊销。周转材料成本差异率为1%。则：

领用时：

借：长期应收款   72 000

  贷：周转材料   72 000

月末，发出领用周转材料成本差异。因该例成本差异不大，直接计入当月费用。

借：制造费用   720

  贷：材料成本差异-周转材料成本差异   720

月末，摊销周转材料价值：

借：制造费用   3 000

  贷：长期应收款   3 000

采用这种方法，各月成本、费用负担的周转材料摊销额较均衡，也较合理，但核算工作量较大。因而这种方法一般适宜用于单位价值较高、使用期限较长或虽单位价值不高，但一次领用数量较多的周转材料。

（三）五五摊销法

五五摊销法又称五成法，是指周转材料在领用时摊销其价值的一半，在报废时再摊销其价值的一半。在这种方法下，为了核算在用周转材料的价值和周转材料的摊余价值，应在"周转材料"总账账户下，分设"在库周转材料""在用周转材料"和"周转材料摊销"三个二级账户。在领用周转材料时，应按其在"在库周转材料"账面上反映的价值（实际成本或计划成本），借记"周转材料——在用周转材料"账户，贷记"周转材料——在库周转材料"账户；同时，按其价值的50%摊销，借记"制造费用"或"管理费用"等账户，贷记"周转材料——周转材料摊销"账户。在报废在用周转材料时，按收回残料价值借记"原材料"等账户，按报废周转材料价值的50%减去材料价值后的差额，借记"制造费用"或"管理费用"等账户，按报废周转材料价值的50%，贷记"周转材料——周转材料摊销"账户。最后，注销已报废周转材料的价值及其累计摊销额，借记"周转材料——周转材料摊销"账户，贷记"周转材料——在用周转材料"账户。

周转材料如按计划成本计价进行日常核算，在领用当月月末，也应调整所领周转材料的成本差异。为简化核算，该成本差异一般全部计入领用当月的相关成本、费用。

【例3-6】 某企业生产车间领用模具采用五五摊销法摊销模具，采用计划成本核算。2009年6月车间领用模具一批，计划成本15 600元，同时报废模具一批计划成本12 000元，残料入库作价800元。6月份周转材料的成本差异率为超支2%。则该企业6月份应编制如下会计分录：

1. 本月领用模具分录：

（1）领用时，在库周转材料转在用：

借：周转材料——在用周转材料	15 600
贷：周转材料——在库周转材料	15 600

（2）摊销领用价值的50%：

借：制造费用	7 800
贷：周转材料——周转材料摊销	7 800

（3）月末，发出领用周转材料成本差异：

借：制造费用	312
贷：材料成本差异——周转材料成本差异	312

2. 本月报废周转材料的有关分录：

（1）摊销50%×计划成本-残料：

借：原材料	800
制造费用	5 200
贷：周转材料——周转材料摊销额	6 000

（2）注销报废周转材料价值及已提摊销额：

借：周转材料——周转材料摊销	12 000
贷：周转材料——在用周转材料	12 000

五五摊销法的优点是：一方面周转材料在报废前账面上一直保留一半价值，便于对其

进行价值监督；另一方面其价值分二次摊销，成本、费用较一次摊销法合理。但其核算的工作量较大。需要按车间、部门进行在用周转材料数量和金额明细核算的企业，应该采用这种方法。另外，对于每月领用、报废比较均衡，因而每月摊销额相差不多的企业，采用这种方法也比较合理。

任务三 外购动力费用的核算

企业的动力包括外购和自制的电力、蒸汽等动力。外购动力是指企业从外单位购入的电力、蒸汽等动力；自制动力是企业辅助生产车间提供的。

一、外购动力费用的归集

外购动力费用是按照当月有关电力和蒸汽等的计量装置确认的实际耗用量与合同或协议规定的单价的乘积计算的。当月发生的外购动力费用一般会在下月支付，计算外购动力费用是以应计入本月的费用为标准，而不管款项是否已经支付，即按照权责发生制原则对外购动力费用进行核算。

外购动力费用有的直接用于产品生产，如生产工艺用电；有的间接用于产品生产，如生产车间照明用电；有的用于企业经营管理，如企业行政管理部门照明用电和取暖等。企业计算出外购动力费用后，应按照其不同用途归集计入相应的科目。

二、外购动力费用的分配

一般情况下，企业使用动力的各个部门都装有仪器仪表进行计量，即动力费用可以根据仪器仪表记录的各部门耗用量进行分配；若各使用动力部门没有仪器仪表计量，则可根据实际情况选择机器工时等适用于自身特点的分配标准进行分配，从而计算出各个部门所耗用的外购动力费用。

一般生产车间不会按生产的产品品种分别安装仪器仪表，因此必须选择适当的分配标准将生产车间耗用的外购动力费用在各种产品之间进行分配。生产车间外购动力费用的分配一般以所生产产品的生产工时、动力费用定额耗用量等作为分配标准。

外购动力费用的分配无论选用哪种分配标准，其基本公式都可以表述为：

$$外购动力费用分配率 = \frac{待分配外购动力费用总额}{各种产品的分配标准之和}$$

$$某产品应负担的外购动力费用 = 该产品的分配标准 \times 外购动力费用分配率$$

【例3-7】长江企业分厂，共有三个车间：一个基本生产车间，以及运输、供水两个辅助车间。基本生产车间2014年5月生产甲、乙、丙三种产品。辅助生产车间为工厂基本生产车间和其他部门提供供水和运输服务。

用电情况如下：基本生产车间生产用电3 000度，照明用电300度；供水车间用电300度；运输车间用电100度；管理部门用电300度。电费一共3 200元，款项已用银行存款支付。

生产工时统计如下：甲产品生产工时2 000小时；乙产品生产工时1 800小时；丙

产品生产工时 1 000 小时。请根据生产工时分配外购动力费用，填制外购动力费用分配表 3-4。

表 3-4　外购动力费用分配表

2014 年 05 月　　　　　　　　　　　　　　　　　　　　　　　　单位：元

分配对象		成本或费用项目	用电量			金额
			生产工时（小时）	分配率	用电量（千瓦·时）	
基本生产车间	甲产品	燃料和动力	2 000		1 250	1 000
	乙产品	燃料和动力	1 800		1 125	900
	丙产品	燃料和动力	1 000		625	500
	小计		4 800	0.625	3 000	2 400
制造费用	车间照明用电	燃料和动力			300	240
辅助生产车间	运输车间	燃料和动力			100	80
	供水车间	燃料和动力			300	240
	小计				400	320
管理部门		电费			300	240
合计					4 000	3 200

根据上述燃料费用分配表，编制会计分录如下。

借：基本生产成本——甲产品　　　　　　　　　　　　　　　　1 000
　　　　　　　　——乙产品　　　　　　　　　　　　　　　　900
　　　　　　　　——丙产品　　　　　　　　　　　　　　　　500
　　辅助生产成本——运输车间　　　　　　　　　　　　　　　80
　　　　　　　　——供水车间　　　　　　　　　　　　　　　240
　　制造费用　　　　　　　　　　　　　　　　　　　　　　　240
　　管理费用　　　　　　　　　　　　　　　　　　　　　　　240
　　贷：银行存款　　　　　　　　　　　　　　　　　　　　　　　3 200

任务四　职工薪酬费用的核算

一、职工薪酬的概念和构成

职工薪酬，是指企业为获得职工提供的服务或解除劳动关系而给予的各种形式的报酬或补偿。职工薪酬包括短期薪酬、离职后福利、辞退福利和其他长期职工福利。企业提供给职工配偶、子女、受赡养人、已故员工遗属及其他受益人等的福利，也属于职工薪酬。

短期薪酬，是指企业在职工提供相关服务的年度报告期间结束后十二个月内需要全部予以支付的职工薪酬，因解除与职工的劳动关系给予的补偿除外。短期薪酬具体包括：职工工资、奖金、津贴和补贴，职工福利费，医疗保险费、工伤保险费和生育保险费等社会保险费，住房公积金，工会经费和职工教育经费，短期带薪缺勤，短期利润分享计划，非货币性福利以及其他短期薪酬。

带薪缺勤，是指企业支付工资或提供补偿的职工缺勤，包括年休假、病假、短期伤残、婚假、产假、丧假、探亲假等。

利润分享计划，是指因职工提供服务而与职工达成的基于利润或其他经营成果提供薪酬的协议。

离职后福利，是指企业为获得职工提供的服务而在职工退休或与企业解除劳动关系后，提供的各种形式的报酬和福利，短期薪酬和辞退福利除外。

辞退福利，是指企业在职工劳动合同到期之前解除与职工的劳动关系，或者为鼓励职工自愿接受裁减而给予职工的补偿。

其他长期职工福利，是指除短期薪酬、离职后福利、辞退福利之外所有的职工薪酬，包括长期带薪缺勤、长期残疾福利、长期利润分享计划等。

二、职工薪酬的确认和计量

考虑篇幅和难度问题，本部分只介绍短期薪酬里职工工资、奖金、津贴和补贴，职工福利费，医疗保险费、工伤保险费和生育保险费等社会保险费，住房公积金，工会经费和职工教育经费这些最基础的计算。

企业应当在职工为其提供服务的会计期间，将实际发生的短期薪酬确认为负债，并计入当期损益，其他会计准则要求或允许计入资产成本的除外。

（一）工资的计算

1. 计时工资的计算

计时工资的计算，是根据每个职工出勤或缺勤天数，按照规定的工资标准进行计算。工资标准按其计算的时间不同，有按月计算的月薪、按其计算的日薪或按小时计算的小时工资，即钟点工资制等多种方法。企业固定职工的计时工资一般按月薪计算，临时职工的计时工资大多按日薪计算，也有按小时工资计算的。

在我国，职工工资的计算一般采用月薪制。在月薪制下，无论各月日历天数是多少，职工各自的每月月标准工资是相同的。也就是说，只要职工每月出满勤，每月均可得到相同的月标准工资。但在职工有缺勤的情况下，计算有缺勤的职工的应付计时工资有两种方法。

（1）从月标准工资中扣除缺勤应扣工资的方法，即减法计算。计算公式是：

应付某职工计时工资=月标准工资−事假天数×日标准工资−病假天数×日标准工资×病假扣款比例

（2）按出勤天数和病假天数计算，即加法计算。计算公式是：

应付职工计时工资=月出勤天数×日标准工资+病假天数×日标准工资×（1−病假扣款比例）

从上述两种计算方法中，计算月计时工资均要计算职工的日标准工资。日标准工资，也称日工资率，是根据职工月标准工资除以月天数来计算的。

由于年内各月日历天数不尽相同，为简化日工资率的计算，在实际工作中可选用下列两种方法之一计算：

（1）每月按平均日历天数 30 天计算。

日工资＝月标准工资÷30

在这种计算方法下，由于节假日和双休日计算了工资，因此如果缺勤期间有节假日和双休日，也应扣除相应的工资。

（2）每月按平均法定工作天数 20.83 天计算。

日工资：月工资收入÷月计薪天数

小时工资：月工资收入÷（月计薪天数×8 小时）

月计薪天数＝（365 天–104 天–11 天）÷12 月＝20.83 天

在这种计算方法下，由于双休日没有计算工资，因此，如果缺勤期间有双休日，也不扣除相应工资。

综上所述，由于月薪制下计时工资的方法有两种方法，而且工资率的计算也有两种方法，故综合起来阐述了应付工资的四种具体方法：

（1）按 30 日计算日工资率，按照缺勤日数扣除月标准工资；

（2）按 30 日计算日工资率，按出勤日数计算月工资；

（3）按 20.83 日计算日工资率，按照缺勤日数扣除月标准工资；

（4）按 20.83 日计算日工资率，按出勤日数计算月工资。

【例3-8】设某企业职工张云月标准工资为 2400 元，张云 7 月份出勤情况如下：病假 2 天，事假 1 天，星期休假 8 天，实际出勤 20 天。按工龄，张云病假工资按标准工资的 90% 计算，且该职工缺勤期间没有双休日。张云 7 月份计时工资如下：

（1）按 30 天计算日工资率，按缺勤日数扣月标准工资：

日工资率＝2 400÷30＝80（元/天）

应扣病假工资＝80×2×（1–90%）＝16（元）

应扣事假工资＝80×1＝80（元）

应付计时工资＝2400–16–80＝2 304（元）

（2）按 30 天计算日工资率，按出勤日数计算月工资：

应付出勤工资＝80×（20+8）＝2 240（元）

应付病假工资＝80×2×90%＝144（元）

应付计时工资＝2240+144＝2384（元）

这两种方法下计算的应付工资并不相同，相差 80 元，即一天的工资，这是因为日工资率按 30 天计算，而 7 月份实际天数为 31 天。

（3）按 20.83 天计算日工资率，按缺勤天数扣月标准工资：

日工资率＝2400÷20.83＝115.22（元）

应扣病假工资＝115.22×2×（1–90%）＝23.04（元）

应扣事假工资＝115.22×1＝115.22（元）

应付计时工资＝2400–23.04–115.22＝2261.74（元）

（4）按 20.83 天计算日工资率，按出勤天数计算月工资：

应付出勤工资＝115.22×20＝2304.40（元）

应付病假工资＝115.22×2×90%＝207.40（元）

应付计时工资＝2304.40+207.4＝2511.80（元）

从上述计算中，可以看出同一职工同一月份的计时工资，四种方法计算结果一般不相同。因此，单位可自行选择其中一种方法计算计时工资，一旦确定，不应任意变动。

2. 计件工资的计算

（1）个人计件工资的计算

计件工资是按产量记录的个人（或班组）完成的产品数量乘以规定的计件单价计算支付的工资。计算计件工资的产品产量，包括合格产品产量和料废品数量，但不包括工废品数量。所以计件工资的计算公式如下：

应付计件工资＝(合格品数量+料废品数量)×计件单价

计件工资的计算表一般格式如表3-5.1所示。

表3-5.1 计件工资计算表

车间：　　　　　年　月　日　　　　　　　　　　　　单位：元

产品名称	姓名	时间	件数	件薪	总额

【例3-9.1】某企业张云本月生产甲、乙两种产品，生产甲产品400件，均为合格品，生产乙产品312件，其中合格品为300件，料废品10件，工废品2件。两种产品的工时定额分别为0.3小时和0.4小时，该职工的小时工资率为10元/小时。企业本月应付张云的计件工资计算如下：

甲产品的计件单价＝0.3×10＝3（元/件）

乙产品的计件单价＝0.4×10＝4（元/件）

甲产品的计件工资＝3×400＝1200（元）

乙产品的计件工资＝4×（300+10）＝1240（元）

本月企业应该付给张云的计件工资＝1200+1240＝2440（元）

（2）班组计价工瓷的计算

对于个人无法独立完成，必须班组成员协同完成的计件工资，首先按完成的产品数量乘以规定的计件单价计算支付的班组工资额，然后在班组成员内进行分配，称之为班组计件工资的计算，常用方法是以计时工资为分配标准，在班组各成员之间进行分配，公式如下：

工资分配率＝班组计价工资总额÷小组计时工资总额

个人应得计件工资＝个人应得计时工资×工资分配率

【例3-9.2】某生产班组3人共同完成某生产任务，按产品定额人工费计算，共得计件工资5 957元，有关资料以及个人应得工资见表3-5.2。

成本会计

表 3-5.2 班组计价工资分配表

班组：第 1 生产小组　　　　　　2014 年 4 月 30 日　　　　　　金额单位：元

姓名	小时工资率	实际工作小时	计时工资	计件工资分配率	应得计件工资
斯琴格勒	15.00	200	3 000.00		3 450.00
宝音	10.00	130	1 300.00		1 495.00
德德玛	8.00	110	880.00		1 012.00
合计			5 180.00	1.15	5 957.00

该方法能够充分体现班组内成员的技术水平，小时工资率是通过每人月工资标准分别计算，这种分配方法比较合理。

3. 奖金的计算

奖金是指支付给职工的超额劳动报酬和增收节支的劳动报酬，包括 生产奖、节约奖、劳动竞赛奖、机关、事业单位的奖励工资、其他奖金等。

奖金应根据国家的有关规定和企业内部的奖励标准计算支付。

4. 津贴和补贴的计算

津贴和补贴指为了补偿职工特殊或额外的劳动消耗和因其他特殊原因支付给职工的津贴，以及为了保证职工工资水平不受物价影响支付给职工的物价津贴。

津贴和补贴应严格遵守国家有关规定计算发放。

5. 加班加点工资的计算

加班是指休息日和法定节假日上班时间，加点是指每天超过 8 小时之外的上班时间。加班加点工资应根据批准的时间按国家规定标准计算支付，即按照加班加点天数（或时数）乘以日工资（或小时工资）进行计算。

6. 特殊情况下工资的计算

特殊情况下支付的工资，包括 根据国家法律、法规和政策规定，因病、工伤、产假、计划生育假、婚丧假、事假、探亲假、定期休假、停工学习、执行国家或社会义务等原因按计时工资标准或计时工资标准的一定比例支付的工资等。

特殊情况下支付的工资应按国家规定的标准和考勤记录计算。

将以上六项计算结果相加，即是企业应付给职工的工资总额。工资总额扣除企业为职工代扣的各种款项，如房租费、水电费等，就是每位职工的实发工资。一般按照上述方法计算出工资以后，要将其填制在"工资结算单"中，然后据此按人员类别编制"工资费用分配汇总表"，归集工资费用。

【例 3-10】某厂 2014 年 6 月根据各车间、部门的"工资结算单"编制的"工资费用分配汇总表"见表 3-6。

表 3-6 工资费用分配汇总表

2014 年 6 月   单位：元

项目 / 职工类别		应付工资						代扣款项			实发工资
		计时工资	奖金	津贴和补贴	加班加点工资	其他	合计	房租费	水电费	合计	
基本生产车间	生产工人	9 000	1 000	200	300		10 500	100	200	300	10 200
	管理人员	1 000	300				1 300	200	100	300	1 000
	小计	10 000	1 300	200	300		11 800	300	300	600	11 200
辅助生产车间	生产工人	2 000	750	300			3 050	100	50	150	2 900
	管理人员	1 250	60	50		10	1 370	50	30	80	1 290
	小计	3 250	810	350		10	4 420	150	80	230	4 190
行政管理部门		2 000	400		50		2 450	50	10	60	2 390
专设销售机构		2 000	600	200		30	2 830	60	10	7	2 760
在建工程人员		500	100		200	50	850	40	5	45	805
合计		17 750	3 210	750	550	90	22 350	600	405	1 005	21 345

（二）职工福利费的计算

企业发生的职工福利费，应当在实际发生时根据实际发生额计入当期损益或相关资产成本。职工福利费为非货币性福利的，应当按照公允价值计量。

【例 3-11】2×15 年丁公司为总部各部门经理级别以上职工提供自建单位宿舍免费使用，同时为副总裁以上高级管理人员每人租赁一套住房。该公司总部共有部门经理以上职工 60 名，每人提供一间单位宿舍免费使用，假定每间单位宿舍每月计提折旧 1 000 元；该公司共有副总裁以上高级管理人员 10 名，公司为其每人租赁一套月租金为 10 000 元的公寓。该公司每月应作如下账务处理：

借：管理费用   60 000

　　贷：应付职工薪酬——非货币性福利   60 000

	借：应付职工薪酬——非货币性福利	60 000	
	贷：累计折旧		60 000
	借：管理费用	100 000	
	贷：应付职工薪酬——非货币性福利		100 000
	借：应付职工薪酬——非货币性福利	100 000	
	贷：其他应付款		100 000

（三）社会保险费、住房公积金、工会经费和职工教育经费，工会经费、职工教育经费的计算

企业为职工缴纳的医疗保险费、工伤保险费、生育保险费等社会保险费和住房公积金，以及按规定提取的工会经费和职工教育经费，应当在职工为其提供服务的会计期间，根据规定的计提基础和计提比例计算确定相应的职工薪酬金额，并确认相应负债，计入当期损益或相关资产成本。

【例 3-12】根据【例 3-10】中表 3-6 编制"职工福利费用计算分配表"（假设各项目计提比例即为表中标注的比例），见表 3-7。

表 3-7　社会保险费、住房公积金等计算表

2014 年 6 月　　　　　　　　　　　　　　　　　　　单位：元

职工类别		工资总额（计提基数）	养老保险 10%	失业保险 1%	工伤保险 0.4%	生育保险 0.4%	医疗保险 4%	住房公积 8%	工会经费 2%	教育经费 1%	应付职工薪酬合计
基本生产车间	生产工人	10500	1050	105.00	42.00	42.00	420	840.00	210.00	105.00	13314.00
	管理人员	1300	130	13.00	5.20	5.20	52.00	104.00	26.00	13.00	1648.40
	小计	11800	1180	118.00	47.20	47.20	472.00	944.00	236.00	118.00	14962.40
辅助生产车间	供水车间	3050	305	30.50	12.20	12.20	122.00	244.00	61.00	30.50	3867.40
	供电车间	1370	137	13.70	5.48	5.48	54.80	109.60	27.40	13.70	1737.16
	小计	4420	442	44.20	17.68	17.68	176.80	353.60	88.40	44.20	5604.56
行政管理部门		2450	245	24.50	9.80	9.80	98.00	196.00	49.00	24.50	3106.60
专设销售机构		2830	283	28.30	11.32	11.32	113.20	226.40	56.60	28.30	3588.44
在建工程人员		850	85	8.50	3.40	3.40	34.00	68.00	17.00	8.50	1077.80
合　　计		22350	2235	223.50	89.40	89.40	894.00	1788	447.00	223.50	28339.80

三、人工费用的分配

人工费用中凡属能直接确定哪种产品耗用的，应直接计入该产品成本；凡属几种产品共同耗用的，则应采用合理的方法分配计入各产品成本。

在计件工资制度下，一般人工费用中计件工资部分属于直接计入费用；在计时工资制度下，如果企业生产单一产品，则全部人工费用都属于直接计入费用，应直接计入该产品成本；如果生产多种产品，

则必须选择适当的分配标准将其分配计入各有关产品成本。通常会选择实际生产工时或定额工时作为分配标准。

工资费用分配率＝某车间生产工人计时工资总额/该车间各种产品生产工时（实际或定额）总和

某产品应负担的人工费用＝该产品的分配标准×人工费用分配率

【例 3-13】 假定某企业基本生产车间生产 A、B 两种产品，生产工人的计件工资分别为：A 产品 2 400 元，B 产品 1 800 元；A、B 两种产品的计时工资共计 6 400 元。A、B 产品生产工时分别为 5 000 小时和 3 000 小时。现按实际生产工时比例分配计算如下：

工资费用分配率＝6 400÷(5 000+3 000)＝0.8

A 产品分配工资费用＝5 000×0.8＝4 000（元）

B 产品分配工资费用＝3 000×0.8＝2 400（元）

工资费用分配表见表 3-8。

表 3-8 工资费用分配表
×年×月　　　　　　　　　　　　　　　　单位：元

车间部门		成本项目	直接记入	分配记入			费用额合计
				生产工时	分配率	金额	
基本生产车间	A 产品	直接人工	2 400	5 000		4 000	6 400
	B 产品	直接人	1 800	3 000		2 400	4 200
	管理人员	制造费用	500				500
	小计		4 700	8 000	0.8	6 400	11 100
辅助生产车间	供水	直接人工	450				450
	机修	直接人工	380				380
	小计		830				830
企业管理部门		工资	1 500				1 500
合计			7 030			6 400	13 430

四、人工费用分配的账务处理

在对人工费用进行归集和分配之后，确定了各受益对象（各种产品和各类人员）应负担的人工费用，企业可以据此编制"人工费用分配表"和相应的会计分录。

基本生产车间生产工人工资属于"直接人工"成本项目，应当借记"基本生产成本"科目；辅助生产车间生产工人工资属于"直接人工"成本项目，应当借记"辅助生产成本"科目；基本生产车间和辅助生产车间管理人员的工资应当借记"制造费用"科目；企业行政管理部门人员工资应当借记"管理费用"科目；专设销售机构人员的工资应当借记"销售费用"科目；固定资产建造等工程人员工资应当借记"在建工程"科目；生活福利部门人员工资应当借记"应付职工薪酬"科目。对于提取的职工福利费，借方科目与上述计算分配工资基本相同，只是按生活福利部门人员工资提取的部分应当借记"管理费用"科目。

【例 3-14】 根据【例 3-11】计算结果，编制会计分录如下：

借：生产成本——基本生产成本——基本生产车间　　　　　13314.00

　　　　　　　　辅助生产成本——供水　　　　　　　　　3867.40

　　　　　　　　　　　　　——机修　　　　　　　　　1737.16

　　制造费用——基本生产车间　　　　　　　　　　　　　1648.40

　　管理费用　　　　　　　　　　　　　　　　　　　　　3106.60

　　销售费用　　　　　　　　　　　　　　　　　　　　　3588.44

　　在建工程　　　　　　　　　　　　　　　　　　　　　1077.80

　　贷：应付职工薪酬——工资　　　　　　　　　　　　22350.00

　　　　　　　　　　——养老保险　　　　　　　　　　　2235.00

　　　　　　　　　　——失业保险　　　　　　　　　　　223.50

　　　　　　　　　　——工伤保险　　　　　　　　　　　89.40

　　　　　　　　　　——生育保险　　　　　　　　　　　89.40

　　　　　　　　　　——医疗保险　　　　　　　　　　　894.00

　　　　　　　　　　——住房公积金　　　　　　　　　　1788.00

　　　　　　　　　　——工会经费　　　　　　　　　　　447.00

　　　　　　　　　　——职工教育经费　　　　　　　　　223.50

任务五　折旧费用及其他费用的核算

一、固定资产折旧费的归集和分配

固定资产折旧，是指固定资产在使用中由于磨损而转移到成本、费用的那部分价值。折旧费也是成本、费用的一个重要组成部分。企业每月底，采用一定的折旧计算方法计算提取固定资产折旧。

对于按规定计提的折旧费，应根据固定资产的使用地点和用途，分别记入有关账户，即对于基本生产车间应提的折旧费，应记入"制造费用"账户的借方；企业行政管理部门应提的折旧费，应记入"管理费用"账户的借方；租出固定资产应提的折旧费，应记入"其他业务成本"账户的借方；专设销售机构应提的折旧费，应记入"销售费用"账户的借方。折旧费用的分配，实际上就是折旧费的计算与账务处理。

折旧费用的归集通常是采用"固定资产折旧计算表"形式进行的，而折旧费用的分配则是通过编制"固定资产折旧费用分配表"进行。"固定资产折旧计算表"在财务会计中已讲过，这里仅以某公司编制的"固定资产折旧费用分配表"为例来说明其会计处理。

【例3-15】某公司××年8月固定资产折旧费用有关资料及各有关部门分配的折旧费用见表3-9。

表 3-9 固定资产折旧费用分配表

××年 8 月

金额单位：元

应借账户	部 门	上月折旧额	上月增加折旧额	上月减少折旧额	本月应计折旧额
制造费用	基本生产车间	4 800	340	140	5 000
生产成本——辅助生产成本	锅炉车间	1 400	160		1 560
	机修车间	850		50	800
	小计	2 250	160	50	2 360
管理费用	行政管理部门	1 850	150	160	1 840
合 计		8 900	650	350	9 200

据此编制会计分录如下。

借：制造费用   5 000

  生产成本——辅助生产成本——锅炉车间   1 560

            ——机修车间   800

  管理费用   1 840

   贷：累计折旧   9 200

二、其他费用的归集和分配

其他费用，是指上述各项费用以外的差旅费、邮电费、保险费、办公费等费用支出。

这些费用发生时根据有关付款凭证，按照费用的用途归类，分别计入"制造费用""管理费用""财务费用"等有关账户的借方，"银行存款"等账户的贷方。

【例 3-16】某企业 6 月份发生差旅费 3000 元，其中：基本生产车间 800 元，供水车间 500 元，企业行政管理部门 1700 元；另外，管理部门发生办公费 1000 元。以上费用以银行存款支付。其会计分录为：

借：生产成本——辅助生产成本——供水车间（差旅费） 500

  制造费用——差旅费   800

  管理费用——差旅费   1 700

      ——办公费   1 000

   货：银行存款   4 000

任务六 制造费用的核算

一、制造费用归集的核算

（一）制造费用的含义

制造费用是指企业为组织和管理生产而发生的，应该计入产品成本，但没有专设成本项目的各项生产费用。制造费用包括企业内部分厂、车间的管理人员工资及福利费、固定资产折旧费、租赁费（不包括融资固定资产的租赁费）、机物料消耗、低值易耗品摊销、取暖费、水电费、办公费、运输费、保险费、设计制图费、试验检验费、劳动保护费、季

节性或修理期间的停工损失以及其他制造费用。

（二）制造费用核算的账户

为了总括反映和监督企业各生产单位在一定时期内为组织和管理生产所发生的各项制造费用，需要设置"制造费用"账户。制造费用发生时，记入本账户的借方，进行分配结转时，记入本账户的贷方，本账户月末一般无余额。

如果辅助生产车间的制造费用发生数额较小，为了减少转账手续，也可以不通过"制造费用"账户，直接记入"生产成本—辅助生产成本"账户。

根据企业管理的需要，分析制造费用超支的原因，寻找降低费用的途径，"制造费用"账户应按生产单位类别设置明细账，并在账内按照费用项目设立专栏或专行，分别反映各生产单位各项制造费用的发生情况。

表 3-10　制造费用明细账

车间名称：基本生产车间　　　　　　　2014 年 6 月　　　　　　　　　金额单位：元

摘要	材料	燃料动力	工资及福利费	折旧费	报刊费	其他
材料费用分配表	10 000					
燃料费用分配表		2000				
动力费用分配表		200				
工资及福利费分配表			22 600			
折旧费用分配表				2 452		
其他应收款分配表					2200	
辅助生产费用分配表		3000			2 211	
其他支出分配						
合计	10 000	5 200	22 600	2 452	2 200	
分配转出	10 000	5 200	22 600	2 452	2 200	

（三）制造费用的归集

制造费用的归集按其记账依据不同可分为两种情况。

1. 一般费用发生时，根据付款凭证或据以编制的其他费用分配表，借记"制造费用"账户，贷记"银行存款"或其他有关账户，如办公费、差旅费、劳动保护费等。

2. 机物料消耗、外购动力费用、工资及福利费、折旧费、修理费等，在月末应根据转账凭证及汇总编制的各种费用分配表，借记"制造费用"账户，贷记"原材料""应付职工薪酬"、"累计折旧""其他应付款"等账户。

需要注意两点。

（1）关于辅助生产车间发生的费用，如果辅助生产的制造费用是通过"制造费用"账户单独核算，则应比照基本生产车间制造费用的核算；如果辅助生产的制造费用不通过"制造费用"账户单独核算，应将其全部记入"生产成本—辅助生产成本"账户。

（2）归集在"制造费用"账户借方的各生产单位当月发生的制造费用，月末应将各项费用发生额的合计数，分别与其预算数进行比较，以查明制造费用预算的执行情况。

二、制造费用分配的核算

制造费用分配计入产品成本的方法一般有生产工人工时比例分配法、生产工人工资比例分配法、机器工时比例分配法、按年度计划分配率分配法等。

（一）生产工人工时比例分配法

生产工人工时比例法是按照各种产品所用生产工人工时的比例分配制造费用的一种方法。分配的计算公式：

制造费用分配率＝制造费用总额÷各产品生产工时总数

某种产品应分配的制造费用＝该种产品生产工时×制造费用分配率

【例 3-16】 假定某公司基本车间为生产甲乙两种产品共发生制造费用 60 462.50 元，甲产品生产工时为 4 100，乙产品生产工时为 2 050。要求：采用生产工时比例分配法计算甲、乙两种产品应承担的制造费用，并编制相应的会计分录：

制造费用分配率＝60462.50÷（4100+2050）＝9.8313（元/小时）

甲产品应分配制造费用＝4100×9.8313＝40308.33（元）

乙产品应分配制造费用＝60462.50－40308.33＝20154.17（元）

在实际工作中，制造费用分配一般是通过编制制造费用分配表进行的。制造费用分配表的格式如表 3-11 所示。

表 3-11 制造费用分配表

××年8月　　　　　　　　　　　　　　　　　金额单位：元

产品名称	生产工时/小时	分配率/元每小时	分配额
甲产品	4 100		40 308.33
乙产品	2 050		20 154.17
合计	6 150	9.831 3	60 462.50

根据上述制造费用分配表，编制会计分录如下。

借：基本生产成本——甲产品　　　　　　　　　　40 308.33

　　　　　　——乙产品　　　　　　　　　　20 154.17

　　贷：制造费用　　　　　　　　　　　　　　　60 462.50

按生产工人工时比例分配制造费用，能将劳动生产率与产品负担的制造费用结合起来，使分配结果比较合理。因此该方法的应用面较广，但是对于这种分配方法，查账人员应及时检查企业是否有真实正确的工时记录以避免分配结果出错。这种方法适用于机械化程度较低，或生产单位内生产的各产品工艺过程机械化程度大致相同的单位。

（二）生产工人工资比例分配法

生产工人工资比例分配法是以直接计入各种产品成本的生产工人实际工资的比例作为分配标准分配制造费用的一种方法。

分配的计算公式：

制造费用分配率＝制造费用总额÷各产品生产工人工资总额

某种产品应负担的制造费用＝该种产品生产工人工资×制造费用分配率

采用这一方法的前提是各种产品生产机械化的程度应该大致相同，否则机械化程度低的产品所用工资费用多，负担的制造费用也要多，而机械化程度高的产品则负担的制造费用较少，从而影响费用分配的合理性。此外，还要说明的是，如果生产工人工资是按照生产工时比例分配计入各种产品成本的，那么按照生产工人工资比例分配制造费用，实际上也就是按照生产工时比例分配制造费用。

（三）机器工时比例分配法

机器工时比例分配法是以各种产品生产所用机器设备的运转工作时间的比例作为分配标准分配制造费用的一种方法。

分配的计算公式：

制造费用分配率－制造费用总额÷各产品所用机器工时总数

某种产品应负担的制造费用＝该种产品机器工时数×制造费用分配率

这一方法适用于生产机械化程度较高的产品，因为这类产品的机器设备使用、维修费用大小与机器运转的时间有密切联系。采用这一方法的前提条件是必须具备各种产品所耗机器工时的完整的原始记录。

查账人员审查采用机器工时比例分配法分配制造费用的账务时，应首先对被查企业机械化程度及机器工时记录等情况进行核实，查明该企业是否适用这种分配方法，然后再复核数字计算的正确性。该方法的计算程序、原理与生产工时比例分配法基本相同。

（四）按年度计划分配率分配法

按年度计划分配率分配是指无论各月实际发生的制造费用多少，各月各种产品成本中的制造费用均按年度计划确定的计划分配率分配的一种方法。年度内发现全年制造费用的实际数和产品的实际产量与计划分配率计算的分配数之间发生的差额，到年终时按已分配比例分配计入 12 月份产品成本中。

计算公式：

制造费用计划分配率＝年度制造费用计划总额÷年度预计产量的定额标准数

某月某种产品应负担的制造费用＝该月该产品实际产量的定额工时数×分配率

年度预计产量的定额标准数可以是预计产量的生产工人工时，也可以是直接生产工人的工资，还可以是机器工时数等。

【例3-17】假定光华公司全年制造费用计划为 62 000 元，全年甲、乙两种产品的计划产量分别为 600 件和 400 件，单位产品的工时定额甲产品为 7 小时，乙产品为 5 小时。

假定光华公司到年底实际发生的制造费用是 60462.5 元，且已按计划分配率分配其制造费用 60 120 元，其中甲产品为 41 020 元，乙产品为 19 100 元，那么本年度共少分配制造费用为 342.50 元（即 60 462.5－60 120）。

制造费用年度计划分配率

＝62 000÷（600×7＋400×5）

＝62 000÷（4 200＋2 000）

＝10（元/小时）

8 月份甲产品应分配制造费用＝50×7×10＝3 500（元）

8 月份乙产品应分配制造费用＝30×5×10＝1 500（元）

年度差异额分配率＝342.5÷60 120＝0.005697

甲产品再分配数＝41 020×0.005697＝233.69（元）

乙产品应再分配数＝342.50－233.69＝108.81（元）

采用年度计划分配率分配法，可随时结算已完工产品应负担的制造费用，简化分配手续，最适用于季节性生产的企业车间。

在生产工人工时、生产工人工资和机器工时比例分配法下，"制造费用"账户一般没有期末余额。如果使用按年度计划分配率分配法，实际发生的制造费用与按年度计划分配率分配转出的制造费用不一致，就会使"制造费用"账户有借方或贷方余额。

这种方法适用于季节性的生产企业，因为在季节性生产企业中，每月发生制造费用相差不大，但淡季和旺季的产量悬殊却很大，如果按实际费用分配，各月单位产品成本中的制造费用将随之忽高忽低，不便于进行成本分析。

任务七　辅助生产费用的核算

辅助生产是指主要为基本生产车间、企业行政管理部门等单位提供服务而进行的产品生产和劳务供应。企业常专设辅助生产车间。

辅助生产车间有的只生产一种产品或只提供一种劳务，如供电、供水、供气、供风等辅助生产车间。有的生产多种产品或提供多种劳务，如从事工具、模具、修理用备件的制造及机器设备修理等的辅助生产车间。

辅助生产车间为生产产品或提供劳务而发生的原材料费用、动力费用、工资及福利费以及辅助生产车间的制造费用，被称为辅助生产费用。

为生产和提供一定种类和一定数量的产品或劳务所耗费的辅助生产费用之和，构成该种产品或劳务的"生产成本——辅助生产成本"。

辅助生产费用核算包括辅助生产费用的归集和分配的核算。

一、辅助生产费用归集的程序

辅助生产费用的归集和分配，通过"生产成本——辅助生产成本"账户进行。该账户应按车间、产品和劳务设立明细账，账中按照成本项目设立专栏或专行进行明细核算。辅助生产中发生的各项费用，应计入该账户本的借方，期末按各受益产品或部门的受益数量分配后，从贷方转入相关的受益账户。

辅助生产费用归集的程序有两种。两者的区别在于辅助生产制造费用是否单独设账归集。

（1）一般情况下，辅助生产制造费用的归集与基本生产制造费用的归集一样，先通过"制造费用"账户归集，期末转入"辅助生产成本"科目，计入辅助生产产品或劳务的成本。

（2）若辅助生产车间规模很小、制造费用很少，而且辅助生产不对外提供商品产品，因而不需要按照规定的成本项目计算产品成本、编制产品生产成本报表的情况下，为了简化核算工作，辅助生产的制造费用也可以不通过"制造费用"科目单独归集，而直接计入"生产成本—辅助生产成本"账户。

本教材默认采用第二种归集程序。

二、辅助生产费用归集的账务处理

辅助生产费用的归集是通过设置"辅助生产成本明细账"进行的。在辅助生产的制造费用不单独设账归集的企业中，发生的辅助生产费用均单独地直接计入或分配计入"生产成本—辅助生产成本"账户和所属有关的明细账的借方。

辅助生产成本明细账见表3-12。

表3-12　辅助生产成本明细账

车间名称：供水车间　　　　　　　　　　2014年6月　　　　　　　　　　单位：元

摘要	材料	燃料动力	工资及福利费	折旧费	保险费	其他	合计
材料费用分配表	4 000						
动力费用分配表		3 000					
工资及福利费分配表			7 000				
折旧费用分配表				3 000			
其他应收款分配表					3 000		
合计	4 000	3 000	7 000	3 000	3 000		20 000
辅助生产费用分配表	4 000	3 000	7 000	3 000	3 000		20 000

三、辅助生产费用分配的方法

制造业的辅助生产费用归集之后，需要按照一定程序、采用适当方法在各受益产品、车间和部门之间进行合理分配。

实际工作中，辅助生产费用的分配方法通常有直接分配法、交互分配法、代数分配法、计划成本分配法、顺序分配法等。

（一）直接分配法

直接分配法是指分配各辅助生产车间发生的费用时，不考虑各辅助生产车间之间相互提供产品和劳务的情况，而是按受益比例直接分配给除辅助生产车间以外的各受益产品和部门，而对各辅助单位的相互服务不进行分配。在确定单位分配率时，应当将各辅助单位之间相互提供的服务量予以剔除。

计算公式如下：

某辅助生产车间费用分配率＝该辅助生产车间的原始费用÷辅助生产车间意外的各受益单位耗用量

某受益单位（不含辅助车间）应分配辅助生产费用＝该受益单位耗用数量×辅助车间费用分配率

【例3-18】 某企业有供电和机修两个辅助生产车间，主要为本企业基本生产车间和行政管理部门等服务，供电车间本月发生费用67200元，供水车间本月发生费用68040元。各辅助生产车间供应劳务数量情况见表3-13。

表3-13　辅助生产车间供应劳务数量情况表

2014年6月

受益单位	使用电量（千瓦·时）	供水吨数
供电车间		1 600
供水车间	24 000	
基本生产车间——甲产品	60 000	
基本生产车间——乙产品	100 000	
基本生产车间（一般耗用）	24 000	12 000
行政管理部门	16 000	8000
合计	224 000	21 600

1. 分配供电车间的费用

电费分配率＝67200÷（224000－24000）＝0.336［元/（千瓦·时）］

应计入甲产品成本的电费＝60 000×0.336＝20160（元）

应计入乙产品成本的电费＝100 000×0.336＝33600（元）

应计入制造费用的电费＝24000×0.336＝8064（元）

应计入管理费用的电费＝16000×0.336＝5376（元）

2. 分配供水车间的费用

水费分配率＝68040÷（21600－1600）＝3.402（元/吨）

应计入制造费用的供水费用＝12000×3.402＝40824（元）

应计入管理费用的供水费用＝8000×3.402＝27216（元）

根据直接分配法的分配结果编制会计分录：

供电车间费用分配的会计分录

借：生产成本——基本生产成本——甲产品　　　　　　　　　　　20 160
　　　　　　　　　　　　　　　——乙产品　　　　　　　　　　33 600
　　制造费用　　　　　　　　　　　　　　　　　　　　　　　　8 064
　　管理费用　　　　　　　　　　　　　　　　　　　　　　　　5 376
　　贷：生产成本——辅助生产成本——供电车间　　　　　　　　　67 200

供水车间费用分配的会计分录

借：制造费用　　　　　　　　　　　　　　　　　　　　　　　40 824
　　管理费用　　　　　　　　　　　　　　　　　　　　　　　　27 216
　　贷：生产成本——辅助生产成本——供水车间　　　　　　　　　68 040

采用直接分配法编制辅助生产费用分配表见表3-14。

表3-14　辅助生产费用分配表（直接分配法）

2014年6月　　　　　　　　　　　　　　　　　　单位：元

辅助生产车间名称			供电车间	供水车间	金额合计
待分配费用			67 200	68 040	20 811
对外提供劳务数量			200 000	20 000	
费用分配率			0.336	3.402	
甲产品耗用	应借"生产成本——基本生产成本"科目	数量	60 000		
		金额	20 160		20 160
乙产品耗用	应借"生产成本——基本生产成本"科目	数量	100 000		
		金额	33 600		33 600
一车间一般耗用	应借"制造费用"科目	数量	24 000	12 000	
		金额	8 064	40 824	48 888
管理部门	应借"管理费用"科目	数量	16 000	8 000	
		金额	5 376	27 216	32 592
分配费用小计			67 200	68 040	135 240

采用直接分配法时，由于各辅助生产费用不在辅助车间之间分配，只是对外分配，计算简便。但当辅助生产车间相互提供产品或劳务量差异较大时，分配结果往往与实际不符。因此，这种方法只适用于辅助生产内部相互提供产品或劳务不多，不进行辅助费用的交互分配对产品成本影响不大的情况。

（二）交互分配法

交互分配法是先将各辅助生产车间发生的费用，在各辅助生产车间之间交互分配，再将各辅助生产车间交互分配后的实际费用直接分配给其他受益单位的分配方法。计算步骤如下：

第一步，交互分配。

　　某辅助生产车间交互分配率＝该辅助车间归集的费用总额÷该辅助车间提供的劳务总量

　　某辅助生产车间应负担的辅助生产费用＝该辅助生产车间受益数量×辅助生产车间交互分配率

　　第二步，对外分配。

　　辅助生产车间交互分配后的实际费用＝该车间直接发生费用－交互分配转出费用＋交互分配转入费用

　　某辅助生产的对外分配率＝该辅助生产交互分配后的实际费用÷该项劳务对外供应总量

　　某受益单位应负担费用＝该项费用对外分配率×该受益单位该项劳务的耗用量

　　【例3-19】 根据【例3-18】的资料计算

　　交互分配：

　　电费分配率＝67 200÷224 000＝0.3 ［元/（千瓦·时）］

　　水费分配率＝68 040÷21 600＝3.15 （元/吨）

　　供电车间应负担的水费＝1 600×3.15＝5 040 （元）

　　供水车间应负担的电费＝24 000×0.3＝7 200 （元）

　　对外分配：

　　电费分配率＝（67 200＋5 040－7 200）÷（224 000－24 000）＝0.3252 ［元/（千瓦·时）］

　　水费分配率＝（68 040＋7 200－5 040）÷（21 600－1 600）＝3.51 （元/吨）

　　采用交互分配法编制辅助生产费用分配表见表3-15。

表3-15　辅助生产费用分配表（交互分配法）

2014年6月　　　　　　　　　　　　　单位：元

项目			交互分配		对外分配	
辅助生产车间			供电车间	供水车间	供电车间	供水车间
待分配费用			67 200	68 040	65 040	70 200
劳务数量			224 000	21 600	200 000	20 000
费用分配率			0.3	3.15	0.3 252	3.51
辅助生产车间耗用	供电车间	数量		1 600		
		金额		5 040		
	供水车间	数量	24 000			
		金额	7 200			
甲产品耗用	数量				60 000	
	金额				19 512	
乙产品耗用	数量				100 000	
	金额				32 520	

续表3-15

项目			交互分配		对外分配	
车间一般耗用	数量				24 000	12 000
	金额				7 804.8	42 120
管理部门一般耗用	数量				16 000	8 000
	金额				5 203.2	28 080
分配金额合计			7 200	5 040	65 040	70 200

根据交互分配法的分配结果编制会计分录：

（1）交互分配

借：生产成本——辅助生产成本——供电车间　　　　　5 040

　　　　　　　　　　　　　——供水车间　　　　　7 200

　　贷：生产成本——辅助生产成本——供电车间　　　　　　　　　7 200

　　　　　　　　　　　　　　——供水车间　　　　　　　　　5 040

（2）对外分配

借：生产成本——基本生产成本——甲产品　　　　　19 512

　　　　　　　　　　　　　——乙产品　　　　　32 520

　　制造费用　　　　　7 804.8

　　管理费用　　　　　5 203.2

　　贷：生产成本——辅助生产成本——供电车间　　　　　　　　　65 040

借：制造费用　　　　　42 120

　　管理费用　　　　　28 080

　　贷：生产成本——辅助生产成本——供水车间　　　　　　　　　70 200

采用交互分配法，辅助生产车间内部相互提供产品或劳务全部进行交互分配，从而提高了分配结果的正确性，但计算工作量较大。适用范围是各辅助生产车间之间相互提供劳务数量较大、又有必要全面反映各辅助生产费用的企业。

（三）代数分配法

代数分配法是运用代数中解联立方程式的原理，求出辅助生产产品或劳务的实际单位成本以后，再按各个受益对象耗用产品或劳务的数量分配辅助生产费用的一种方法。其基本计算步骤如下：

（1）设未知数，并根据辅助生产车间之间交互服务关系建立方程组；

（2）解方程组，算出各种产品或劳务的单位成本；

（3）用各单位成本乘以各受益部门的耗用量，求出各受益部门应分配计入的辅助生产费用。

每一组方程式可按下列公式建立：

某辅助生产车间提供劳务总量×该辅助生产车间劳务的单位成本＝该辅助生产核减直接发生费用+该辅助生产车间耗用其他辅助生产车间的劳务数量×其他辅助生产车间劳务的

单位成本

【例3-20】：根据【例3-18】的资料，假设供电车间电费的单位成本为 x 元/度，供水车间水费的单位成本为 y 元/吨，则列联立方程式如下：

$$\begin{cases} 224\,000x = 67\,200 + 1\,600y \\ 21\,600y = 68\,040 + 24\,000x \end{cases}$$

解得 x = 0.32 508

y = 3.5 112

用代数分配法编制辅助生产费用分配表，见表3-16。

表3-16 辅助生产费用分配表（代数分配法）

2014 年 6 月　　　　　　　　　　　　　　　　　单位：元

辅助生产车间名称			供电车间	供水车间
待分配费用			67 200	68 040
劳务数量			224 000	21 600
用代数分配法算出的实际单位成本			0.32 508	3.5 112
辅助生产车间耗用	供电车间	数量		1 600
		金额		5 617.92
	供水车间	数量	24 000	
		金额	7 801.92	
金额小计				
甲产品耗用		数量	60 000	
		金额	19 504.80	
车间一般耗用		数量	100 000	
		金额	32 508	
乙产品耗用		数量	24 000	12 000
		金额	7 801.92	42 134.40
管理部门耗用		数量	16 000	8 000
		金额	5 201.28	28 089.60
分配金额小计			72 817.92	75 841.92

根据代数分配法的分配结果编制会计分录如下。

借：生产成本——辅助生产成本——供水车间　　　　7 801.92

　　　　　　　基本生产成本——甲产品　　　　19 504.80

　　　　　　　　　　——乙产品　　　　32 508.00

　　制造费用　　　　7 801.92

　　管理费用　　　　5 201.28

贷：生产成本——辅助生产成本——供电车间　　　　　　72 817.92

借：生产成本——辅助生产成本——供电车间　　　　　　5617.92

制造费用　　　　　　　　　　　　　　　　　　　　　42 134.40

管理费用　　　　　　　　　　　　　　　　　　　　　28 089.60

贷：生产成本——辅助生产成本——供水车间　　　　　　75 841.92

采用代数分配法，辅助生产费用分配结果最正确，但在辅助生产车间较多的情况下，计算非常复杂，因而这种方法适用于已经实现会计电算化的企业。

（四）计划成本分配法

计划成本分配法，是指按照企业事先设定的辅助生产车间提供产品或劳务的计划单位成本和各受益部门接受辅助生产单位提供产品或劳务的数量，计算各受益部门应负担的辅助生产费用的一种分配方法。

采用这种方法时，由于各受益部门负担的各种辅助生产费用都是按计划单位成本计算的，对于辅助生产车间实际发生的费用按计划单位成本分配转出的费用之间的差额，即辅助生产成本差异，有两种处理方法：一种是分配给辅助生产单位之外的各受益部门负担；另一种是把此项差异计入"管理费用"账户中。如果是超支差异，直接增加管理费用；如果是节约差异，直接冲减管理费用。

第一种方法将辅助生产部门的成本差异分配给了辅助生产以外的部门，不太合理，而且计算较复杂，所以为了简化核算，一般采用第二种方法处理成本差异。

其具体的计算公式如下：

某项辅助生产费用分配的差异额=该辅助生产车间直接发生的实际费用+分配转入的费用-按计划成本分配转出的金额

【例3-21】：根据例3-18的资料，假设供电车间电费的计划单位成本0.33元/（千瓦·时），供水车间水费的计划单位成本为3.5元/吨，按计划成本分配法编制辅助生产费用分配表见表3-17。

表3-17　辅助生产费用分配表（计划成本分配法）

2014年6月　　　　　　　　　　　　　　　　　　　　单位：元

辅助生产车间名称			供电车间	供水车间
待分配费用			67 200	68 040
劳务数量			224 000	21 600
计划单位成本			0.33	3.5
辅助生产车间耗用	供电车间	数量		1 600
		金额		5 600
	供水车间	数量	24 000	
		金额	7 920	

续表3-17

辅助生产车间名称		供电车间	供水车间
甲产品耗用	数量	60 000	
	金额	19 800	
乙产品耗用	数量	100 000	
	金额	33 000	
车间一般耗用	数量	24 000	280
	金额	7 920	4 200
管理部门耗用	数量	16 000	100
	金额	5 280	1 500
按计划成本分配合计		73 920	75 600
实际成本合计		72 800	75 960
辅助生产成本差异		-1 120	360

表3-17中，辅助生产部门的成本差异可计算如下：

电费差异=（67 200+5 600）-73 920=-1120（元）

水费差异=（68 040+7 920）-75 600=360（元）

电费差异为负数，表示节约差异，冲减管理费用；水费用为正数，表示超支差异，增加管理费用。

根据计划成本分配法的分配结果编制会计分录如下。

（1）按计划成本分配费用

借：生产成本——辅助生产成本——供水车间　　　　　　　7 920

　　　　　　基本生产成本——甲产品　　　　　　　　　19 800

　　　　　　　　——乙产品　　　　　　　　　　　　33 000

　　制造费用　　　　　　　　　　　　　　　　　　　7 920

　　管理费用　　　　　　　　　　　　　　　　　　　5 280

　　贷：生产成本——辅助生产成本-供电车间　　　　　　　　73920

借：生产成本——辅助生产成本——供电车间　　　　　　　5 600

　　制造费用　　　　　　　　　　　　　　　　　　　42 000

　　管理费用　　　　　　　　　　　　　　　　　　　28 000

　　贷：生产成本——辅助生产成本——供水车间　　　　　　　75 600

（2）成本差异分配

借：管理费用　　　　　　　　　　　　　　　　　　760

　　贷：生产成本——辅助生产成本——供电车间　　　　　　1 120

　　　　　　　　——供水车间　　　　　　　　　　360

采用计划成本分配法，简化和加速了分配的计算工作；按照计划单位成本分配，排除

了辅助生产实际费用高低对各受益单位成本的影响，便于考核和分析各受益单位的经济责任；同时，还能够反映辅助生产车间产品或劳务的实际成本脱离计划成本的差异。但是，采用这种分配方法，辅助生产产品或劳务的计划单位成本必须比较接近实际，计算的结果才较合理。适用于计划单位成本比较准确的企业。

（五）顺序分配法

顺序分配法，又称梯形分配法，是指各辅助生产车间按收益多少的顺序排列，收益少的排在前面，先将费用分配出去，收益多的排在后面，后将费用分配出去的一种方法。

其特点是，前者的费用将分配给后者，后者将其自身待分配的费用加上从前者分配来的费用作为总的分配额继续往后分配，而不再分配给前者。前者进行分配计算分配率时，应以本身发生的辅助生产费用除以提供给包括其他辅助生产车间在内的所有受益对象的总劳务量计算得到；而后者计算相应分配率时，则以本身发生的辅助生产费用加上从前者分来的费用之和除以提供给除前者以外的其他受益对象的劳务量总数计算得到。

采用顺序分配法，各辅助生产车间之间不进行交互分配，各辅助生产费用只分配一次，既分配给辅助生产以外的受益单位，又分配给排列在后面的其他辅助生产车间或部门，计算也较为简单。但这种方法毕竟未全面考虑到各辅助生产部门之间交互服务的关系因此计算不够准确。另外，辅助生产部门之间受益多少的顺序往往难以确定，从而分配的先后顺序带有一定的主观性。所以，这种分配方法只适合在各辅助生产车间或部门之间相互受益程度有明显顺序的情况下采用。

【例3-22】根据【例3-18】的资料按照顺序分配法计算过程如下：

1. 确定分配顺序

由表2-21，可以看出两个辅助生产部门中，供电车间受益少（5 040元），供水车间受益多（7 200元）。因此，应先分配供电部门的电费。

2. 有关费用的分配

电费分配率=67 200÷224 000=0.3

供水车间负担的电费=24 000×0.3=7 200（元）

供水车间收益分配后，分配率计算如下：

水费分配率=（68 040+7 200）÷（21 600-1 600）=3.762（元）

按顺序分配法编制辅助生产费用分配表，见表3-18。

表3-18　辅助生产费用分配表（顺序分配法）

2014年6月　　　　　　　　　　　　　　　　　单位：元

辅助生产车间名称	供电车间	供水车间
待分配费用	67 200	75 240
劳务数量	224 000	20 000
费用分配率	0.3	3.762

续表3-18

辅助生产车间名称			供电车间	供水车间
受益部门	供水车间	数量	24000	
		金额	7 200	
	甲产品	数量	60 000	
		金额	18 000	
	乙产品	数量	100 000	
		金额	30 000	
	车间一般消耗	数量	24 000	12 000
		金额	7 200	45 144
	管理部门耗用	数量	16 000	8 000
		金额	4 800	30 096
金额合计			67 200	75 240

供电车间分配电费的会计分录：

借：生产成本——辅助生产成本——供水车间   7 200

               基本生产成本——甲产品   18 000

                     ——乙产品   30 000

     制造费用   7 200

     管理费用   4 800

     贷：生产成本——辅助生产成本——供电车间   67 200

供水车间分配水费的会计分录：

借：制造费用   45 144

     管理费用   30 096

     贷：生产成本——辅助生产成本——供水车间   75 240

任务八 损失性费用的核算

一、废品损失的核算

（一）废品损失的概念和分类

废品是指在生产过程中发现的不符合规定技术标准，不能按照原定用途使用，或者需要加工修理后才能使用的在产品、半成品和产成品。废品按其产生的原因，分为工废品和料废品。工废品是指由于工人操作方面的过失而产生的废品，其损失应主要由操作工人赔偿；料废品是指用来加工产品的原材料、外购半成品及零部件等不符合质量要求而造成的废品，其损失应由同种产品的产成品成本负担。废品按其是否可以修复分为可修复废品和不可修复废品两种。可修复废品，是指经过修理可以使用，并且花费的修复费用在经济上合算的废品；不可修复废品，是指不能修复或者所花费的修复费用在经济上不合算的废品。

废品损失是指由于废品的产生而形成的损失性费用。包括：不可修复废品的生产成本和可修复废品的修复费用，在扣除回收的残料价值和应由过失单位或个人赔偿款以后的净损失，该损失应由同种产品的产成品成本负担，所以废品损失的发生会使产成品成本升高。正确组织废品损失的核算，对于改进生产技术、提高产品质量、降低产品成本，都有着重要意义。

但以下各项发生的损失不属于废品损失：

1. 销售退回的废品，其发生的一切损失，计入"销售费用"；

2. 实行包修、包退、包换"三包"的企业，在产品出售以后退回的废品，损失应计入"销售费用"；

3. 产品入库后，由于管理不善等原因而损坏或变质的废品，属于管理上的问题，其损失应作为"管理费用"处理。

（二）账户设置

为了单独核算废品损失，应增设"废品损失"账户；在成本计算单（或生产成本明细账）的成本项目中应增设"废品损失"成本项目。"废品损失"账户用来归集和分配废品的损失性费用。该账户的借方登记从成本计算单（或生产成本明细账）转入的不可修复废品的生产成本和归集的可修复废品的修复费用；贷方登记回收的残料价值和应收的赔偿款等，以及结转到成本计算单（或生产成本明细账）"废品损失"成本项目的废品净损失（废品净损失是指不可修复废品的生产成本和可修复废品的修复费用减去回收的残料价值和应收赔偿款后的余额，废品净损失一般应由本月同种产品完工的产成品成本负担）；期末无余额。该账户的明细账应按成本计算对象设置，并按成本项目设专栏。

（三）废品损失的核算

1. 计算废品损失的原始凭证

"废品通知单"是计算废品损失的主要原始凭证。它由企业质检部门在发现废品时填制，也可由产生废品的单位（分厂、车间或班组）填制。"废品通知单"应包括的内容有：（1）废品的种类和数量，（2）产生废品的原因和过失人责任以及废品的生产工时，（3）可修复废品的修复费用，（4）不可修复废品的生产成本。该单一式三联：一联由生产单位存查，一联交质检部门，一联交财会部门核算废品损失。只有审核无误的"废品通知单"，才能作为核算废品损失的原始凭证。

2. 可修复废品修复费用的核算

废品损失包括可修复废品的修复费用和不可修复废品的净损失，二者的含义不同，核算也不相同。可修复废品是指经过修复可以重新入库出售的产品。它给企业带来的损失就是在修复过程中发生的各项修复费用，这些费用最终由该类产品的成本负担。所以，修复费用的归集和分配成为可修复废品的主要核算内容。

可修复废品的修复费用包括材料费用、人工费用和制造费用等，这些费用发生时应根据相关原始凭证归集到"废品损失"账户。材料费用根据"材料费用分配汇总表"归集；人工费用根据"应付职工薪酬费用分配汇总表"直接或按生产工时等资料分配计入；制造费用根据"制造费用分配表"分配计入。月末将归集的修复费用费用转入同种产品的"生产成本—基本生产成本"账户，加大了该种产品的完工产品总成本及单位成本。

【例3-23】某企业加工车间生产乙产品，验收入库时发现10件可修复废品，已修复入库。根据"材料费用分配汇总表"提供的资料，修复乙产品领用材料的实际成本为500元。根据"应付职工薪酬费用分配汇总表"和"制造费用分配表"提供的资料，乙产品在修复过程中耗用工时80小时，根据计算，每小时工资为10元，每小时制造费用7元。由此可知，废品应负担的直接人工费为800元，社会保险费等112元，制造费用为560元。根据上述资料编制会计分录如下：

```
借：废品损失——乙产品                                    1 972
    贷：原材料                                              500
        应付职工薪酬——工资                                800
                  ——社会保险费                            112
        制造费用                                          560
借：生产成本—基本生产成本——乙产品                      1 972
    贷：废品损失——乙产品                                1 972
```

3. 不可修复废品的核算

不可修复废品的净损失是指不可修复废品的生产成本减去残料价值及应收赔偿款后的余额。不可修复废品的生产成本包括直接材料、直接人工和制造费用等项目。这些费用与同种合格品的成本是同时发生的，已记入了该种产品的成本计算单（或生产成本明细账）。因此，应将不可修复废品的生产成本采用一定的方法从产品成本计算单（或生产成本明细账）中转出来。结转的方法可以根据生产的特点和管理的要求采用第八章介绍的各种方法。此处为了便于理解，成本结转方法采用定额成本法。

【例3-24】某车间加工丙产品，本月共完成合格品1 000件，废品50件，每件废品的定额成本为：直接材料20元，直接人工10元，制造费用8元。根据责任鉴定应由责任人赔偿200元，回收残料价值100元。废品净损失由同种产品的合格品成本负担。以下为本月的成本计算单（生产成本明细账）见表3-19，废品损失明细账见表3-20及相关的会计分录：

表3-19　成本计算单

产品名称：丙产品　　　　　　　　　　　2010年4月　　　　　　　　　　　单位：元

摘要	直接材料	直接人工	制造费用	废品损失	合计
材料费用分配汇总表	23 100				23 100
应付职工薪酬分配汇总表		8 500			8 500
制造费用分配表			7 350		7 350

续表3-19

摘要	直接材料	直接人工	制造费用	废品损失	合计
转出不可修废品的生产成本	-1000	-500	-400		-1 900
转入废品净损失				1 600	

表 3-20　废品损失明细

产品名称：丙产品　　　　　　　　　　2010 年 6 月　　　　　　　　　　单位：元

摘要	直接材料	直接人工	制造费用	合计
转入不可修废品的生产成本	1 000	500	400	1 900
回收残料价值	-100			-100
应收赔偿款	-200			-200
转出废品净损失	-900	-300	-400	-1 600

相关会计分录为：

（1）结转不可修复废品的生产成本

借：废品损失——丙产品　　　　　　　　　　　　　　　1 900

　　贷：生产成本——基本生产成本——丙产品　　　　　　　　　1 900

（2）应收赔偿款

借：其他应收款——某某人　　　　　　　　　　　　　　200

　　贷：废品损失——丙产品　　　　　　　　　　　　　　　200

（3）回收残料

借：原材料　　　　　　　　　　　　　　　　　　　　100

　　贷：废品损失——丙产品　　　　　　　　　　　　　　　100

(4)结转废品净损失

借：生产成本——基本生产成本——丙产品　　　　　　　1 600

　　贷：废品损失——丙产品　　　　　　　　　　　　　　　1 600

4. 不单独核算废品损失的处理

当生产过程中产生的废品很少，而且管理上也不要求单独核算废品损失时，不需要设置"废品损失"账户，成本计算单中也不需要设置"废品损失"成本项目。发生的可修复废品修复费及不可修废品的生产成本都已根据"材料费用分配汇总表"、"应付职工薪酬分配汇总表"和"制造费用分配表"提供的资料计入了成本计算单，对于发生的废品残料价值收入和应收赔偿款，也应直接冲减生产成本。

【例 3-25】该车间生产丁产品，本月投产 1 000 件，全部完工，入库时发现 2 件为不可修复废品，回收残料 150 元，责任人应赔偿 130 元。其他资料见表 3-21。

表 3-21　成本计算单

产品名称：丁产品　　　　　　　　　2010 年 4 月　　　　　　　　完工产量：998 件

摘要	直接材料	直接人工	制造费用	合计
累计生产费用	150 000	98 700	76 000	324 700
回收废品残料	−150			−150
应收过失人赔偿		−130		−130
完工产品总成本	149 850	98 570	76 000	324 420
完工产品单位成本	150.15	98.77	76.15	325.07

相关会计分录为：

（1）应收责任人赔偿款：

借：其他应收款　　　　　　　　　　　　　　　　　　　　　　130

　　贷：生产成本——基本生产成本——甲产品　　　　　　　　　　　130

（2）回收残料价值：

借：原材料　　　　　　　　　　　　　　　　　　　　　　　　150

　　贷：生产成本——基本生产成本——甲产品　　　　　　　　　　　150

二、停工损失的核算

（一）停工损失的含义

停工的原因多种多样，主要有季节性生产停工、机器设备大修理停工、原材料和半成品供应不及时停工、生产任务下达不及时停工、意外事故停工、自然灾害停工等等。停工的责任主要有外部责任停工和内部责任停工两种。外部责任单位主要有供水部门、供电部门和材料供应商等。内部责任单位主要有生产单位的管理部门、工艺设计部门、质量检验部门、仓库及有关部门负责人、技术人员、操作人员等。

停工损失是指企业生产单位在停工期间发生的各项费用，包括停工期内发生的材料、燃料费、应支付的生产工人的工资、应计提的福利费和应分摊的制造费用。不满一个工作日的停工，一般不计算停工损失。停工期间发生的损失性费用应当根据停工发生的原因进行归集和结转。可以获得赔偿的停工损失，应当积极索赔；由于自然灾害等引起的非正常停工损失，应计入营业外支出；机器设备大修理期间停工损失计入该生产单位的制造费用；季节性生产企业在停工期间发生的费用，不作为停工损失，采用待摊、预提的方法，由开工期间内的成本负担。其他原因造成的停工损失，计入该种产品成本计算单的"停工损失"成本项目下。

（二）停工损失的核算

1. 计算停工损失的原始凭证

"停工报告单"是计算停工损失的主要原始凭证，应由生产单位有关人员填写，报送厂部有关部门，积极查明原因，尽快恢复生产。该单应列明停工范围、时数、原因及过失单位，并要查明原因，明确责任单位或个人。只有审核无误的"停工报告单"，才能作为核算停工损失的原始凭证。

2. "停工损失"账户的设置

为了考核和控制企业停工期间发生的各项费用，应设置"停工损失"账户，并在成本计算单中增设"停工损失"成本项目。"停工损失"账户借方登记生产单位发生的各项停工损失，贷方登记应索赔的停工损失和分配结转的停工净损失（停工期间发生的各项费用减去应收索赔款后的余额）。其明细账按生产单位设置。

3. 停工损失的核算

停工期间发生的各项费用应根据"材料费用分配汇总表""应付职工薪酬费用分配汇总表"和"制造费用分配表"等原始凭证提供的资料归集，按照停工发生的原因进行分配结转。

【例3-26】某企业第一基本生产车间生产甲产品，本月由于设备故障停工5天，根据"材料费用分配汇总表"、"工资及社会保险费分配汇总表"和"制造费用分配表"等原始凭证提供的资料可知，停工期间应支付工人工资2000元，应提取的社会保险费等280元，应分摊的制造费用900元，其损失计入甲产品成本；第二基本生产车间生产乙产品，由于外部供电线路原因停工3天，根据相关资料可知，停工期间损失材料费用3000元，应支付工人工资1500元，应提取的社会保险费等249.2元，应分摊的制造费用980元，供电局已同意赔偿2800元，其余净损失计入营业外支出。根据资料，做会计分录如下：

（1）归集停工损失

借：停工损失——一车间		3 180
——二车间		5 729.2
贷：原材料		3 000
应付职工薪酬——工资		3500
——社会保险费		529.2
制造费用——一车间		900
——二车间		980

（2）应收赔偿款：

借：其他应收款——供电局		2 800
贷：停工损失——二车间		2 800

（3）结转停工净损失

借：生产成本——基本生产成本——甲产品		3 180
营业外支出		2 929.2
贷：停工损失——一车间		3 180
——二车间		2 929.2

同步测试题

一、单选题

1. 企业为生产产品发生的原料及主要材料的耗费，应计入（　　　）。
   A. 生产成本——基本生产成本　　　　B. 生产成本——辅助生产成本
   C. 管理费用　　　　　　　　　　　　D. 制造费用

2. 采用一次交互分配法分配辅助生产费用时，计算第二阶段直接分配率的分子数应是（　　　）。
   A. 该辅助生产车间直接发生的费用
   B. 该辅助生产车间直接发生的费用加上分配转入的费用
   C. 该辅助生产车间直接发生的费用加上分配转入减去分配转出的费用
   D. 该辅助生产车间直接发生的费用减去分配转出的费用

3. 为了正确计算材料消耗，对于已领未用材料，应当填制（　　　）办理退料手续。
   A. 领料单　　　　　　　　　　　　　B. 限额领料单
   C. 退料单　　　　　　　　　　　　　D. 领料登记表

4. 单独核算停工损失的企业，对于属于自然灾害导致的停工损失，应转入（　　　）。
   A. 生产成本　　　　　　　　　　　　B. 其他应收款
   C. 营业外支出　　　　　　　　　　　D. 制造费用

5. 废品损失不包括（　　　）。
   A. 修复废品人员工资　　　　　　　　B. 修复废品使用材料
   C. 不可修复废品的报废损失　　　　　D. 产品"三包"损失

6. 车间生产领用的一般性的工具、用具，应计入（　　　）账户。
   A. 其他应付款　　　　　　　　　　　B. 基本生产
   C. 制造费用　　　　　　　　　　　　D. 管理费用

7. 下列各项损失中，属于废品损失的项目是（　　　）。
   A. 入库后发现的生产中的废品损失
   B. 可以降价出售的不合格品降价的损失
   C. 产成品入库后由于保管不当发生的损失
   D. 产品出售后发现的废品由于包退、包换和包修形成的损失

8. 生产工人工资比例分配法适用于（　　　）。
   A. 季节性生产的车间
   B. 工时定额较准确的车间
   C. 各种产品生产的机械化程度相差不多的车间
   D. 机械化程度较高的车间

9. 制造业中，将各种辅助生产费用直接分配到辅助生产以外的各受益单位，而不考虑各辅助生产车间之间相互提供产品或劳务情况的分配方法是（　　　）。

71

A. 直接分配法   B. 一次交互分配法

C. 代数分配法   D. 比例分配法

10. 辅助生产费用分配的方法，计算结果最精确的方法是（   ）。

A. 直接分配法   B. 顺序分配法

C. 一次交互分配法   D. 代数分配法

二、多选题

1. 下列各种方法当中，属于辅助生产费用分配方法的是（   ）。

A. 交互分配法   B. 代数分配法

C. 约当产量分配法   D. 顺序分配法

E. 计划成本分配法

2. 下列应包括在工资总额中的项目是（   ）。

A. 计时工资   B. 计件工资

C. 津贴和补贴   D. 病假工资

E. 生活困难补助

3. 下列可以计算计件工资的产量是（   ）。

A. 合格品产量   B. 料废数量

C. 工废数量   D. 在产品数量

E. 尚未检验的产品数量

4. 在下列情况中，辅助生产车间的制造费用才可以不通过"制造费用"科目核算（   ）。

A. 车间的规模很大   B. 车间的规模很小

C. 制造费用很多   D. 制造费用很少

5. 辅助生产费用的顺序分配法一般适用于（   ）。

A. 辅助生产车间相互提供产品或劳务有着明显顺序

B. 辅助生产车间相互提供产品或劳务没有顺序

C. 排列在先的辅助生产车间耗用排列在后的辅助生产车间的费用较少

D. 排列在先的辅助生产车间耗用排列在后的辅助生产车间的费用较多

E. 排列在先和排列在后的辅助生产车间耗用其他辅助生产车间的费用差不多

三、判断题

1. 采用直接分配法分配辅助生产费用时，辅助生产车间之间相互提供产品或劳务也应计算其应负担的金额。（   ）

2. 基本生产车间生产产品领用的材料，应直接记入各成本计算对象的产品成本明细账。（   ）

3. 几种产品共同耗用原材料，在材料消耗定额比较准确的情况下，原材料费用可以按照产品的材料定额消耗量或材料定额费用比例分配。（   ）

4. 生产人员的工资应计入各种产品成本，其他各部门人员的工资，应分别计入"制

造费用""管理费用""营业费用"等科目。（　　）

　　5. 月份内增加的固定资产当月不提折旧，月份内减少的固定资产当月照提折旧。（　　）

　　6. 工资总额是指各单位在一定时期内直接支付给本单位全部职工的全部劳动报酬总额。（　　）

　　7. 对外购动力费用进行分配时，可以将生产工时作为分配标准。（　　）

　　8. 采用直接分配法分配辅助生产费用时，不考虑各辅助生产车间之间相互提供产品或劳务的情况。（　　）

　　9. 通常采用的分配辅助生产费用的方法有：直接分配法、约当产量法、一次交互分配法、代数分配法和按计划成本分配法。（　　）

　　10. "废品损失"账户期末一般没有余额。（　　）

四、计算题

　　1. A工厂20××年1月生产甲、乙两种产品，本月两种产品共同领用甲材料15400千克，单价10元，共计154000元，本月生产甲产品200件，乙产品300件，甲产品的单位材料消耗定额为25千克，乙产品的单位材料消耗定额为30千克。要求：按材料定额消耗量比例法分配材料费用并作会计分录。

　　2. 大新工厂生产A、B两种产品，共同领用甲、乙两种材料，共计42560元，本月投产A产品200件，B产品100件，A产品的单位材料消耗定额为甲材料5千克，乙材料8千克，B产品的单位材料消耗定额为甲材料6千克，乙材料10千克，两种材料的计划单价为分别为15元、8元。要求：按材料的定额费用比例分配材料费用。

　　3. 某企业一职工的月工资标准为1 200元。2014年8月份该职工的出勤情况如下：病假2天，事假1天，星期休假8天，另有3天法定节假期，实际出勤17天。按照该职工的工龄，病假期间支付其90%的工资，且该职工缺勤期间没有双休日。该职工2014年8月的应付工资为多少？

　　4. 某工人本月生产A，B两种产品，A产品90件，B产品80件。验收时发现A产品料废3件，工废2件。该工人的小时工资率3. 2元；制造A产品的定额工时为1小时，B产品为2小时。根据以上资料，计算该工人本月应得的计件工资。

　　5. 某企业6月份外购电费共计5 600元，其中：生产车间为生产A、B两种产品共同耗用4 000元，供汽车间耗用600元，供水车间耗用200元，生产车间和行政管理部门一般照明等用电分别为300元和500元。A产品的生产工时7 000小时，B产品的生产工时9 000小时。电费以银行存款支付。根据以上资料，编制"动力费用分配表"。

　　6. 某企业6月份在"固定资产折旧汇总表"上汇总的应提折旧费用总额为21 000元，其中：基本生产车间的12 000元，供水车间的900元，供汽车间的2 100元，企业行政管理部门的4 500元，专设销售机构的1 500元。根据以上有关资料，编制会计分录。

　　7. 某企业辅助生产供水车间和供电车间本月份发生的成本与提供的劳务数量及各受益单位耗用情况如下表所示。

辅助生产车间		供水车间	供电车间
待分配成本（元）		5 200	9 200
劳务供应总量		4 000 吨	22 500 千瓦·时
计划单位成本（元）		1.5	0.42
劳务数量耗用	供电车间	200 吨	
	供水车间		1 200 千瓦·时
	生产车间	3 500 吨	19 800 千瓦·时
	行管部门	300 吨	15 00 千瓦·时

要求：采用计划成本分配法编制辅助生产成本分配表。

8. 某企业有供水和供电两个辅助生产车间，主要为本企业基本生产车间和行政管理部门等服务，根据"辅助生产成本"明细账汇总的资料，供水车间本月发生费用为 2 065 元，供电车间本月发生费用为 4 740 元。各辅助生产车间供应产品或劳务数量详见下表。
要求：采用直接分配法、交互分配法、编制辅助生产成本分配表，并编写会计分录。

受益单位	耗水（立方米）	耗电（千瓦·时）
基本生产—丙产品		10 300
基本生产车间	20 500	8 000
辅助生产车间（供电）	10 000	
辅助生产车间（供水）		3 000
行政管理部门	8 000	1 200
专设销售机构	2 800	500
合计	41300	23 000

项目四 生产费用在完工产品和在产品之间的分配

项目要点

1. 在产品数量的确定。
2. 约当产量法、定额成本法、定额比例法等方法的计算及其应用。

知识目标

1. 了解在产品和完工产品的概念。
2. 掌握在产品盘点清查结果的账务处理。
3. 掌握在产品和完工产品的费用分配思路。
4. 掌握各种分配方法的计算。

技能目标

1. 能够识记各种分配方法的特点、适用范围及优缺点。
2. 能够采用不同分配方法计算完工产品成本。

导入案例

某酿酒企业生产老白干，原材料在开始时一次投入，且产品成本中原材料费用所占比重较大，月末在产品按所耗原材料费用计价，某月初在产品费用2800，当月共耗用原材料12200元，燃料动力费4000元，工资福利费2800元，制造费用800元。该月末完工产品400件，月末在产品200件。该厂的成本核算员小赵计算完工产品成本如下：材料费用（2800+12200）÷（400+200）＊400＝10000；加工费用（4000+2800+800）÷（400+200）＊400＝5066.67，因此完工产品总成本为15066.67。

问：小赵计算的完工产品成本正确吗？如果不正确，应当如何计算？

任务一　在产品数量的核算

一、完工产品与在产品的含义

(一) 完工产品的含义

完工产品也称产成品, 其含义有狭义和广义之分。

从狭义来说, 完工产品是指完成了全部生产过程, 可以作为商品准备出售的产品。

从广义来说, 完工产品既包括完成全部加工过程的产成品, 还包括本步骤已经完工, 后续步骤尚未开始加工的半成品。

(二) 在产品的含义

在产品是指企业已经投入生产, 但尚未最后完工, 不能作为商品销售的产品。在产品也有广义和狭义之分。

广义在产品是针对整个企业而言的, 它是指产品生产从投料开始, 到最终制成产成品交付验收入库前的一切产品, 包括期末在各个生产单位加工中的在制品和已经完成一个或几个生产步骤, 尚需继续加工的自制半成品, 以及等待验收入库的产成品、正在返修或等待返修的返修品等。

狭义在产品是针对企业某一生产单位 (如车间或分厂) 或某一生产步骤而言的, 它仅指本生产单位或本步骤尚未加工或尚未装配完成的在制品。该生产单位或生产步骤已经完工交出的自制半成品不包括在内。本项目的在产品是指狭义在产品。

二、在产品数量的核算

在产品数量的核算是进行在产品成本计算的基础。在产品数量的核算, 同其他物资数量的核算一样, 应同时具备账面核算资料和实际盘点资料。这就要求企业既要做好在产品收发结存的日常核算工作, 又要做好在产品的盘点清查工作。企业计算在产品成本时, 应当根据在产品实际盘存数量确定期末在产品结存数量, 但对于在产品品种多、数量大、每月都要组织在产品实地盘点确有困难的企业, 难以对在产品进行盘点的企业以及可实施盘点但成本费用过高的企业, 从重要性原则出发, 可以直接根据在产品账面核算资料中所登记的结存数来计算在产品成本。

实务中, 车间对在产品收发结存的日常核算, 通常通过"在产品收发结存账"来进行。这种账又叫作"在产品台账", 应分车间或生产步骤、生产工序、产品品种和在产品名称予以设立, 反映车间各种在产品的收入、发出和结存情况。其基本格式如表4-1所示。

表 4-1　　　　　　在产品收发结存账

车间名称：××车间　　　　　　产品名称：××　　　　　零件编号：××　　　　　单位：××

××年		摘要	收入		发出			结存		备注
月	日		凭证号	数量	凭证号	合格品	废品	已完工	未完工	
		结存								
		收入								
		发出								
		合计								

为了加强在产品的数量核算，保护在产品的安全，企业应定期对在产品进行清查，特别是在年度决算时，应当进行一次彻底全面的清查。在产品清查采用实地盘点法，清查后，应根据盘点结果和账面资料，编制在产品盘存报告表，列明在产品的账面数、实存数和盘盈盘亏数、盈亏原因及处理意见等；对于报废和毁损的在产品，还要登记其残值。企业的成本会计人员应对在产品盘存结果表进行认真审核，按照企业内部财务会计制度规定的审批程序报有关部门审批，并及时作出账务处理。

对于在产品的盘盈、盘亏和毁损，企业应通过"待处理财产损益"账户进行处理。盘亏、毁损和报废的在产品价值登记在其借方，盘盈在产品价值登记在其贷方，盘盈、盘亏、毁损及报废在产品经批准转销，该账户应无余额。具体账务处理如下。

（一）盘盈的会计处理

1. 发生盘盈时

借：基本生产成本——×产品
　　贷：待处理财产损益——待处理流动资产损益

2. 批准后予以转销时

借：待处理财产损益——待处理流动资产损益
　　贷：管理费用

（二）盘亏及毁损的会计处理

1. 发生盘亏及毁损时

借：待处理财产损益——待处理流动资产损益
　　贷：基本生产成本——×产品

2. 批准后转销时

此时应区别不同情况来处理：

借：原材料（毁损在产品收回的残值）
　　其他应收款（应收过失人或保险公司赔偿的损失）
　　营业外支出（非常损失的净损失）
　　管理费用（无法收回的损失）
　　贷：待处理财产损益——待处理流动资产损益

需说明的是，在产品盘亏、毁损要换算应负担的增值税时，其增值税额也应记入"待处理财产损益"，即借记"待处理财产损益"账户，贷记"应交税金——应交增值税（进项税额转出）"账户。

【例 4-1】某工业企业基本生产车间在产品清查结果：甲产品的在产品盘盈 10 件，单位定额成本 20 元；乙产品的在产品盘亏 8 件，单位定额成本 30 元；过失人赔款 20 元；丙产品的在产品毁损 250 件，单位定额成本 28 元，残料入库作价 150 元。属于自然灾害损失 2 000 元，应由保险公司赔款 3 000 元，其余损失计入产品成本，都已批准转账。

```
盘盈时：借：基本生产成本——甲                        200
              贷：待处理财产损益                        200

批准后转账：
      借：待处理财产损益                              200
          贷：管理费用                                200

盘亏时：
      借：待处理财产损益                              240
          贷：基本生产成本——乙                        240
```

三、产品数量与完工产品成本之间的关系

企业产品成本核算的目的是为了归集生产费用，计算出完工产品的总成本和单位成本。企业在生产过程中发生的生产费用，经过一定的程序在各种产品之间进行分配和归集后，本月应计入各种产品成本的生产费用，都已集中在按产品开设的生产成本明细账中。当月初和月末没有在产品时，生产成本明细账中归集的生产费用就是本月完工产品的总成本；当月初或月末有在产品时，若本月没有完工产品，则生产成本明细账中归集的生产费用就是月末在产品的生产成本，若本月既有完工产品又有月末在产品，就需要按照一定的方法将生产费用在完工产品和月末在产品之间进行分配。

根据投入产出原理，本期发生的生产成本，本期完工产品成本与期末期初在产品成本之间存在下述基本关系：

期初在产品成本+本期发生生产成本=生产成本合计
=本期完工产品成本+期末在产品成本

在期末在产品成本核算中，必须取得本期完工产品和期末在产品的数量资料，根据企业生产特点和成本管理要求选定分配方法。

任务二　生产费用在完工产品和在产品之间的分配方法

将生产费用在完工产品和期末在产品之间进行分配，是成本核算的最后一个步骤。企业应当根据月末在产品数量的多少，各月月末在产品数量变化的大小，产品成本中各成本项目费用比重的大小，以及企业成本管理有关基础工作的好坏等具体条件，选择合理的分配方法。常用的分配方法有：不计算在产品成本法、在产品按固定成本计算法、在产品按原材料费用计算法、在产品按完工产品成本计算法、约当产量法、在产品按定额成本计算法、定额比例法等。

一、不计算在产品成本法

有些企业所生产的产品，如采矿业、食品业等，月末虽然有在产品，但在产品数量很少，算不算在产品成本对于完工产品成本的影响很小。此时，为了简化产品成本计算工作，可以不计算在产品成本。因而，当月归集的生产费用全部由完工产品负担。这种方法下的计算公式如下：

$$完工产品成本＝本期生产费用$$

【例4-2】某企业采用不计算在产品成本法进行产品的成本计算。某月该企业共发生生产费用 20 000 元，其中原材料费用 10 000 元，直接人工费用 6 000 元，制造费用 4 000 元，本月企业完工产品 100 公斤，月末在产品数量很小，故忽略不计。要求：计算企业当月完工产品的总成本和单位成本。

由于该企业采用不计算在产品成本法进行产品的成本计算，所以本月企业发生的全部生产费用即为完工产品的总成本。

本月完工产品总成本：20 000 元

其中，直接材料项目总成本：10 000 元

直接人工项目总成本：6 000 元

制造费用项目总成本：4 000 元

本月完工产品单位成本：20 000÷100＝200 元/公斤

二、在产品按固定成本计算法

有些企业生产的产品，如钢铁业、化工业，各月末在产品的数量较少，或者月末在产品的数量虽大但各月间在产品数量比较稳定。此时，可以采用在产品按固定成本计算法，即各月末在产品成本按某一个固定数计算。如果各月末在产品数量较少，则月初、月末在产品成本就较小，两者的实际成本的差额也较小，对于完工产品成本的计算没有多大的影响；如果月末在产品数量较大但各月间数量稳定，则月初、月末在产品成本也相差不大，对于完工产品成本的计算的影响同样不大。所以，为了简化产品成本计算工作，在这两种情况下，各月在产品成本可以按某个固定数计算。采用这种方法，由于月初、月末在产品成本一样，这种计算方法的计算公式如下：

$$完工产品成本＝期初在产品成本＋本期生产费用－期末在产品固定成本＝本期生产费用$$

一般情况下，为了避免在产品成本与实际成本相差过大，企业应当在每年年终时，对在产品进行实地盘点，根据盘点的在产品的数量情况，重新计算确定本年末在产品成本和下一年度各月的在产品成本。

【例4-3】某企业主要生产甲产品，其生产较为稳定，各月间月末在产品数量平稳，变动不大，故企业采用在产品按固定成本计算法计算甲产品成本。经测定，企业各月末在产品总固定成本为 9 800 元，其中直接材料 5 000 元，直接人工 3 200 元，制造费用 1 600 元。本月月初在产品 90 件，本月投产 800 件，本月完工 805 件。本月发生生产费用 144 900元，其中直接材料 84 525 元，直接人工 40 250 元，制造费用 20 125 元。

要求：将生产费用在本月完工产品和月末在产品之间进行分配。

企业采用在产品按固定成本计算法，月初、月末在产品成本相同，均为 9 800 元，故本月完工产品总成本为 144 900 元，月末在产品成本为 9 800 元。

本月完工产品总成本：144 900(元)

其中，直接材料项目成本：84 525(元)

直接人工项目成本：40 250(元)

制造费用项目成本：20 125(元)

本月完工产品单位成本：144 900÷805＝180(元/件)

其中，直接材料项目单位成本：84 525÷805＝105(元/件)

直接人工项目单位成本：40 250÷805＝50(元/件)

制造费用项目单位成本：20 125÷805＝25(元/件)

月末在产品总成本：9 800(元)

其中，直接材料项目成本：5 000(元)

直接人工项目成本：3 200(元)

制造费用项目成本：1 600(元)

三、在产品按原材料费用计算法

有些企业所生产的产品，直接材料费用在成本总额中所占比重较大，各月末在产品数量较大，各月间在产品数量变化也较大，如酿酒、造纸和纺织等行业，月末在产品可以只计算材料成本，直接人工和制造费用全部由完工产品负担。因为，各月末在产品数量较大，各月间在产品数量变化也较人的产品，每月末应当计算仕产品成本。且该产品成本结构中材料费用所占比重较大，人工费和制造费用所占比重较小，月初、月末在产品的加工费用相差也较小，对于完工产品成本计算的影响不大。所以，为了简化成本计算工作，在产品可以不计算人工费和制造费用，只计算原材料费用（假设原材料于生产开始时一次性投入）。

其具体计算公式为：

单位产品原材料成本＝(期初在产品材料费用＋本期材料费用)÷(完工产品数量＋期末在产品数量)

期末在产品成本＝期末在产品数量×单位产品原材料成本

完工产品成本＝期初在产品材料费用＋本月发生的全部生产费用－期末在产品成本

采用这种方法，本月完工产品成本等于月初在产品成本(材料成本)加上本月发生的全部生产费用，再减去月末在产品成本(材料成本)。

【例4-4】乙产品的原材料是在生产开始时一次投入的，在产品成本按照材料费用计算。完工 600 件，在产品 400 件。期初在产品成本、本期生产费用资料见表4-2。

表4-2　生产费用明细账

产品：乙产品　　　　　　　　　　　　　　　　　　　　　　　　　金额单位：元

项目	直接材料	直接人工	制造费用	合计
期初在产品成本	80 000	—	—	80 000
本期生产费用	140 000	100 000	60 000	300 000

单位产品原材料成本＝（期初在产品材料费用＋本期材料费用）÷（完工产品数量＋期末在产品数量）

＝（80 000＋140 000）÷（600＋400）＝220（元/件）

在产品成本＝220×400＝88 000（元）

完工产品成本＝80 000＋300 000－88 000＝292 000（元）

根据期初在产品成本、本期生产费用、期末在产品成本编制的完工产品成本见表4-3。

表4-3　生产成本计算单

金额单位：元

项目	直接材料	直接人工	制造费用	合计
月初在产品成本	80 000	—	—	80 000
本月生产费用	140 000	100 000	60 000	300 000
合计	220 000	100 000	60 000	380 000
完工产品成本	132 000	100 000	60 000	292 000
月末在产品成本	88 000	—	—	88 000

四、在产品按完工产品成本计算法

企业月末在产品已接近完工，或者已加工完成，但尚未包装或尚未验收入库，在这种情况下，为了简化成本计算工作，可将月末在产品视同为完工产品，根据月末在产品数量与本月完工产品数量的比例来分配生产费用，以确定本月完工产品成本与月末在产品成本。

【例4-5】甲产品期初在产品成本、本期生产费用资料见表4-4，完工703件，期末在产品220件都已完工但尚未验收。要求将期末在产品视同完工产品并分配各项费用。

表4-4　生产费用明细账

产品：甲产品　　　　　　　　　　　　　完工 703 件　　　　　　　　　　　金额单位：元

项目	直接材料	直接人工	制造费用	合计
期初在产品成本	7 226	6 614	10 765	24 605
本期生产费用	50 000	10 000	40 000	124 605

直接材料费用分配率＝（7 226+50 000）÷（703+220）= 62 （元/件）
完工产品负担的直接材料费＝703×62 = 43 586 （元）
期末在产品负担的直接材料费＝220×62 = 13640 （元）
直接人工分配率＝（6 614+10 000）÷（703+220）= 18 （元/件）
完工产品负担的直接人工费＝703×18 = 12 654 （元）
期末在产品负担的直接人工费＝220×18 = 3 960 （元）
制造费用费用分配率＝（10 765+40 000）÷（703+220）= 55 （元/件）
完工产品负担的制造费用＝703×55 = 38 665 （元）
期末在产品负担的制造费用＝220×55 = 12 100 （元）
根据期初在产品成本、本期生产费用、期末在产品成本编制的完工产品成本见表4-5。

表4-5　生产成本计算单

金额单位：元

项目	直接材料	直接人工	制造费用	合计
月初在产品成本	7 226	6 614	10 765	24 605
本月生产费用	50 000	10 000	40 000	100 000
合计	57 226	16 614	50 765	124 605
完工产品成本	43 586	12 654	38 665	94 905
	62	18	55	135
月末在产品成本	13 640	3 960	12 100	29 700

五、约当产量法

（一）约当产量法的含义

约当产量法是指根据本月完工产品的数量和月末在产品的约当产量的比例来分配生产费用，以确定本月完工产品成本和月末在产品成本的方法。所谓约当产量，是指将月末在产品的实际数量按其完工程度折合为完工产品的数量。约当产量一般用实物量表示，也可以用定额工时表示。

由于约当产量比例法只要在正确统计月末在产品结存数量和正确估计月末在产完工程度的前提下，就可以比较客观简便地划分完工产品与月末在产品的成本。因此，约当产量法适用范围较广，特别适用于月末在产品数量较大，各月末在产品数量变化也较大，产品成本中原材料费用和工资及福利费等加工费用所占的比重相差不多的产品。

约当产量法的一般公式:

在产品约当产量=在产品数量×在产品完工程度

$$某项费用分配率=\frac{月初在产品成本+本期发生的费用}{完工产品数量+在产品的约当产量}$$

完工产品负担的成本=完工产品数量×费用分配率

在产品负担的成本=在产品约当产量×费用分配率

由此可见,采用约当产量比例法分配生产费用,关键在于月末在产品约当产量计算。计算约当产量的关键,又在于在产品完工程度或投料程度的确定。

原材料费用与人工费用、制造费用的发生方式不同,因而完工程度需要区分原材料的投料程度和人工费用和制造费用的加工程度分别进行计算。

(二) 投料程度的确定

1. 原材料在生产开始时一次性投入

当直接材料于生产开始时一次性投入,投料程度为100%。这时不论在产品加工程度如何,其单位在产品耗用的原材料与单位完工产品耗用的原材料是相等的。因此,用以分配直接材料费用的投料程度为100%。

$$某工序投料程度=\frac{到本工序为止的累计投料定额}{完工产品投料定额}×100\%$$

【例4-6】某产品本月份完工250件,月末在产品50件,原材料在生产开始时一次性投入。月初和本月发生的原材料费用共计8 700元。

请思考:原材料费用应如何分配?

因为原材料是在生产开始时一次性投入,所以投料程度为100%。

约当产量=50×100%=50(件)

原材料分配率= 8 700÷(250+50)=29(元)

完工产品应分配的原材料费用=250×29=7 250 (元)

在产品应分配的原材料费用=50×29=1 450 (元)

2. 原材料在各道工序生产开始时一次性投入

在生产过程中,原材料不是在生产开始时一次性投入,而是分工序一次性投入,即在每道工序开始时一次性投入本工序所耗原材料。此时,在各工序在产品耗用的原材料同完工产品耗用的原材料是一样的。则月末在产品投料程度可按下列程序计算。

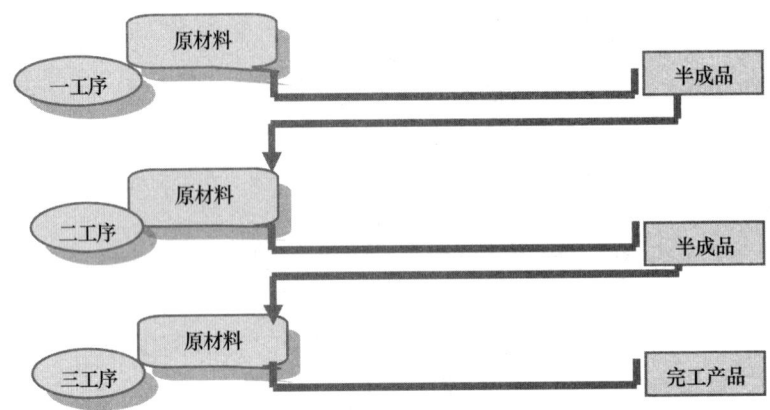

$$某工序投料程序 = \frac{到本工序为止的累计投料定额}{完工产品投料定额} \times 100\%$$

【例4-7】 某企业的甲产品经三道工序加工完成，原材料分三道工序在每道工序开始时一次投入，投料量分别为800千克、700千克、500千克，各工序在产品数量分别为100件、200件、300件。则每道工序的在产品投料程度及约当产量计算如下：

第一道工序在产品投料程度 = 800÷2 000×100% = 40%

第二道工序在产品投料程度 = (800+700)÷2 000×100% = 75%

第三道工序在产品投料程度 = (800+700+500)÷2 000×100% = 100%

在产品约当产量 = 100×40%+200×75%+300×100% = 40+150+300 = 490（件）

3. 原材料随加工进度陆续投入，且投入量与加工进度一致

当直接材料随生产过程陆续投入且投入量与加工进度一致时，在产品投料程度的计算与完工程度的计算相同，投料程度就等于完工进度（一般为50%）。

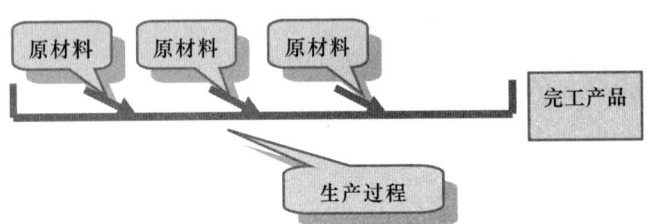

【例4-8】 某产品本月完工400件，月末在产品160件，原材料随加工进度陆续投入，完工程度测定为50%，月初和本月发生的原材料费用共计31 200元。

请思考：原材料费用应如何分配？

投料程度 = 50%

约当产量 = 160×50% = 80(件)

原材料分配率 = 31 200÷(400+80) = 65(元/件)

完工产品原材料费用 = 400×65 = 26 000(元)

月末在产品原材料费用 = 80×65 = 5 200(元)

4. 原材料陆续投入，且投入量与加工进度不一致

当直接材料随生产过程陆续投入，且原材料投入程度与加工进度不一致时，原材料的投料程度应按每工序的原材料的投料定额计算。投料方式如下图所示。

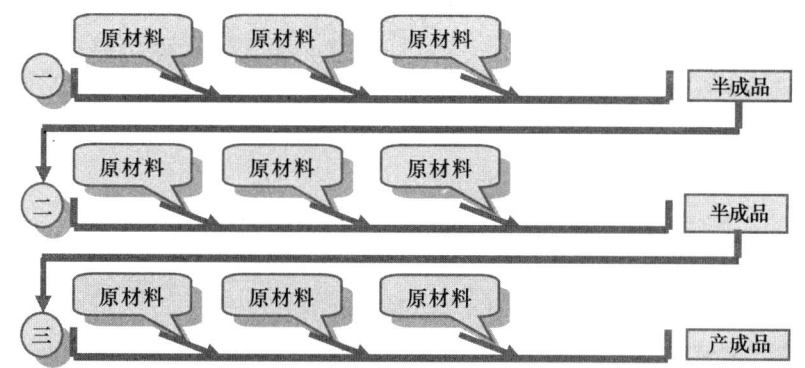

$$某工序在产品投料程度=\frac{前面各道工序投料定额之和+本工序投料定额\times50\%}{完工产品投料定额}$$

【例4-9】某产品本月完工200件，由两道工序组成，原材料在生产过程中分工序陆续投入。各工序原材料消耗定额为：第一工序70千克，第二工序30千克，共为100千克。各工序月末在产品数量为：第一工序80件，第二工序60件。月初和本月发生的原材料费用10 200元。

请思考：原材料费用应当如何分配？

第一工序投料率=（70×50%）÷100×100%=35%

第一工序在产品约当产量=80×35%=28（件）

第二工序投料率=（70+30×50%）÷100×100%=85%

第二工序在产品约当产量=60×85%=51（件）

期末在产品约当产量=28+51=79（件）

原材料费用分配率=10 200÷（200+79）=36.56（元/件）

完工产品分配材料费用=200×36.56=7 312（元）

月末在产品分配材料费用=10 200-7 312=2 888（元）

（二）加工程度的确定

（1）平均计算完工程度，即一律按50%作为各工序在产品的完工程度。

（2）各工序分别测定完工程度。计算公式如下：

$$某工序在产品完工程度=\frac{前面各道工序工时定额之和+本工序工时定额之和\times50\%}{完工产品工时定额}\times100\%$$

【例4-10】某企业生产甲产品需经过三道工序连续生产加工方能完成，各工序的定额工时分别为6小时、9小时、10小时。月末甲产品完工1 000件，在产品为500件（第一道工序为250件，第二道工序为100件，第三道工序为150件）。原材料在各道工序生产开始时一次性投入。其中第一工序投料定额75 000元，第二工序投料定额5 000元，第三工序投料定额20 000元。期初和本期发生的甲产品生产工人工资费用共计59 850元，制造费用共计20 000元，原材料费用共计11 970元。要求采用约当产量法计算甲产品的完工产品成本和月末在产品成本。

直接材料费用的分配：

第一工序=75 000÷100 000=75%

第一工序约当产量=250×75%=187.5(件)

第二工序=80 000÷100 000=80%

第二工序约当产量=100×80%=80(件)

第三工序=100 000÷100 000=100%

第三工序约当产量=150×100%=150(件)

约当产量合计=187.5+80+150=417.5(件)

直接材料分配率=11 970÷(1 000+417.5)=8.44(元/件)

完工产品应分配材料费用=1 000×8.44=8 440(元)

在产品应分配材料费用=11 970-8 440=3 530(元)

直接人工费用的分配:

第一工序=(6×50%)÷25=12%

第一工序约当产量=250×12%=30(件)

第二工序=(6+9×50%)÷25=42%

第二工序约当产量=100×42%=42(件)

第三工序=(15+10×50%)÷25=80%

第三工序约当产量=150×80%=120(件)

约当产量合计=30+42+120=192(件)

直接人工分配率=59 850÷(1 000+192)=50.21(元/件)

完工产品应分配人工费用=1 000×50.21=50 210(元)

在产品应分配材料费用=59 850-50 210= 9 640(元)

制造费用的分配:

制造费用分配率=20 000÷(1 000+192)=16.78(元/件)

完工产品应分配制造费用=1 000×16.78=16 780(元)

在产品应分配制造费用=20 000-16 780= 3 220(元)

总成本的计算:

在产品总成本=3 530+9 640+3 220=16 390(元)

完工产品总成本=8 440+50 210+16 780=75 430(元)

完工产品单位成本=75 430÷1 000=75.43(元)

六、在产品按定额成本计算法

定额成本法是指月末在产品成本按事先确定的单位产品定额成本计算，即月末在产品数量乘以单位定额成本得出月末在产品成本，生产费用实际脱离定额的差异，全部由本月完工产品成本负担。这种方法简化了生产费用在完工产品和月末在产品之间的分配。但由于它将生产费用脱离定额的差异，全部计入了当月完工产品的成本，因此只适用于各项消耗定额和费用定额比较准确、稳定，定额管理基础工作较好，定额资料比较健全，并且各月在产品数量比较稳定的产品。若企业各项费用定额的制定接近实际，则该方法既简单又合理；但若反之，则该方法计算出来的产品成本的准确性就较差，因此，企业在费用定额发生变化的情况下，应及时修订定额资料。

其计算公式较为复杂，可以简化为：

期末在产品成本＝期末在产品数量×在产品单位定额成本

完工产品成本＝期初在产品成本＋本期生产费用－期末在产品成本

【例4-11】 某企业生产的丙产品由两道工序组成，有关资料如下。

费用定额：原材料200元，直接工资0.6元，制造费用0.8元。工时定额：第一道工序40小时，第二道工序20小时。月末在产品产量：第一道工序50件，第二道工序40件。实际生产费用：直接材料，月初在产品12 000元，本月发生48 000元；直接工资，月初在产品2 100元，本月发生13 000元；制造费用，月初在产品3 200元，本月发生14 000元。

根据上述资料计算月末在产品定额成本，见表4-6。

表4-6　在产品定额成本计算表

××年×月　　　　　　　　　　　　　　　　金额单位：元

| 产品名称 | 所在工序 | 在产品数量/件 | 直接材料 | | 在产品累计工时定额/小时 | 在产品定额工时/小时 | 直接工资/每小时0.6元 | 制造费用/每小时0.8元 | 定额成本合计 |
			费用定额	定额费用					
丙产品	1	50	200	10 000	20	1 000	600	800	11 400
	2	40	200	8 000	50	2 000	1 200	1 600	10 800
	合计			18 000		3 000	1 800	2 400	22 200

表4-6中在产品累计工时定额计算如下：

第一道工序在产品累计工时定额＝40×50%＝20（小时）

第二道工序在产品累计工时定额＝40+20×50%＝50（小时）

根据上列有关月末在产品定额成本资料，编制丙产品生产成本分配表见表4-7。

表4-7　完工产品和在产品费用分配表

产品名称：丙产品　　　　　　　　　　　××年×月　　　　　　　　　金额单位：元

成本项目	月初在产品成本	本月生产费用	合计	月末在产品定额成本	本月完工产品成本
直接材料	12 000	48 000	60 000	18 000	42 000
直接工资	2 100	13 000	15 100	1 800	13 300
制造费用	3 200	14 000	17 200	2 400	14 800
合计	17 300	75 000	92 300	22 200	70 100

七、定额比例法

在定额比例法下，本月归集的生产费用按照完工产品与月末在产品的定额消耗量或定额费用的比例进行分配。其中，原材料费用按原材料的定额消耗量或定额费用比例进行分配，人工费和制造费用可以按各自的定额费用的比例分配，也可以按定额工时的比例分配。

这种分配方法主要适用于企业的各项消耗定额或费用定额制定比较准确、稳定，定额管理基础工作较好，定额资料比较完整，但各月末在产品数量变动较大的产品。在这种情况下，由于月初、月末在产品数量差异较大，导致月初在产品成本脱离定额的差异与月末在产品成本脱离定额的差异两者之间的差额较大，如果采用上一种方法，会将月初、月末在产品脱离定额差异的差额全部计入完工产品成本，必然影响了本月完工产品成本计算的准确性。

定额比例法的基本公式如下：

$$费用分配率=\frac{月初在产品实际成本+本月发生实际生产费用}{本月完工产品定额消耗量或定额耗用+月末在产品定额消耗量或定额耗用}$$

完工产品成本=完工产品定额消耗量或定额费用×费用分配率

或　　　　　　=月初在产品实际成本+本月发生实际生产费用-月末在产品成本

月末在产品成本=月末在产品定额消耗量或定额费用×费用分配率

或　　　　　　=月初在产品实际成本+本月发生实际生产费用-完工产品成本

【例 4-12】某企业生产甲产品，该产品定额消耗比较准确、稳定，各月在产品数量变化较大，按定额比例法计算完工产品成本和月末在产品成本。2 014 年 6 月初在产品的成本为156 360元，其中直接材料70 400元，直接人工60 760元，制造费用25 200元。本月发生生产费用250 040元，其中直接材料费用为120 000元，直接人工费用为73 640元，制造费用为56 400元。单位产品直接材料定额消耗量 200 公斤，单位产品工时消耗定额 40 小时。本月完工产品1 000件，月末在产品 400 件。原材料于生产开始时一次性投入，在产品单位产品工时消耗定额 20 小时。直接材料费用按原材料消耗定额量比例分配，各项加工费用按定额工时比例分配。

本月完工产品和月末在产品成本计算如表 4-8 示。

表 4-8　产品成本计算单

产品名称：甲产品　　　　　　产量：1000 件　　　　　　2014 年 6 月　　　　　　单位：元

项目	直接材料	直接人工	制造费用	合计
月初在产品成本	70 400	60 760	25 200	156 360
本月生产费用	120 000	73 640	56 400	250 040
生产费用合计	190 400	134 400	81 600	406 400
完工产品总定额	200 000	40 000	40 000	
月末在产品总定额	80 000	8 000	8 000	
定额合计	280 000	48 000	48 000	
费用分配率	0.68	2.8	1.7	
本月完工产品总成本	136 000	112 000	68 000	316 000
本月完工产品单位成本	136	112	68	316
月末在产品总成本	54 400	22 400	13 600	90 400

企业应对本月完工的甲产品进行如下的账务处理。

借：库存商品——甲产品　　　　　　　　　　　　　　316 000

　　贷：生产成本——基本生产成本——甲产品　　　　　　　　　316 000

上述七种分配方法的特点和适用范围可以用表4-9概括。

表4-9　七种分配方法的特点和适用范围表

	在产品不计算成本法	在产品按固定成本计价法	在产品按所耗原材料费用计价法	约当产量法	在产品按完工产品成本计算法	在产品按定额成本计价法	定额比例法
特点	本月生产费用全部作为完工产品成本，不计算在产品成本	各月在产品成本均按年初数计算，年终时根据盘点结果重新确定固定数	在产品成本只计算材料费用，其他费用均由完工产品负担	1) 将月末在产品按照完工程度折算为完工产品的产量；2) 根据完工产品产量和在产品约当产量的比例分配	将在产品视同完工产品分配费用	1) 按定额成本计算月末在产品成本；2) 然后推算完工产品成本	1) 分设成本项目，按其消耗定额，求得完工产品和月末在产品的定额消耗量；2) 按定额消耗量比例分配
适用范围	各月末在产品数量较小的情况	在产品数量较小，或在产品数量虽然较大，但各月间变化不大的情况	各月在产品数量较大，各月间变化也较大，同时原材料费用在成本比重中较大的情况	月末在产品数量较大，各月间数量的变化较大，产品成本中各项费用所占比例相差不多的产品	月末在产品已接近完工，或产品已加工完毕，但尚未验收入库的产品	消耗定额比较准确，各月产品数量变化不大的产品	定额管理基础较好，材料工时消耗定额都比较健全，各月末在产品数量变动较大的产品

同步测试题

一、单选题

1. 不应列入企业在产品的是（　　　　）。

A. 正在车间加工中的在产品

B. 已完成一个或几个生产步骤，还需要加工的半成品

    C. 对外销售的自制半成品

    D. 待返修的废品

2. 狭义的在产品只包括(   )。

    A. 需进一步加工的半成品   B. 正在车间加工的在产品

    C. 对外销售的自制半成品   D. 产成品

3. 约当产量比例法不适用于(   )的在产品成本计算。

    A. 原材料费用在成本中所占比重较大

    B. 月末在产品数量较大

    C. 各月末在产品数量变化较大

    D. 产品成本中原材料、工资及福利费的比重相差不多

4. 按完工产品和月末在产品数量比例分配计算完工产品和月末在产品的原材料费用，必须具备的条件是(   )。

    A. 原材料随生产进度陆续投入   B. 原材料在生产开始时一次投入

    C. 原材料消耗定额比较准确稳定   D. 产品成本中原材料费用比重较大

5. 采用在产品成本按年初在产品成本计算的方法，则每月的完工产品成本为(   )。

    A. 每月发生的生产费用之和

    B. 每月的生产费用在完工产品和在产品之间分配后，由完工产品负担的部分

    C. 每月的生产费用加月初在产品成本

    D. 每月生产费用加上月初在产品成本减去月末在产品成本

6. 在定额比例法下，本月归集的生产费用按照(   )标准进行分配。

    A. 完工产品与月末在产品的盘存数量的比例

    B. 完工产品与月末在产品的定额消耗量或定额费用的比例

    C. 完工产品与月末在产品的定额比例

    D. 完工产品与月末在产品的费用比例

7. 下列各方法中，不属于生产费用在完工产品和月末在产品之间进行分配的方法是(   )。

    A. 在产品按固定成本计算法   B. 在产品按完工产品成本计算法

    C. 约当产量法   D. 年度计划分配率分配法

8. 某企业甲产品需要经过两道工序制成，第一道工序工时定额为 20 小时，第二道工序工时定额为 30 小时，则第二道工序的完工率为(   )。

    A. 40%   B. 60%

    C. 70%   D. 80%

9. 某产品经三道工序加工而成，各工序的工时定额分别为 10 小时、20 小时、20 小时。各工序在产品在本工序的加工程度按工时定额的 50% 计算。第三工序的累计工时定额为(   )。

    A. 20 小时   B. 30 小时

    C. 40 小时   D. 50 小时

10. 完工产品与在产品之间费用分配核算中，对于定额管理基础较好，各项消耗定额

或费用定额比较准确稳定，且各月在产品数量变动不大的产品，适用的分配方法(　　)。

A. 定额比例法　　　　　　　　　　B. 在产品按固定成本计价法

C. 在产品按定额成本计价法　　　　D. 在产品按完工产品计算法

二、多选题

1. 企业在选择在产品成本计算方法时应考虑的因素主要有(　　)。

A. 在产品数量的多少　　　　　　　B. 各月在产品数量变化的大小

C. 各项费用比重的大小　　　　　　D. 定额管理基础的好坏

2. 采用约当产量比例法计算完工产品和在产品成本时，应具备的条件是(　　)。

A. 月末在产品数量较大

B. 月末在产品数量较小

C. 各月末在产品变化较大

D. 产品成本中原材料和加工费用的比重相差不大

E. 产品成本中原材料和加工费用的比重相差较大

3. 采用按所耗材料费用计算在产品成本时，应具备的条件是(　　)。

A. 产品成本中材料费用所占的比重较大　B. 产品成本中材料费用所占的比重较小

C. 其他加工费用比重较小　　　　　　　D. 其他加工费用比重较大

E. 产品产量较小

4. 按完工产品和月末在产品数量比例分配计算完工产品和在产品成本，必须符合如下条件(　　)。

A. 在产品已近完工　　　　　　　　B. 原材料在生产开始时一次投料

C. 各项消耗定额比较准确　　　　　D. 月末在产品已经加工完成，但尚未验收入库

5. 采用定额比例法分配完工产品和在产品费用，应具备的条件有(　　)。

A. 消耗定额比较准确　　　　　　　B. 消耗定额比较稳定

C. 各月末在产品数量变化较大　　　D. 各月末在产品数量变化不大

E. 各月末产成品数量变化较大

三、判断题

1. 各月末的在产品数量变化不大的产品，可以不计算在产品成本。(　　)

2. 采用按年初数固定计算在产品成本法时，某种产品本月发生的生产费用就是本月完工产品的成本。(　　)

3. 在采用按定额成本计价法时，在产品费用脱离定额的差异全部由完工产品成本负担。(　　)

4. 约当产量比例法适用于月末在产品数量较大、各月在产品数量变化也较大、且原材料费用在产品成中所占比重较大的产品。(　　)

5. 直接分配法、约当产量法、定额比例法等都是完工产品与月末在产品之间分配费用的方法。(　　)

四、计算分析题

1. 某企业只生产一种产品，此产品成本结构中原材料费用约占总成本费用的70%—80%，为简化成本核算，该企业采用"在产品按原材料费用计算法"将生产费用在本月完工产品和月末在产品之间进行分配。某月企业月初在产品成本为5 150元，本月发生生产费用68 000元，其中直接材料费用为54 000元，直接人工费用为9 000元，制造费用为5 000元。原材料于生产开始时一次性投入。企业月初在产品100件，本月投入1 200件，本月完工1 000件。要求：将生产费用在本月完工产品和月末在产品之间进行分配。

2. 某工业企业8月生产F产品，月末在产品20件，单位产品原材料费用定额40元，单位产品工时定额8小时，每小时费用定额分别为：直接人工8元，制造费用3元。月初在产品成本与本月生产费用合计为：直接材料费用5 000元，直接人工8 600元，制造费用4 200元，该产品所耗原材料在生产开始时一次投入。假设月末在产品完工程度为50%，要求：用材料定额费用比例法分配完工产品与在产品成本，并编制产品成本计算单。

产品成本计算单

产品名称：甲产品　　　　　　　　20××年8月　　　　　　　　单位：元

项目	直接材料	直接人工	制造费用	合计
生产费用合计				
在产品数量				
原材料定额费用和定额工时				
每小时费用定额				
月末在产品定额成本				
完工产品成本				

3. 某工业企业基本生产车间在产品清查结果：甲产品的在产品盘盈10件，单位定额成本20元；乙产品的在产品盘亏8件，单位定额成本30元；过失人赔款20元；丙产品的在产品毁损250件，单位定额成本28元，残料入库作价150元。属于自然灾害损失2000元，应由保险公司赔款3000元，其余损失计入管理费用，都以批准转账。要求：做账务处理。

4. 某企业生产乙产品，需经过两道生产工序，单位产品原材料消耗定额为200元，其中第一道工序定额120元，第二道工序定额80元，原材料于每道工序生产开始时一次投入。单位产品工时定额为25小时，其中第一道工序15个小时，第二道工序10个小时，人工费和制造费用在生产过程中均衡发生。经盘点测定，第一道工序有在产品100件，第二道工序有在产品80件，各工序在产品在本工序的完工程度均为50%。原材料按投料程度计算约当产量，人工费和制造费用按工时定额计算约当产量。要求：计算月末在产品约当产量。

5. 某企业采用"定额消耗量"比例法在完工产品和月末在产品间分配费用。已知某月初在产品消耗原材料 1000 公斤，工时 1500 小时；本月投入原材料 8 500 公斤，投入工时 4 500 个小时。本月完工产品材料定额消耗量为 9 000 公斤，定额工时 6 000 小时，月末在产品材料消耗量定额为 1 000 公斤，定额工时 2 000 小时。该企业月末原材料出库价格为 5 元/公斤，每小时加工费用 10 元 。要求用定额比例法分配完工产品成本和在产品成本。

6. 某产品月初和本月发生的生产费用合计：原材料 48 020 元，直接工资 15 250 元，制造费用 12 000 元。原材料在生产开始时一次投料，单位产品原材料费用定额 70 元。完工产品产量 420 件，月末在产品 100 件，定额工时共计 1 300 小时。每小时费用定额：工资 2.05 元，制造费用 2.40 元。

要求：采用月末在产品按定额成本计价法，分配计算月末在产品成本和完工产品成本。

项目五 产品成本计算的品种法

1. 产品成本计算品种法的含义、特点、适用范围。
2. 品种法的计算程序和计算方法：单品种的成本计算方法及多品种成本计算方法。

知识目标

1. 了解品种法的含义和适用范围。
2. 了解品种法的特点和成本计算程序。

技能目标

能够熟练地运用品种法计算产品成本并进行相应的账务处理。

导入案例

某火力发电厂只生产电力一种产品。该厂属于大量单步骤生产，该厂的工艺过程是热能—机械能—电能的转化，即以煤为燃料，对锅炉中的水加热，使其变成高温高压的蒸汽，推动汽轮机迅速旋转，借以带动发电机转动，产生电力。该厂生产电力产品除本厂使用外，全部对外供应。该厂设有燃料、锅炉、汽机、电机四个基本生产车间，另设一个修理辅助车间和若干管理科室。

问：该厂应采用什么方法计算电力产品的成本？依据是什么？计算电力产品成本时应设置哪些账户？如何计算电力产品的成本？

任务一 品种法概述

一、品种法的基本内容

（一）品种法的含义

产品成本计算的品种法，是以产品品种为成本计算对象，来归集和分配生产费用，计算产品成本的一种成本计算方法。在品种法下，既不要求按照产品批次计算成本，也不要求按照产品生产步骤计算成本，只要求按照产品的品种来计算产品成本。品种法是基本方法中最基本的产品成本计算方法，其他成本核算方法都是在此基础上发展起来的。

（二）品种法的特点

1. 以产品品种作为成本计算对象

采用品种法的企业，如果只生产一种产品，则企业发生的生产费用就是按该种产品进行归集的，在这种情况下，应计入产品成本的费用都是直接费用，可以直接计入产品成本计算单；如果企业生产的是两种或两种以上的产品，则企业的生产费用就要按各种产品进行归集，在这种情况下，凡属于各种产品直接发生的费用，可直接计入各产品成本，若是各种产品的共同费用，则需分配计入各种产品的成本。

2. 成本计算定期按月进行

如前所述，品种法适用于大量大批单步骤生产以及大量大批多步骤生产且管理上不要求分步骤计算产品成本的企业。由于在大量大批生产情况下，其产品生产总是连续不断地进行的，所以不可能在产品全部完工后才计算成本，其成本计算一般都是按月进行，以月份作为成本计算期。因而，品种法要定期计算成本，并且成本计算期与会计报告期相一致，但与产品的生产周期不一致。

3. 生产费用是否在完工产品与月末在产品之间分配视情况而定

在单步骤生产中，因生产周期短，月末没有在产品或者月末在产品数量很小，对产品成本影响不大，为了简化核算工作，可以不计算其成本。这样，按成本项目归集于各产品成本计算单中的费用，就是各产品的总成本，用其总成本除以产量，就是该产品的平均单位成本。但是，在一些规模较小，而且管理上又不要求按照生产步骤计算成本的大量大批的多步骤生产企业中，月末一般都有在产品，且数量较大，则该产品成本计算单中归集的费用，就需采用一定的方法在完工产品与月末在产品之间进行分配，从而确定出完工产品的总成本，进而计算出产品单位成本。

（三）品种法的适用范围

1. 大量大批单步骤生产的企业，如发电、采掘、供水、供汽等生产企业。在这些企业或车间，产品的生产工艺过程不可能或者不需要划分为几个生产步骤，而只能由一个企业或车间独立完成，因而在成本计算上也就不可能或者不需要按照产品的生产步骤计算产品成本。

2. 一些大量大批多步骤生产的企业。如果企业生产规模较小，即从原材料投入到产品产出的整个过程，都在同一车间完成，或者各步骤的半成品没有独立的经济意义，管理上不要求分步骤计算产品成本的企业，如水泥、造纸、食品等生产企业，与上述单步骤生产的企业一样，一般也可采用品种法计算产品成本。

3. 企业的辅助生产（如供水、供电、供汽等）车间也可以采用品种法计算其产品或劳务的成本。

（四）品种法的种类

按照产品的生产类型和成本计算的繁简程度，可将品种法分为单一品种的品种法和多品种的品种法。

1. 单一品种的品种法

单一品种的品种法，是指对于只生产一种产品的企业，在生产过程中发生的应计入产品成本的各种生产费用都是直接费用，不存在生产费用在各种产品之间的分配问题。它适用于品种单一、生产周期较短的大量大批单步骤生产的企业，如发电、采掘等企业。

2. 多品种的品种法

多品种的品种法适用于生产多种产品的大量大批单步骤生产的企业或管理上不要求分步骤计算成本的大量大批多步骤生产的企业，如小型水泥厂、制砖厂、造纸厂等。

二、品种法的计算程序

采用品种法计算产品成本时，可按以下几个步骤进行。

（一）按产品品种设立基本生产成本明细账，在账中按成本项目开设专栏

成本项目一般为"直接材料""直接人工""制造费用"等。企业也可以根据各自的特点合并或增设一些项目。在产品成本计算单中，上月月末没有完工的在产品成本，即为本月月初的在产品成本。

（二）归集和分配本月发生的各项费用

采用品种法计算产品成本时，月末应根据各种生产费用发生时的原始凭证和其他有关凭证编制各种费用分配表，将费用在各种产品之间进行分配。

1. 直接生产费用的分配

对于各种产品的直接费用，如直接材料、直接人工等，应按各种产品列示并据以直接计入各种产品成本计算单和相关明细账。

2. 间接生产费用的分配

对于间接费用，则应按其用途和部门进行归集，再按一定的分配方法，分配计入各种产品成本计算单和相关明细账。

编制辅助生产费用分配表。月末根据辅助生产成本明细账所归集的各项费用，结合各种产品和各受益部门的辅助生产车间的劳动数量，再按一定的分配方法进行分配，计入各种产品成本计算单和相关明细账。

编制制造费用分配表。月末根据制造费用明细账所归集的各项费用，采用一定的分配方法进行分配，在各种产品之间进行分配，计入各种产品成本计算单和相关明细账。

（三）计算完工产品与在产品成本

经过以上各步骤的归集和分配后，本期应负担的各项生产费用都登记在各产品成本计算单和相关明细账中。月末，将分别汇总各成本计算单中所归集的费用，计算完工产品成本。若有在产品时，还需按一定方法将生产费用在完工产品与月末在产品之间进行分配，计算出完工产品成本和在产品成本。

（四）结转完工产品成本

根据各成本计算单中计算出来的本月完工产品成本，汇总编制"完工产品成本汇总表"，计算出完工产品总成本和单位成本，并进行结转。

品种法应用举例

一、单一品种的品种法应用举例

【例5-1】

1. 企业基本情况

某工厂设有基本生产车间和运输辅助生产车间，只生产甲一种产品。该种产品属于单步骤大量生产，根据生产特点和管理要求，甲产品采用品种法计算产品成本。该企业设"基本生产成本"和"辅助生产成本"两个总账账户，"基本生产成本"下设置甲产品成本计算单（明细账），"辅助生产成本"下设置运输车间明细账，成本计算单（明细账）下设"直接材料"、"直接人工"和"制造费用"三个成本项目。"制造费用"核算基本生产车间发生的间接费用；本例题中运输车间由于提供服务单一，发生的间接费用直接记入"辅助生产成本"所属明细账，在计算甲产品成本时，直接转入基本生产成本明细账中的制造费用成本项目。该产品月初没有在产品，本月完工1 000件，月末没有在产品。本月有关成本计算资料如下：

（1）本月发出材料汇总表见表5-1。

表5-1 发出材料汇总表

单位：元

领料部门和用途	材料类别			合计
	原材料	燃料	低值易耗品	
基本生产车间	1 604 000	20 000	200	1 624 200
甲产品耗用	1 600 000	20 000		1 620 000
车间一般耗用	4 000		200	4 200
运输车间耗用	2 400			2 400
厂部管理部门耗用	2 400		800	3 200
合计	1 608 800	20 000	1 000	1 629 800

（2）本月工资结算汇总表及职工社会保险费用计算表见5-2。

表5-2 工资及社会保险费汇总表

单位：元

人员类别	应付工资总额	应计提福利费	合计
基本生产车间	880 000	123 200	1 003 200
甲产品生产工人	840 000	117 600	957 600

续表5-2

人员类别	应付工资总额	应计提福利费	合计
车间管理人员	40 000	5 600	45 600
运输车间	14 000	1 960	15 960
厂部管理人员	80 000	11 200	91 200
合计	974 000	136 360	1 110 360

（3）本月以现金支付的费用为 2 500 元，其中基本生产车间办公费 1 000 元，厂部管理部门办公费 1 500 元。

（4）本月以银行存款支付的费用为 4 400 元，其中基本生产车间办公费 1 000 元，运输车间办公费 400 元；厂部管理部门办公费 3 000 元。

（5）本月应计提固定资产折旧费 20 000 元，其中基本生产车间 10 000 元，运输车间 4 000元，厂部 6 000 元。

2. 品种法成本计算程序

（1）按产品品种设立基本生产成本明细账，在账中按成本项目开设专栏，见表 5-4。

（2）归集基本生产车间本月发生的各种费用，见表 5-3。

表 5-3　生产成本明细账

单位：元

车间名称	材料费用	燃料费用	低值易耗品	直接人工	社会保险费	折旧费	其他	合计
基本车间	1 604 000	20 000	200	880 000	123 200	10 000	2 000	2 639 400
运输车间	2 400			14 000	1 960	4 000	400	21 560

注：该表数据根据企业基本情况里所列数据归集而来，为方便阅读将基本生产车间和辅助生产车间成本明细账连在一起列示。其中：基本车间的材料费用包括车间一般耗用 4 000 元、低值易耗品 200 元属于一般耗用；工资包括车间管理人员工资 40 000 元、社会保险费包括车间管理人员 5600 元。

编制会计分录如下。

借：生产成本——基本生产成本——甲产品　　　　　　　2 577 600
　　贷：原材料　　　　　　　　　　　　　　　　　　1 620 000
　　　　应付职工薪酬——应付工资　　　　　　　　　　840 000
　　　　　　　　　　——社会保险费　　　　　　　　　117 600
借：制造费用　　　　　　　　　　　　　　　　　　　　61 800
　　贷：原材料　　　　　　　　　　　　　　　　　　　4 000
　　　　周转材料——低值易耗品　　　　　　　　　　　　200

应付职工薪酬——应付工资		40 000
——社会保险费		5 600
累计折旧		10 000
库存现金		1 000
银行存款		1 000

（3）归集辅助生产车间本月发生的各种费用，见表5-3。

编制会计分录如下。

借：生产成本——辅助生产成本——运输车间   22 760

   贷：原材料   2 400

       应付职工薪酬——应付工资   14 000

               ——社会保险费   1 960

       累计折旧   4 000

       银行存款   400

（4）分配辅助生产车间费用。

本例题中运输车间由于提供产品或服务单一，发生的间接费用直接记入"辅助生产成本"所属明细账，在计算甲产品成本时，直接转入基本生产成本明细账中的制造费用成本项目，见表5-4。

编制会计分录如下。

借：生产成本——基本生产成本—甲产品   22 760

   贷：生产成本——辅助生产成本——运输车间   22 760

（5）归集制造费用。

由于企业只生产一种产品，因此不必进行制造费用的分配，只将数据进行归集，直接转入基本生产成本即可。

编制会计分录如下。

借：生产成本——基本生产成本—甲产品   61 800

   贷：制造费用   61 800

（6）计算并结转完工产品成本。

因该企业月末无在产品，所以，当月发生的各项费用汇总后，即为当月提供甲产品的总成本，总成本除以本月产量即为单位成本，见表5-4。

表5-4 甲产品生产成本明细账

单位：元

摘要	直接材料	直接人工	制造费用	合计
分配转入基本生产车间费用	1 620 000①	957 600②	61 800③	2 639 400
分配转入辅助生产车间费用			22 760④	22 760
合计	1 620 000	957 600	84 560	2 662 160

续表5-4

摘要	直接材料	直接人工	制造费用	合计
完工产品产量	1 000	1 000	1 000	1 000
完工产品单位成本	1 620	957.6	84.56	2 662.16
完工产品总成本	1 620 000	957 600	84 560	2 662 160

注：①1 620 000＝1600000+20000

②597 600＝840 000+117 600

③61 800＝4 200+45 600+1 000+1000+10 000

④22 760＝2 400+15 960+400+4 000

编制会计分录如下。

借：库存商品——甲产品　　　　　　　　　　　　　　　2 662 160

　　贷：生产成本——基本生产成本——基本车间　　　　　　2 662 160

二、多品种的品种法

（一）多品种的品种法概述

在大量大批多步骤生产情况下，企业生产的产品品种较多，即生产多品种的产品，有多个成本计算对象。企业在生产过程中发生的应记入产品成本的费用，往往既有直接计入费用，又有间接计入费用，存在在各成本计算对象之间进行分配的问题。由于这种企业月末一般有在产品，因此又存在在期末完工产品与在产品之间分配的问题。如果采用品种法计算产品成本，则需要按每种产品设置生产成本明细账或成本计算单，按成本项目设专栏。除直接费用可以按原始凭证直接计入外，间接费用要先行归集，然后采用适当标准在各种产品之间进行分配，记入各种产品成本明细账。月份终了时，如果有在产品，各产品成本明细账所归集的生产费用，还要按一定的方法，在完工产品和月末在产品之间进行分配，以便计算出完工产品成本和月末在产品成本。这种产品计算方法，通常称为多品种的品种法。

多品种的品种法适用于大量大批多步骤生产的企业。这种企业的生产可以间断，规模较大，产品较多，管理上不要求按生产步骤计算产品成本，月末一般有在产品，如小型水泥厂、造纸厂、砖瓦厂等企业。

（二）多品种的品种法应用举例

【例5-2】

1. 企业基本情况

某工厂为大量大批生产组织形式、单步骤生产类型的企业，有两个基本生产车间，第一车间大量生产甲、乙两种产品。第二车间生产丙产品。三种产品所用材料均是开始生产时一次性投入。根据该厂生产特点和成本管理的要求，采用品种法计算产品生产成本。20××年6月该工厂有关产品成本资料和成本计算见表5-5、表5-6所示。

表 5-5 本月产量及工时记录

20××年 6 月 单位：元

项目	甲产品	乙产品	丙产品
月初在产品数量（件）	500	600	480
本月投入（件）	1 700	3 500	520
本月完工产品数量（件）	1 800	3 600	520
月末在产品数量（件）	400	500	0
完工程度	50%	80%	-
生产工时（小时）	5 600	14 400	6 000

表 5-6 月初在产品成本

单位：元

产品名称	成本项目			合计
	直接材料	直接人工	制造费用	
甲产品	13 310	1 408	420	15 138
乙产品	27 270	5 792	3 480	36 542
丙产品	1 070	1 000	900	2 970
合计	41 650	8 200	4 800	54 650

2. 品种法的成本计算程序

（1）生产费用的归集和分配。

设置产品成本计算单

编制费用分配表，登记总账和设置明细账

①材料费用分配表

根据各生产车间、部门领料凭证中登记的领料数量、金额和具体用途，编制"材料费用分配表"如下表 5-7 所示。

表 5-7 材料费用分配表

20××年 6 月 单位：元

应借科目	明细科目	原料及主要材料	辅助材料	合计
生产成本	甲产品	40 800	850	41 650
	乙产品	90 020	2 000	92 020
	丙产品	11 230	2 000	13 230
	小计	142 050	4 850	146 900
制造费用	一车间	3 200	1 900	5 100
	二车间	4 500	10 100	14 600
	小计	7 700	12 000	19 700
合计		149 750	16 850	166 600

根据耗用材料汇总表，做会计分录如下。

借：生产成本——基本生产成本——甲产品　　　　　　　41 650

　　　　　　　　　　　　　　——乙产品　　　　　　　92 020

　　　　　　　　　　　　　　——丙产品　　　　　　　13 230

　　　制造费用——一车间　　　　　　　　　　　　　　5 100

　　　　　　　——二车间　　　　　　　　　　　　　14 600

　　贷：原材料——原料及主要材料　　　　　　　　　149 750

　　　　　　　　——辅助材料　　　　　　　　　　　　16 850

②职工薪酬费用分配表

根据各车间、部门职工工资及工资用途，以及其他职工薪酬的计提标准，编制"职工薪酬费用分配表"如表5-8所示。

表5-8　职工薪酬费用分配表

20××年6月　　　　　　　　　　　　　　　　　　单位：元

应借科目	明细科目	生产工人工时（小时）	应分配社会保险费		应分配社会保险费		合计（元）
			分配率	分配额（元）	分配率	分配额（元）	
生产成本	甲产品	5 600	6.2	34 720	0.62	3 472	38 192
	乙产品	14 400	6.2	89 280	0.62	8 928	98 208
	小计	20 000	6.2	124 000	0.62	12 400	136 400
	丙产品			36 000		3 600	39 600
制造费用	一车间			8 950		895	9 845
	二车间			8 350		836	9 185
	小计					1 730	19 030
合计		26 000	—	177 300		17 730	195 030

注：分配额=生产工人工时×分配率

工资分配率=124 000÷20 000=6.2（元/小时）

社会保险费分配率=12 400÷20 000=0.62（元/小时）

根据表5-8中应分配工资栏中的分配额项目，编制会计分录如下。

借：生产成本——基本生产成本——甲产品　　　　　　　34 720

　　　　　　　　　　　　　　——乙产品　　　　　　　89 820

　　　　　　　　　　　　　　——丙产品　　　　　　　36 000

　　　制造费用——一车间　　　　　　　　　　　　　　8 950

　　　　　　　——二车间　　　　　　　　　　　　　　8 350

　　贷：应付职工薪酬——工资　　　　　　　　　　　177 300

根据表5-8中应分配的社会保险费，编制会计分录如下。

借：生产成本——基本生产成本——甲产品　　　　　　　3 472

　　　　　　　　　　　　　　——乙产品　　　　　　　8 982

　　　　　　　　　　　　　　——丙产品　　　　　　　3 600

制造费用——一车间　　　　　　　　　　　　　　　　　895

　　　　　　——二车间　　　　　　　　　　　　　　　　　835

　　贷：应付职工薪酬——社会保险费　　　　　　　　　　17 730

③支付保险费、计提折旧费、无形资产摊销等其他费用分配表

根据各生产车间、部门固定资产、无形资产使用情况以及其他费用情况，编制"折旧费及其他费用计算表"如表5-9所示。

表5-9　折旧费及其他费用计算表

20××年6月　　　　　　　　　　　　　　　　　　　　单位：元

车间部门		提取折旧费	支付保险费	预提借款利息	无形资产摊销额
基本生产车间	一车间	1 500	355		
	二车间	1 700	515		
企业管理部门		8 500	1 500	6 000	8 000
合计		11 700	2 370	6 000	8 000

根据折旧费及其他费用计算表，做会计分录如下。

a. 计提短期借款利息

借：财务费用　　　　　　　　　　　　　　　　　　　6 000

　　贷：应付利息　　　　　　　　　　　　　　　　　　　6 000

b. 计提折旧费用

借：制造费用——一车间　　　　　　　　　　　　　　1 500

　　　　　　——二车间　　　　　　　　　　　　　　1 700

　　管理费用　　　　　　　　　　　　　　　　　　　8 500

　　贷：累计折旧　　　　　　　　　　　　　　　　　　11 700

c. 支付保险费用

借：制造费用——一车间　　　　　　　　　　　　　　355

　　　　　　——二车间　　　　　　　　　　　　　　515

　　管理费用　　　　　　　　　　　　　　　　　　　1 500

　　贷：银行存款　　　　　　　　　　　　　　　　　　2 370

d. 无形资产摊销

借：管理费用——无形资产摊销　　　　　　　　　　　8 000

　　贷：累计摊销　　　　　　　　　　　　　　　　　　8 000

④以银行存款支付外购电力费用。该企业各部门共耗电为38500度（千瓦．时），其中：第一车间生产用电20000度（千瓦．时），照明用电4250度（千瓦．时）；第二车间生产用电6000度（千瓦．时），照明用电5000度（千瓦．时）；企业管理部门照明用电3250度（千瓦．时）。假设每度电为0.4元，具体金额见5-10外购电力费用计算分配表。

表 5-10 外购电力费用计算分配表

20××年 6 月 单位：元

车间部门		用电量（千瓦·时）	生产工时（小时）	分配金额（元）
基本生产车间	甲产品	5 600	5 600	2 240
	乙产品	14 400	14 400	5 760
	小计	20 000	20 000	8 000
	丙产品	6 000	6 000	2 400
	一车间	4 250		1 700
	二车间	5 000		2 000
企业管理部门		3 250		1 300
合计		38 500		15 400

根据外购电力费用分配表，编制会计分录如下。

借：生产成本——基本生产成本——甲产品 2 240

——乙产品 5 760

——丙产品 2 400

制造费用——一车间 1 700

——二车间 2 000

管理费用 1 300

贷：银行存款 15 400

⑤登记制造费用明细账，编制制造费用分配表。

根据上述经济业务登记制造费用明细账，并进行结转分配。如表 5-11 和表 5-12 所示。

表 5-11 制造费用明细账

生产车间：第一车间 20××年 6 月 单位：元

年		凭证号数	摘要	机物料消耗	电费	差旅费	职工薪酬	折旧费	保险费	其他	合计
月	日										
6	1		领用材料	5 100							5 100
			付工资				8 950				8 950
			计提社会保险费				895				895
			计提折旧费					1 500			1 500
			支付保险费						355		355
			支付电费		1 700						1 700
			本月合计	5 100	1 700		9 845	1 500	355		18 500
			月末结账	5 100	1 700		9 845	1 500	355		18 500

表5-12　制造费用明细账

生产车间：第二车间　　　　　　　　　　　　20××年6月　　　　　　　　　　　　单位：元

年		凭证号数	摘要	机物料消耗	电费	差旅费	职工薪酬	折旧费	保险费	其他	合计
月	日										
6	1		领用材料	14 600							14 600
			付工资				8 350				8 350
			计提社会保险费				835				835
			计提折旧费					1 700			1 700
			支付保险费						515		515
			支付电费		2 000						2 000
			本月合计	14 600	2 000		9 186	1 700	515		28 000
			月末结账	14 600	2 000		9 186	1 700	515		28 000

月末，根据制造费用明细账汇集的合计数，按实际生产工时在产品之间进行分配。如表5-13、5-14所示。

表5-13　制造费用分配表

生产车间：一车间　　　　　　　　　　　　20××年6月　　　　　　　　　　　　单位：元

应借科目	明细科目	生产工人工时	分配率	分配额
生产成本	甲产品	5 600	0.925	5 180
	乙产品	14 400	0.925	13 320
合计		20 000		18 500

表5-14　制造费用分配表

生产车间：二车间　　　　　　　　　　　　20××年6月　　　　　　　　　　　　单位：元

应借科目	明细科目	生产工人工时	分配率	分配额
生产成本	丙产品	6 000	4.667	28 000

根据表5-13和表5-14的资料编制会计分录如下。

借：生产成本——基本生产成本——甲产品　　　　　　　　　5 180

　　　　　　　　　　　　——乙产品　　　　　　　　　13 320

　　　　　　　　　　　　——丙产品　　　　　　　　　28 000

　　贷：制造费用——一车间　　　　　　　　　　　　　　　18 500

　　　　　　　——二车间　　　　　　　　　　　　　　　28 000

经过上述生产费用在各成本核算对象之间的分配，本月发生生产费用，已全部记入各产品成本计算单。

（2）计算完工产品和月末在产品成本。

根据上述成本费用的归集和分配资料，编制产品成本计算表，并计算完工产品和月末在产品成本，如表5-15~5-17所示。

表5-15　产品成本计算表

产品名称：甲产品　　　　　　　　　　　　　20××年6月　　　　　　　　　　　　　　单位：元

摘要	直接材料	直接人工	制造费用	合计
月初在产品成本	13 310	1 408	420	15 138
本月生产费用	43 890	38 192	5 180	87 202
生产费用合计	57 200	39 600	5 600	102 400
完工产品数量	1 800	1 800	1 800	——
月末在产品约当量	400	400×50%＝200	400×50%＝200	——
生产量合计	2 200	2 000	2 000	——
费用分配率（单位成本）	26	19.8	2.8	48.6
完工产品总成本	46 800	35 640	5 040	87 480
月末在产品成本	10 400	3 960	560	14 920

表5-16　产品成本计算表

产品名称：乙产品　　　　　　　　　　　　　20××年6月　　　　　　　　　　　　　　单位：元

摘要	直接材料	直接人工	制造费用	合计
月初在产品成本	27 270	5 792	3 480	36 542
本月生产费用	97 780	98 208	13 320	209 308
生产费用合计	125 050	104 000	16 800	245 850
完工产品数量	3 600	3 600	3 600	——
月末在产品约当量	500	500×80%＝400	500×80%＝400	——
生产量合计	4 100	4 000	4 000	——
费用分配率（单位成本）	30.50	26	4.20	60.7
完工产品总成本	109 800	93 600	15 120	218 520
月末在产品成本	15 250	10 400	1 680	27 330

表 5-17　产品成本计算表

产品名称：丙产品　　　　　　　　　　　20××年 6 月　　　　　　　　　　　单位：元

摘要	直接材料	直接人工	制造费用	合计
月初在产品成本	1 070	1 000	900	2 970
本月生产费用	15 630	39 600	28 000	83 230
生产费用合计	16 700	40 600	28 900	86 200
完工产品数量	1 000	1 000	1 000	—
月末在产品约当量	0	0	0	—
生产量合计	1 000	1 000	1 000	—
费用分配率（单位成本）	16.70	40.60	28.90	86.20
完工产品总成本	16 700	40 600	28 900	86 200
月末在产品成本	0	0	0	0

（3）编制完工产品成本汇总表并结转完工产品成本。

根据甲产品成本计算表、乙产品成本计算表和丙产品成本计算表中的数据，编制"完工产品成本汇总表"，如表 5-18 所示。

表 5-18　完工产品成本汇总表

20××年 6 月　　　　　　　　　　　　　　　　　　　　　　　单位：元

成本项目	甲产品		乙产品		丙产品	
	总成本	单位成本	总成本	单位成本	总成本	单位成本
直接材料	46 800	26.00	109 800	30.50	16 700	16.70
直接人工	35 640	19.80	93 600	26.00	40 600	40.60
制造费用	5 040	2.80	15 120	4.20	28 900	28.90
合计	87 480	48.60	218 520	60.70	86 200	86.20

根据完工产品成本汇总表，做相应的会计分录如下。

借：库存商品——甲产品　　　　　　　　　　　　　　　87 480

　　贷：生产成本——基本生产成本——甲产品　　　　　　　　87 480

借：库存商品——乙产品　　　　　　　　　　　　218 520

　　　　　　——内产品　　　　　　　　　　　　 86 200

　　贷：生产成本——基本生产成本——乙产品　　　　　　　218 520

　　　　　　　　　　——丙产品　　　　　　　　　　　 86 200

同步测试题

一、单选题

1. 管理上不要求分步骤计算成本的多步骤生产，适合采用的成本计算方法是(　　)。

    A. 简化的分批法   B. 分批法

    C. 品种法   D. 分类法

2. 品种法是以（　　　）作为成本计算对象。

    A. 产品的生产车间   B. 产品的品种

    C. 产品的批别   D. 产品的类别

3. 最基本的成本计算方法是（　　　）。

    A. 品种法   B. 分批法

    C. 分步法   D. 分类法

4. 采用品种法计算产品成本，成本计算期（　　　）。

    A. 与会计报告期一致   B. 与会计报告期不一致

    C. 与生产周期一致   D. 与营业周期一致

5. 在品种法下，若只生产一种产品，则发生的费用（　　　）。

    A. 全部直接计入费用   B. 全部间接计入费用

    C. 部分是直接费用，部分是间接费用   D. 需要将生产费用在各种产品当中分配

二、多选题

1. 品种法的适用范围是（　　　）。

    A. 大量大批生产

    B. 小批单件生产

    C. 单步骤生产或管理上不要求分步骤计算成本的多步骤生产

    D. 管理上要求分步骤计算成本的多步骤生产

    E. 管理上要求分步骤计算成本的单步骤生产

2. 成本项目一般包括（　　　）。

    A. 直接材料   B. 直接工资

    C. 外购材料   D. 外购动力

    E. 制造费用

3. 品种法的特点包括（　　　）。

    A. 成本核算对象是产品品种

    B. 品种法下一般定期计算产品成本

    C. 如果月末有在产品，要将生产成本在完工产品和在产品之间进行分配

    D. 成本计算期与产品的生产周期基本一致

4. 下列企业中，在计算成本时适宜采用品种法的是（　　　）。

    A. 发电厂   B. 煤场

    C. 钢铁厂   D. 机械制造厂

5. 采用品种法计算产品成本，需根据各种费用分配表登记（　　　）。

    A. 生产成本——基本生产成本明细账   B. 产品成本明细账

    C. 生产成本——辅助生产成本明细账   D. 制造费用明细账

三、判断题

1. 在所有的成本计算方法中，品种法是最基本的方法，计算出每种产品的单位成本

是企业进行成本计算的最终目的。（　　　）

2. 不论什么组织方式的制造企业，不论什么生产类型的产品，也不论成本管理要求如何，最终都必须按照产品品种计算出产品成本。（　　　）

3. 按照产品的生产类型和成本计算的繁简程度，可将品种法分为单一品种的品种法和多品种的品种法。（　　　）

4. 品种法的计算期一般与生产周期一致。（　　　）

5. 品种法的计算对象是产品品种或者产品生产中的某个步骤。（　　　）

四、计算题

资料：兴达公司基本车间生产 A、B 两种产品，原材料都在开始生产时全部一次投料，成本计算采用品种法。共同耗用的甲原材料按定额消耗量比例进行分配；生产工人工资和制造费用按实际工时比例分配。2007 年 8 月有关资料如下：

A 产品期初在产品成本：原材料 13 200 元，工资 4 600 元，制造费用 1 200 元。B 产品期初无在产品。

本月有关费用：甲材料的实际成本为 66 300 元，A 产品实际工时为 26 000 小时，B 产品实际生产工时为 16 000 小时，工资总额为 16 800 元，制造费用总额为 6 300 元。A 产品和 B 产品对甲材料的消耗定额分别为 4 000 千克和 2 500 千克。

A 产品完工产品和在产品的费用分配，按产量和约当产量比例分配，本月完工 2 100 千克，期末在产品 1 500 千克（完工程度 60%），原材料于投产初一次性投入；B 产品完工产量 1 000 千克，无期末在产品。

要求：

（1）编制原材料分配表；

（2）编制工资、制造费用分配表；

（3）计算完工产品总成本，编制产品成本计算单。编制产品入库的会计分录。

附：

表 1　原材料分配表

产品名称	甲材料定额消耗量/千克	甲材料	
		分配率/元每千克	实际成本/元
A			
B			
合计			

表 2　工资、制造费用分配表

产品名称	实际工时/小时	工人工资		制造费用	
		分配率/元每小时	工资额/元	分配率/元每小时	费用额/元
A					

续表

产品名称	实际工时/小时	工人工资		制造费用	
		分配率/元每小时	工资额/元	分配率/元每小时	费用额/元
B					
合计					

表3 产品成本计算单

完工产量：_____千克　　　　　　在产品：_____千克

产品名称：A产品　　　　　　2007年8月　　　　　　单位：元

摘要	直接材料	直接人工	制造费用	合计
期初在产品成本				
本期生产费用				
生产费用合计				
分配率				
完工产品成本				
在产品成本				

表4 产品成本计算单

完工产量：_____千克　　　　　　　　　　在产品：_____千克

产品名称：B产品　　　　　　2007年8月　　　　　　单位：元

摘要	直接材料	直接人工	制造费用	合计
期初在产品成本				
本期生产费用				
生产费用合计				
分配率				
完工产品成本				
在产品成本				

项目六　产品成本计算的分批法

项目要点

1. 产品成本计算分批法的含义、特点、适用范围。
2. 分批法的计算程序和计算方法：一般分批法的成本计算方法及简化分批法的成本计算方法。

知识目标

1. 了解分批法的特点，熟悉分批法的适用范围。
2. 掌握一般分批法的计算方法和成本计算程序。
3. 掌握简化分批法的计算方法和成本计算程序。

技能目标

1. 能够熟练地运用一般分批法计算产品成本并进行相应的账务处理。
2. 能够熟练地运用简化分批法计算产品成本并进行相应的账务处理。

导入案例

上海东风机械厂是一个按客户订单生产小批量生产企业，2019 年第三季度，基本车间按客户要求组织生产 701、801 和 901 三个批次产品，原材料在各个批次产品投产时一次性投入。在学习品种法的基础上，请同学们考虑如何安排分批法的成本核算程序？

任务一　一般分批法

一、分批法的内容

（一）分批法的含义

产品成本计算的分批法，是以产品批别或单件产品作为成本计算对象，来归集和分配生产费用，计算产品成本的一种方法。

产品批别在成批组织生产的企业或车间中，是按照一定品种、一定批量产品划分的。

实际中，产品的品种和批量往往根据客户的订单确定，因此也称定单法。

按照产品批别组织生产时，生产计划部门要签发生产通知单下达到车间，并通知会计部门。在生产通知单中应对该批生产任务进行编号，称为产品批号或生产令号。会计部门应根据生产计划部门下达的产品批号，也就是产品批别，设立产品成本明细账。

（二）分批法的特点

1. 成本计算对象为产品批别（订单或生产通知单）

产品成本计算的分批法，是以产品批别或单件产品作为成本计算对象开设产品成本计算单或设置基本生产成本明细账，来归集和分配生产费用的产品成本计算方法。因此，以产品批别或单件产品作为成本计算对象是分批法的主要特点，也是同其他方法相区别的主要标志。

产品批别一般根据客户的定单确定，但产品的批别与定单并不完全相同。根据客户的要求和生产组织的需要，一张定单可分成多个批别组织生产，几张相同产品的定单也可合为一批组织生产。

2. 成本计算期不固定

一般来说，与各批产品的生产周期一致，与会计报告期不一致。分批法下的成本计算是按产品的批别进行的，产品成本要在批次产品完工时才能确定，所以其成本计算期是不确定的，它以某一批次产品的开头投产到生产完工为成本计算期间。3. 一般不需要进行完工产品与在产品成本的分配。

单件生产，月末不需要进行完工产品与在产品成本的分配；小批量生产，若批内产品都能同时完工，月末不需要进行完工产品与在产品成本的分配；小批量生产，若批内产品跨月陆续完工，则月末部分产品已完工，部分尚未完工，需要进行完工产品与在产品成本的分配。分配方法：若批内产品跨月陆续完工的情况较多，月末批内完工产品的数量占全部批量的比重较大，则生产费用在完工产品与在产品成本之间的分配，应相应采用定额比例法或约当产量法或在产品按定额成本计价法等方法。若批内产品跨月陆续完工的情况不多，可采用简便的分配方法。即按计划单位成本、定额单位成本或最近一期相同产品的实际单位成本计算完工产品成本。但在该批产品全部完工时，应计算该批产品的实际总成本和实际单位成本；而对已经转账的完工产品成本，不作账目调整。

（三）分批法的适用范围

分批法主要适用于单件、小批生产，其适用的工厂或车间通常有下列几种。

1. 根据购买者订单生产的企业

有些企业专门根据订货者的要求，生产特殊规格、规定数量的产品。订货者的订货可能是单价的大型产品，如船舶、精密仪器；可能是多件同样规格的产品，如根据订货者的合计图样生产的特种仪器。

2. 产品种类经常变动、更新的企业

如小型五金工厂，由于它规模小，工人少，同时根据市场需要不断变动产品的种类和数量，不可能按产品设置流水线大量生产，因而必须按每批产品的投产计算成本；又如高档时装设计生产企业，其产品不断更新，也应采用分批法核算其每批产品成本。

3. 专门进行修理业务的工厂

修理业务多种多样，需要根据承接的各种修理业务分别计算成本，并向客户收取货款。

4. 新产品试制车间

专门试制、开发新产品的车间，要按新产品的种类分别计算成本。

（四）分批法的分类

分批法因其采用的间接计入费用的分配方法不同，分成一般的分批法和简化的分批法。

1. 一般的分批法

采用当月分配率来分配间接计入费用的分批法称为一般的分批法（分批法），也就是有分批计算在产品成本的分批法。

2. 简化的分批法

采用累计分配率来分配间接计入费用的分批法称为简化的分批法，也称不分批计算在产品成本的分批法，是一般的分批法的简化形式。

二、分批法的计算程序

采用分批法计算产品成本时，可按以下几个步骤进行。

（一）按批别开设成本明细账

根据生产部门签发的生产任务通知单中所规定的产品批号，为每批产品开设基本生产成本明细账，在明细账账页上既要注明批号，也要列明产品名称。

（二）编制各要素费用分配表（或汇总表）分配和归集各批次产品的生产费用

在月份内须将各批次产品的直接费用，按批号直接汇总计入各批产品成本明细账内，而将发生的间接费用按照一定的标准在各批次产品之间进行分配，分别记入有关批次的产品成本。

（三）计算和结转完工产品成本

月末加计完工批别成本明细账中所归集的费用，计算完工产品的实际总成本和单位成本；月末各批未完工产品成本明细账中归集的生产费用即为月末在产品成本；若月末有部分完工，部分未完工，要采用适当的方法在完工产品和月末在产品之间分配费用。

由于分批法下，批内产品跨月陆续完工的情况不多，因而在跨月陆续完工的情况下，月末计算完工产品成本时，可采用计划成本、定额成本或最近时期相同产品的实际成本对完工产品进行计价的简易方法计算，等到全部产品完工时，再计算该批产品实际的总成本和单位成本。期末，根据各成本计算结果结转本期完工产品的实际总成本。

三、分批法应用举例

（一）定额比例法

定额比例法主要用于类内产品之间除直接材料以外的其他费用的分配。对直接材料的分配一般采用定额费用比例系数分配的方法。

【例6-1】某厂根据客户的订单组织生产，采用分批法计算产品成本。该厂有两个生产车间，原材料在一车间生产开始时一次投入，××年12月份的有关资料如下。

1. 各批产品的生产情况（表6-1）

表6-1　各批产品的生产情况

产品批号	产品名称	批量	投产日期	完工产量/台		本月耗用工/小时	
				11月	12月	一车间	二车间
1107	甲产品	20台	11月份	10	10	3 000	1 600
1108	乙产品	15台	12月份		15	1 500	2 000
1109	丙产品	10台	12月份			1 000	1 500

2. 1107批甲产品11月份的有关资料

直接材料为10 500元，直接人工为18 900元，制造费用为6 050元。

3. 12月份各批产品耗用材料的情况

1108批乙产品耗用材料40 500元，1109批丙产品耗用材料9 500元。

4. 12月份的直接人工费用资料（表6-2）

表6-2　直接人工费用表

产品批别	一车间	二车间
1107批甲产品	9 900	4 000
1108批乙产品	4 950	5 010
1109批丙产品	3 300	3 750

5. 12月份的制造费用资料

一车间为5 500元，二车间为6 120元。制造费用按生产工时比例在各批产品之间分配。

6. 计算完工产品成本的要求

该厂对定单内跨月陆续完工的产品，月末计算成本时，对完工产品按计划成本转出，待全部完工后再重新计算完工产品的实际总成本和单位成本。本例中1107批甲产品11月末完工10台，按计划单位成本结转，其中原材料计划单位成本500元，直接人工计划单位成本950元，制造费用计划单位成本300元。

根据上述资料编制的制造费用分配表见表6-3，设置并登记的1107批、1208批、1209批基本生产成本明细账及其成本计算见表6-3、6-4、6-5。

表 6-3　制造费用分配表

××年 12 月份　　　　　　　　　　　　　　　　　单位：元

产品批别	一车间			二车间			合计
	工时	分配率	金额	工时	分配率	金额	
1107 批甲产品	3 000		3 000	1 600		1 920	4 920
1108 批乙产品	1 500		1 500	2 000		2 400	3 900
1109 批丙产品	1 000		1 000	1 500		1 800	2 800
合计	5 500	1	5 500	5 100	1.2	6 120	11 620

表 6-4　基本生产成本明细账

产品批号：1107　　　　　　　　　　产品名称：甲产品

投产日期：××年 11 月份　　　　　　完工日期：××年 12 月份　　　　单位：元

月	日	摘要	直接材料	直接人工	制造费用	合计
	30	11 月份成本合计	10 500	18 900	6 050	35 450
11	30	完工 10 台转出成本	5 000	9 500	3 000	17 500
	30	11 月月末在产品成本	5 500	9 400	3 050	17 950
	31	一车间成本分配		9 900	3 000	12 900
	31	二车间成本分配		4 000	1 920	5 920
12	31	12 月份成本合计		13 900	4 920	18 820
	31	12 月份完工 10 台转出成本	5 500	23 300	7 970	36 770
	20 台产品累计总成本		10 500	32 800	10 970	54 270
	单位成本		525	1 640	548.50	2 713.50

表 6-5　基本生产成本明细账

产品批号：1108　　　　　　　　　　产品名称：乙产品　　　　　　　单位：元

投产日期：××年 12 月份　　　　　　完工日期：××年 12 月份　　　完工数量：15 台

月	日	摘要	直接材料	直接人工	制造费用	合计
12	31	一车间成本分配	40 500	4 950	1 500	46 950
12	31	二车间成本分配		5 010	2 400	7 410
12	31	生产费用合计	40 500	9 960	3 900	54 360
	转出完工产品成本		40 500	9 960	3900	54 360
	单位成本		2 700	664	260	3 624

表 6-6 基本生产成本明细账

产品批号：1109　　　　　　　　　　　产品名称：丙产品　　　　　　　　　　单位：元

投产日期：××年12月份　　　　　　　完工日期

月	日	摘要	直接材料	直接人工	制造费用	合计
12	31	一车间成本分配	9 500	3 300	1 000	13 800
	31	二车间成本分配		3 750	1 800	5 550
	31	12月份累计成本	9 500	7 050	2 800	19 350

任务二 简化的分批法

一、简化分批法的内容

（一）简化分批法含义

简化分批法也叫不分批计算在产品成本分批法或累计间接费用分配法，是按产品批别设立明细账，但在产品完工之前，账内只需按月登记直接计入费用（如原材料）和加工工时，不必分配加工费用，计算该批在产品成本；只有在产品完工的那个月份，才分配加工费用，计算完工产品。

在同一月份投产的产品批数很多，且月末未完工批数较多的企业，各种间接费用在各批次产品之间进行分配的工作量就极为繁重。为了简化会计核算工作，就可以先将间接费用累计起来，采取简化分批法，以减少间接费用分配的工作量。

（二）简化分批法的特点

1. 采用简化的分批法，必须设立基本生产成本二级账

采用简化的分批法，仍应按产品批别设立基本生产成本明细账，按月登记各批次产品的直接计入费用和生产工时；同时必须按车间设立基本生产成本二级账，按成本项目登记全部产品的月初在产品费用、本月生产费用和累计的生产费用。同时，登记全部产品的月初在产品生产工时、本月生产工时和累计的生产工时。基本生产成本二级账，将各批产品发生的生产费用，分成本项目以直接材料、直接人工、制造费用以及生产工时进行登记。

2. 不分批计算月末在产品成本

每月发生的各项间接计入费用，不是按月在各批产品之间进行分配，而是先在基本生产成本二级账中累计起来，在有完工产品的月份，按照完工产品累计生产工时的比例，在各批完工产品之间进行分配；对未完工的在产品则不分配间接计入费用，即不分批计算月末在产品成本。

3. 采用间接计入费用累计分配法

简化的分批法与一般的分批法不同之处在于：各批产品之间分配间接计入费用的工作以及完工产品与月末在产品之间分配费用的工作，即生产费用的横向分配工作和纵向分配工作，是利用累计间接计入费用分配率，到产品完工时合并在一起进行的。

（三）简化分批法的适用范围

1. 各月投产的批数很多。2. 月末未完工批数也较多。3. 各月份间接费用水平相差不大。

（四）简化分批法的基本程序

1. 按产品批别设立"产品成本明细账"。

采用简化分批法计算成本时，仍需按产品批别设置产品成本明细账，但在这种产品成本明细账当中只登记直接计入的费用和发生的生产工时。

2. 必须设置基本生产成本的二级账。

在基本生产二级账中登记全部各批产品发生的生产总工时、直接计入的费用、间接计入的费用等资料。

3. 如果某批号有完工产品时，应分成本项目的计算间接费用的累计分配率。

全部产品累计间接费用分配率＝全部产品累计间接费用÷全部产品累计工时

4. 分成本项目计算完工批别产品应分配的间接费用，并计入到完工批别产品成本计算单中。

某批完工产品应负担的间接费用＝该批完工产品累计工时×累计间接费用分配率

（五）简化的分批法应用举例

【例 6-2】某企业生产类型为单件小批，产品成本计算采用简化的分批法。2014 年 8 月生产产品如表 6-7 所示。

表 6-7　2014 年 8 月份生产情况

投产日期：××年 12 月份　　　　　　　　　　　　　　　　　　　完工日期

批号	产品名称	批量	投产日期	完工日期
001	甲产品	8 台	6 月 15 日	8 月 17 日
002	乙产品	10 台	6 月 29 日	8 月 25 日
003	丙产品	15 台	7 月 17 日	尚未完工
004	丁产品	10 台	8 月 1 日	尚未完工

该企业 8 月份的"基本生产成本"二级账和四个"基本生产成本"明细账成本计算如下。

1. 编制各项要素费用分配表。（略）

2. 根据各要素费用分配表登记"基本生产成本"二级账和四个"基本生产成本"明细账等账户，如表 6-8~表 6-12 所示。

3. 将"基本生产成本"二级账中累计的间接费用，分配转入各"基本生产成本"明细账，如表 6-8~表 6-12 所示。

4. 汇总编制各批完工产品的成本汇总表，如表 6-13 所示。

表 6-8 基本生产成本二级账

单位：元

月	日	摘要	直接材料	生产工时	直接人工	制造费用	合计
7	31	月末在产品成本	532 800	49 000	117 600	100 700	751 100
	31	本月发生额	382 200	41 400	103 880	89 140	575 220
	31	累计发生额	915 000	90 400	221 480	189 840	1 326 320
		累计间接费用分配率			2.45	2.10	
		转出完工产品成本	562 000	56 000	137 200	117 600	816 800
	31	月末在产品成本	353 000	34 400	84 280	72 240	509 520

表 6-8 中，完工产品的直接材料 562 000 元和生产工时 56 000 小时，来自于各基本生产成本明细账中相应数据的汇总。

表 6-9 基本生产成本明细账

产品批号：001   投产日期：6 月 15 日   批量：8 台

产品名称：甲产品   完工日期：8 月 17 日   单位：元

月	日	摘要	直接材料	生产工时	直接人工	制造费用	合计
6	30	本月发生额	114 000	9 000			
7	31	本月发生额	197 800	18 400			
7	31	累计发生额	311 800	27 400			
8	31	本月发生额	20 200	2 600			
8	31	累计发生额	332 000	30 000			
		累计间接费用分配率			2.45	2.10	
		分配间接费用		30 000	73 500	63 000	
8	31	完工产品总成本	332 000	30 000	73 500	63 000	468 500

表 6-10 基本生产成本明细账

产品批号：002   投产日期：6 月 29 日   批量：10 台

产品名称：乙产品   完工日期：8 月 25 日   单位：元

月	日	摘要	直接材料	生产工时	直接人工	制造费用	合计
6	30	本月发生额	16 000	1 200			
7	31	本月发生额	129 000	13 600			
7	31	累计发生额	145 000	14 800			
8	31	本月发生额	85 000	11 200			
8	31	累计发生额	230 000	26 000			
		累计间接费用分配率			2.45	2.10	

续表6-10

月	日	摘要	直接材料	生产工时	直接人工	制造费用	合计
		分配间接费用		26 000	63 700	54 600	
8	31	完工产品总成本	230 000	26 000	63 370	54 600	348 300

表6-11　基本生产成本明细账

产品批号：003　　　　　　　　投产日期：7月17日　　　　　　批量：15台
产品名称：丙产品　　　　　　　完工日期：　　　　　　　　　　单位：元

月	日	摘要	直接材料	生产工时	直接人工	制造费用	合计
7	31	本月发生额	76 000	6 800			
8	31	本月发生额	130 000	14 400			
8	31	累计发生额	206 000	21 200			

表6-12　基本生产成本明细账

产品批号：004　　　　　　　　投产日期：8月1日　　　　　　批量：10台
产品名称：丁产品　　　　　　　完工日期：　　　　　　　　　　单位：元

月	日	摘要	直接材料	生产工时	直接人工	制造费用	合计
8	31	本月发生额	147 000	13 200			

表6-13　完工产品成本汇总表
2014年8月　　　　　　　　　　　　单位：元

成本项目	甲产品（8台）		乙产品（10台）	
	总成本	单位成本	总成本	单位成本
直接材料	332 000	41 500	230 000	23 000
直接人工	73 500	9 187.5	63 700	6 370
制造费用	63 000	7 875	54 600	5 460
合计	468 500	58 562.5	348 300	34 830

根据完工产品成本汇总表，编制会计分录如下。

借：库存商品——甲产品　　　　　　　　　　　468 500
　　　　　　——乙产品　　　　　　　　　　　348 300
　　贷：基本生产成本——甲产品　　　　　　　　　　　468 500
　　　　　　　　　——乙产品　　　　　　　　　　　348 300

简化的分批法在投产批别较多，每月完工批别较少的企业或车间，可以大大简化对未完工定单基本生产成本明细账月份的登记工作。

但它存在两个缺点：各张未完工批别的基本生产成本明细账内，不反映直接人工、制造费用等加工费用，也就不能完整地反映各定单的在产品成本；如果各月份加工费用波动较大，各定单的工时数（即加工费用分配基础）又各月不一，采用这种方法会使加工费用平均化，不能反映真实情况，影响产品成本的正确性。因此，只有各月加工费用及其分配标准大致均衡的情况下，才可采用这种方法。

同步测试题

一、单选题

1. 分批法的主要特点是（　　）。
   A. 以产品批别为成本计算对象
   B. 生产费用不需要在批内完工产品与在产品之间进行分配
   C. 费用归集与分配比较简便
   D. 成本计算期长

2. 采用简化的分批法进行成本核算的企业，为了核算累计间接计入费用，一般要求特别设置（　　）。
   A. 制造费用二级账　　　　　　　　B. 基本生产成本明细账
   C. 基本生产成本二级账　　　　　　D. 基本生产成本总账

3. 采用简化的分批法，在产品完工之前，产品成本明细账应（　　）。
   A. 登记间接费用和生产工时　　　　B. 只登记直接材料费用
   C. 只登记间接费用，不登记直接费用　D. 登记直接材料费用和生产工时

4. 采用简化的分批法进行成本计算，适用的情况是（　　）。
   A. 投产批数繁多，而且未完工批数较多　B. 投产批数较少，而且未完工批数较少
   C. 投产批数繁多，而且完工批数较多　D. 投产批数较少，而且未完工批数较多

5. 采用分批法计算产品成本时，若是单件生产，月末计算产品成本时（　　）。
   A. 需要将生产费用在完工产品和在产品之间进行分配
   B. 不需要将生产费用在完工产品和在产品之间进行分配
   C. 区别不同情况确定是否分配生产费用
   D. 应采用同小批生产一样的核算方法

二、多选题

1. 在下列企业中，可采用分批法计算产品成本的企业有（　　）。
   A. 重型机械厂　　　　　　　　　　B. 船舶制造厂
   C. 发电厂　　　　　　　　　　　　D. 精密仪器厂
   E. 纺织厂

2. 分批法适用于（　　）。
   A. 单件生产的企业　　　　　　　　B. 小批生产的企业
   C. 新产品的试制　　　　　　　　　D. 工业性修理作业
   E. 辅助生产车间的工具制造

3. 分批法的特点是（　　）。
   A. 按产品的批别计算成本　　　　　B. 也计算产品的生产步骤成本
   C. 间接费用月末必须全部进行分配　D. 成本计算期与会计报告期不同

E. 通常不存在生产费用在完工产品与月末在产品之间分配的问题

4. 采用简化分批法，要求（　　）。

A. 必须设立基本生产二级账

B. 不分批计算在产品成本

C. 在基本生产成本二级账中只登记间接计入费用

D. 分批计算在产品成本

E. 必须计算累计间接计入费用分配率

5. 采用简化的分批法，在某批产品完工以前，成本计算单只需按月登记（　　）。

A. 直接费用　　　　　　　　　B. 间接费用

C. 工时数　　　　　　　　　　D. 生产成本

E. 制造费用

三、判断题

1. 分批法是以产品批别为成本计算对象，归集费用，计算产品成本的一种方法。（　　）

2. 分批法一般是根据用户的定单组织生产的，在一份定单中即便存在多种产品也应合为一批组织生产。（　　）

3. 分批法的批别是依据生产计划部门签发的"生产任务通知单"确定的，供应部门据以备料，生产部门据以安排生产，财会部门据以设置成本计算单。（　　）

4. 分批法的成本计算应定期进行，成本计算期与某批次或定单产品的生产周期也应保持一致。（　　）

5. 分批法下如果产品批量较大，出现批内跨月陆续完工和分次交货情况时，应该采取适当的方法计算完工产品成本和月末在产品成本。（　　）

四、计算题

1. 基本情况：某企业属单件小批多步骤生产企业，按购货单位要求小批生产甲、乙、丙三种产品，产品成本计算采用分批法，该企业9月份的有关成本计算资料如下：

（1）各生产批别产量、费用资料

①901号甲产品50件，7月份投产，本月全部完工，7、8两月累计费用为：直接材料4 000元，直接人工1 000元，制造费用1 200。本月发生费用：直接人工400元，制造费用500元。

②902号乙产品100件，8月份投产，本月完工60件，未完工40件，8月份发生生产费用为：直接材料60 000元，直接人工15 000元，制造费用13 000元。本月发生费用：直接人工7 000元，制造费用6 000元。

③903号丙产品7件，本月份投产，尚未完工，本月发生生产费用为：直接材料20 000元，工资福利费5 600元，制造费用4 800元。

（2）其他资料

①三种产品的原材料均在生产开始时一次投入。

②902号乙产品本月完工产品数量在批内所占比重较大（60%），根据生产费用发生情况，其原材料费用按照完工产品和在产品的实际数量比例分配外，其他费用采用约当产

量比例法在完工产品和月末在产品之间进行分配，在产品完工程度为50%。

要求：采用分批法计算产品成本并填入表1、表2、表3。

表1 901号产品成本计算单

批号：901　　　　　　　　　　产品名称：甲　　　　　　　　投产日期：7月份
购货单位：××　　　　　　　　批量：50件　　　　　　　　　完工日期：9月份

月	日	摘要	直接材料	直接人工	制造费用	合计
9	1	月初在产品成本				
	30	应付职工薪酬分配表				
	30	制造费用分配表				
	30	生产费用合计				
	30	完工成本成本				
	30	完工产品单位成本				

表2 902号产品成本计算单

批号：902　　　　　　　　　　产品名称：乙　　　　　　　　投产日期：8月份
购货单位：××　　　　　　　　批量：100件　　　　　　　　本月完工：60件

月	日	摘要	直接材料	直接人工	制造费用	合计
9	1	月初在产品成本				
	30	应付职工薪酬分配表				
	30	制造费用分配表				
	30	生产费用合计				
	30	约当产量				
	30	完工产品单位成本				
	30	完工产品成本				
	30	月末在产品成本				

表3 903号产品成本计算单

批号：903　　　　　　　　　　产品名称：丙　　　　　　　　投产日期：9月份
购货单位：××　　　　　　　　批量：7件　　　　　　　　　完工日期：

月	日	摘要	直接材料	直接人工	制造费用	合计
9	30	材料费用分配表				
	30	应付职工薪酬分配表				
	30	制造费用分配表				
	30	合计				

2. 资料1：某企业小批生产多种产品，由于生产批数多，为简化成本计算工作，采用

分批法计算产品成本。该企业4月份的产品批别有：

201号A产品10台，2月投产，本月完工；

302号B产品15台，3月投产，本月完工；

303号C产品8台，3月投产，本月完工2台，完工产品工时2 025小时；

401号D产品12台，本月投产，尚未完工。

该企业4月份上述四种产品的月初在产品成本资料如表4。

表4 月初在产品成本

单位：元

产品批别	累计工时	直接材料	直接人工	制造费用
累计总数	29 000	30 000	22 000	15 000
其中：201号A产品	11 000	9 500		
302号B产品	13 000	12 000		
303号C产品	5 000	8 500		

资料2：本月全部四种产品生产工时17 000小时。其中A产品3 900小时，B产品6 700小时，C产品3 100小时，D产品3 300小时，本月发生的直接人工费用总额为12 960元，制造费用总额为8 920元；D产品本月开工，投入原材料费用24 000元。

资料3：四种产品均为生产时一次投料。

根据上述资料，要求：

（1）开设基本生产成本二级账和A、B、C、D四种产品成本计算单。

（2）根据要素费用分配表登记基本生产成本二级账，产品成本计算单。

表5 基本生产成本二级账（各批产品总成本）

2010年4月

单位：元

月	日	摘要	直接材料	累计工时（小时）	直接人工	制造费用	合计
3	31	月末在产品成本					
4	30	材料费用分配表					
4	30	应付职工薪酬分配表					
4	30	转入制造费用					
4	30	本月累计					
4	30	累计间接费用分配率					
4	30	转出完工产品成本					
4	30	月末在产品成本					

转出完工产品成本（根据产品成本计算单确定）。

表6 产品成本计算单

产品名称：A产品　　　　批量：10台　　　　投产日期：2月

计量单位：元　　　　批号：201　　　　完工日期：4月

月	日	摘要	直接材料	生产工时（小时）	直接人工	制造费用	合计
3	31	月末在产品成本					
4	30	本月发生费用					
4	30	本月累计					
4	30	累计间接费用分配率					
4	30	转出完工产品成本					
4	30	完工产品单位成本					

表7　产品成本计算单

产品名称：B产品　　　　　　批量：15台　　　　　　投产日期：3月
计量单位：元　　　　　　　　批号：302　　　　　　完工日期：4月

月	日	摘要	直接材料	生产工时（小时）	直接人工	制造费用	合计
3	31	月末在产品成本					
4	30	本月发生费用					
4	30	本月累计					
4	30	累计间接费用分配率					
4	30	转出完工产品成本					
4	30	完工产品单位成本					

表8　产品成本计算单

产品名称：C产品　　　　　　批量：8台　　　　　　投产日期：3月
计量单位：元　　　　　　　　批号：303　　　　　　本月完工数量：2台

月	日	摘要	直接材料	生产工时（小时）	直接人工	制造费用	合计
3	31	月末在产品成本					
4	30	本月发生费用					
4	30	本月累计					
4	30	累计间接费用分配率					
4	30	转出完工产品成本					
4	30	完工产品单位成本					
4	30	月末在产品成本					

表9 产品成本计算单

产品名称：D产品 　　　　　　批量：12台 　　　　　　投产日期：4月

计量单位：元 　　　　　　批号：401 　　　　　　尚未完工

月	日	摘要	直接材料	生产工时（小时）	直接人工	制造费用	合计
4	30	本月发生费用					

表10 完工产品汇总表

2014年8月 　　　　　　单位：元

成本项目	A产品		B产品		C产品	
	总成本	单位成本	单位成本	单位成本	单位成本	单位成本
直接材料						
直接人工						
制造费用						
合计						

项目七 产品成本计算的分步法

1. 产品成本计算分步法的含义、特点、适用范围。
2. 分步法的计算程序和计算方法：逐步结转分步法的计算方法（其中包括综合逐步结转和分项逐步结转）及平行结转分步法的计算方法。

知识目标

1. 了解成本核算分步法的概念和应用范围。
2. 掌握分步法的计算方法和成本计算程序。

技能目标

能够熟练地运用分布法计算产品成本并进行相应的账务处理。

导入案例

小林向厂长汇报工作，他告诉厂长本月生产胚布 100 万米，织布车间耗用棉纱 50 万元，耗用人工等其他费用 20 万元。但是厂长想知道 100 万米胚布具体耗用了棉花、人工等费用各是多少？小林该用什么方法计算呢？

任务一 分步法概述

一、分步法的含义

产品成本计算的分步法，是按照产品的品种及所经生产步骤为成本计算对象，来归集和分配生产费用，计算产品成本的一种方法。

二、分步法的特点

1. 成本计算对象为各种产品的生产步骤和产品品种

如果只生产一种产品，成本计算对象就是该种产成品及其所经过的各生产步骤，产品成本明细账应该按照产品的生产步骤开立。如果生产多种产品，成本计算对象则是各种产成品及其所经的各生产步骤。产品成本明细账应该按照每种产品的各个步骤开立。

2. 产品成本计算定期按月进行

在大量、大批的多步骤生产中，由于生产过程较长，可以间断，而且往往都是跨月陆续完成，因此，成本计算期一般都是按月、定期的进行，即一般同会计报告期相一致，与生产周期不一致。

3. 月末生产费用需要在完工产品与在产品之间进行分配

在月末计算产品成本时，各步骤一般都存在未完工的在产品，这样，为了计算完工产品成本和月末在产品成本，还需要采用适当的分配方法，将归集在生产成本明细账中的生产费用，在完工产品与在产品之间采用适当的方法分配。

4. 上一步骤半成品是下步骤的加工对象

在大量、大批多步骤生产中，由于产品的生产是分步骤进行的，上一步骤生产的半产品是下一步骤的加工对象，因此，要计算各种产品的产成品成本，还需要按照产品品种结转各步骤成本，这是分步法与其他成本计算方法的不同之处，也是分步法的一个重要特点。

三、分步法的适用范围

分步法主要适用于大量大批多步骤，管理上又要求提供步骤成本信息的生产。例如机器制造企业的生产可分为铸造、加工、装配等步骤，冶金企业的生产可分为炼铁、炼钢、轧钢等步骤，纺织企业的生产可分为纺纱、织布、印染等步骤。

四、要求同时计算各种产成品成本和各步骤半成品成本的原因

（1）它是成本计算的需要：有一些半成品为企业几种产品共同耗用，为了分别计算各种产成品的成本，先要计算这些半成品的成本。

（2）它是对外销售的需要：有些企业生产的半成品不完全为企业自用，还经常作为商品对外销售。为了计算外售半成品成本，全面考核和分析商品产品成本计划的执行情况，也要求计算这些半成品的成本。

（3）有的半成品虽然不一定外售，但要进行同行业成本的评比，因而也要计算这种半成品的成本。

（4）它是成本控制的要求：在实行厂内经济责任制的企业，为了有效地控制各生产步骤内部的生产耗费和资金占用水平，也要求计算并在各生产步骤之间结转半成品成本。

五、分步法的种类

在实际工作中，出于成本管理对各生产步骤成本资料的不同要求（即是否需要计算各生产步骤的半产品成本）和简化成本计算工作的考虑，各生产步骤成本的计算和结转，分为逐步结转和平行结转两种方法，因此，分步法相应地分为逐步结转分步法和平行结转分步法两种方法。

任务二 逐步结转分步法

一、逐步结转分步法概述

(一)逐步结转分步法含义

逐步结转分步法亦称顺序结转分步法,它是按照产品加工顺序,逐步计算并结转各步骤半成品的成本,直至最后生产步骤计算出产成品成本的一种成本计算方法,如图7-1所示。采用逐步结转分步法,视企业完工的半成品是否验收入库采取不同的计算程序。并按照半成品转入下一生产步骤基本生产成本明细账的反映方式不同,分为综合结转法和分项结转法。

(二)逐步结转分步法的适用范围

逐步结转分步法一般适宜在半成品品种不多、逐步结转半成品成本的工作量不是很大的情况下,或者半成品的种类较多,但管理上要求提供各个生产步骤半成品成本数据的情况下采用。

(三)逐步结转分步法的特点

(1)半成品的成本要随着半成品的实物转移而结转,能够提供各步骤完整的半成品成本资料。

(2)各步骤"基本生产明细账"归集的费用,包括本步骤自身发生的费用和上一步骤完工的半成品成本。

(3)逐步结转分步法下的在产品是狭义的在产品,不包括各步骤已完工的半成品,只包括在各个步骤加工中的在产品。

(4)逐步结转法实际上就是品种法的多次连续应用。即在采用品种法计算上一步骤的半成品成本以后,按照下一步骤的耗用数量转入下一步骤成本;下一步骤再一次采用品种法归集所耗半成品的费用和本步骤其他费用,计算其半成品成本;如此逐步结转,直至最后一个步骤算出产成品成本。

(四)逐步结转分步法的计算程序

在逐步结转分步法下,各步骤所耗用的上一步骤半成品的成本,要随着半成品实物的转移,从上一步骤的产品成本明细账转入下一步骤相同产品的产品成本明细账中,以便逐步计算各步骤的半成品成本和最后步骤的产成品成本。

逐步结转分步法的核算程序取决于半成品实物的流转程序。半成品实物的流转程序有两种情况。

1. 半产品不通过仓库收发,不设半成品仓库而直接在各步骤间转移

在这种情况下,逐步结转分步法的产品成本计算程序是:首先计算第一步骤半成品成本,然后随半成品实物转移,将其成本转入第二步骤产品成本明细账,再加上第二步骤所发生的费用,计算第二步骤半成品成本,依次逐步累计结转,直到最后步骤计算出产成品成本为止。

其核算程序如图7-1所示。

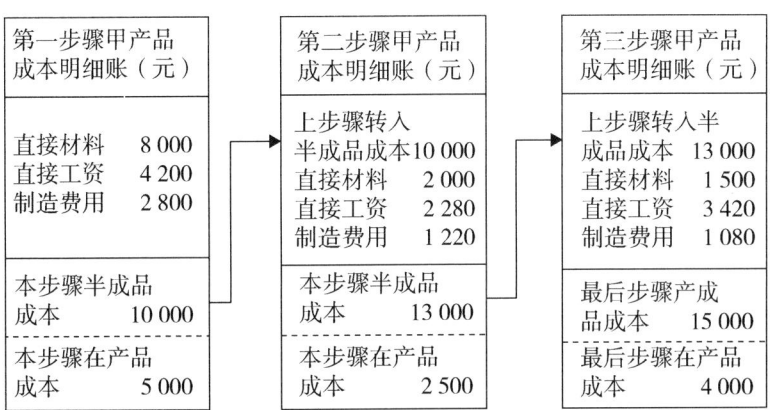

图7-1　逐步结转分步法的计算程序示意图（不通过半成品仓库）

2. 半成本通过仓库收发，而间接在各步骤间传递。

在这种情况下，成本核算的基本步骤与上述半成品不通过仓库收发基本相同，惟一差别是：在各步骤设立"自制半成品明细账"核算各步骤半成品的收、发、存情况。其核算程序如图7-2所示。

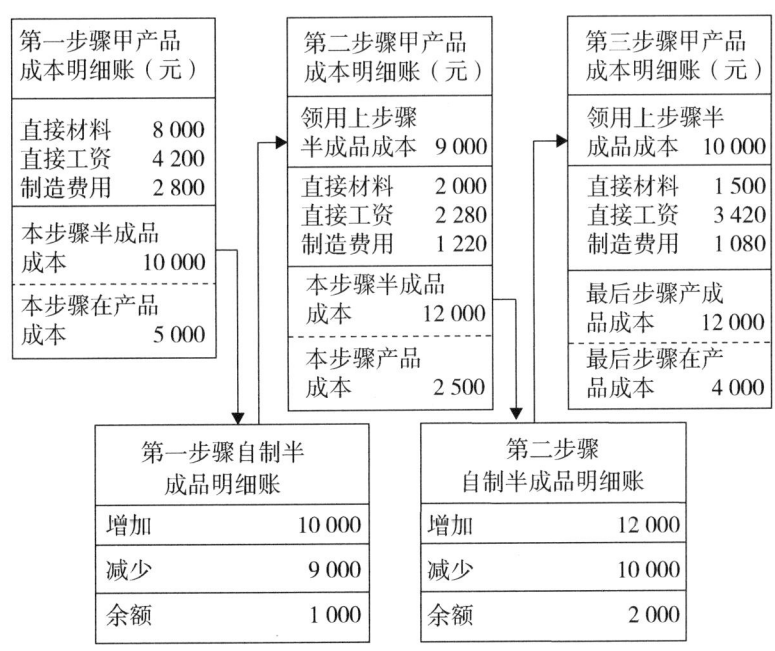

图7-2　逐步结转分步法的计算程序示意图（通过半成品仓库）

（五）逐步结转分步法的种类

逐步结转分步法按照结转的半成品成本在下一步骤产品成本明细账中的反映方法，分为综合结转法和分项结转法。

二、综合结转法

综合结转法是将各生产步骤耗用上一步骤的半成品成本，以一个合计的金额综合记入各该步骤产品成本明细账中的"直接材料"或专设的"半成品"项目。半成品成本的综合结转可以按实际成本结转，也可以按计划成本结转。因此，综合结转法又可分为按实际成本综合结转法和按计划成本综合结转法两种。

（一）按实际成本综合结转

采用这种结转方法，各步骤所耗上一步骤的半成品费用，应根据所耗半成品的实际数量乘以半成品的实际单位成本计算。由于各月所产半成品的实际单位成本不同，因而所耗半成品实际单位成本的计算，可根据企业的实际情况，选择使用先进先出法、加权平均法等方法。

（二）按计划成本综合结转

采用这种结转方法，半成品日常收发的明细核算均按计划成本计价；在半成品实际成本计算出来后，再计算半成品差异额和差异率，调整领用半成品计划成本。而半成品收发的总分类核算则按实际成本计价。

与按实际成本综合结转半成品成本方法相比较，按计划成本综合结转半成品成本具有明显的两个主要优点：其一，可以简化和加速半成品核算和产品成本计算工作；其二，便于各步骤进行成本的考核和分析。

（三）综合结转法成本还原

所谓成本还原，按返工艺顺序进行，就是从最后一个步骤起，把各步骤所耗上一步骤半成品的综合成本，逐步分解、还原成原材料、直接人工和制造费用等原始成本项目，从而求得按原始成本项目反映的产成品成本资料。成本还原一般通过成本还原计算表进行。

采用综合结转法结转半成品成本，各步骤所耗半成品的成本是以"半成品"或"直接材料"项目综合反映，这样计算出来的产成品成本，不能提供按原始成本项目反映的成本资料，因而不能反映产品成本的实际构成和水平。因此，为了从整个企业角度分析和考核产品成本的构成，应将按综合结转法计算出的产成品成本进行成本还原，即将产成品成本还原为按原始成本项目反映的成本。

进行成本还原的方法有两种：

1. 按上一生产步骤所产半成品成本结构进行成本还原

该方法是将本月产成品耗用上步骤半成品的成本，按照上一步骤完工半成品各成本项目占全部成本的比重进行成本还原，计算公式如下：

直接材料还原率（比重）＝上步骤完工半成品直接材料的金额÷上步骤完工半成品成本合计

直接人工还原率（比重）＝上步骤完工半成品直接人工的金额÷上步骤完工半成品成本合计

制造费用还原率（比重）＝上步骤完工半成品制造费用的金额÷上步骤完工半成品成本合计

还原为上一步骤某成本项目（直接材料、直接人工、制造费用）金额＝各项目还原率（比重）×产成品成品中所耗用半成品综合成本

2. 按所耗半成品综合成本占完工半成品总成本的倍数进行还原

（1）计算公式如下：

还原分配率＝本月产成品所耗上一步骤半成品成本合计÷本月上步骤所产该种半成品成本合计

还原为上一步骤某成本项目（直接材料、直接人工、制造费用）金额＝还原分配率×上步骤所产半成品某对应成本项目（直接材料、直接人工、制造费用）金额。

（2）以还原分配率分别乘以本月所产该种半成品各个成本项目的费用，即可将本月产成品所耗半成品的综合成本，按照本月所产该种半成品的成本构成进行分解、还原，求得按原始成本项目反映的还原对象成本。还原以后的各项费用之和等于还原对象，应与产成品所耗半成品费用相抵销。

（3）将各步骤还原后的"直接材料""直接人工"、"制造费用"分别相加，即为按原始成本项目反映的还原后的产成品总成本。

（四）综合结转法的优缺点

优点：可以在各生产步骤的产品成本明细账中反映各步骤完工产品所耗半成品费用的水平和本步骤加工费用的水平，有利于各个生产步骤的成本管理。

缺点：为了从整个企业的角度反映产品成本的构成，加强企业综合的成本管理，必须进行成本还原，从而要增加核算工作量。因此，这种结转方法只适宜在半成品具有独立的国民经济意义、管理上要求计算各步骤完工产品所耗半成品费用，但不要求进行成本还原的情况下采用。

（五）综合结转法应用举例

【例7-1】 某工厂设有三个基本生产车间，大量生产甲产品。甲产品顺序经过三个车间进行生产。第一车间生产 A 半成品，完工后全部交给第二车间继续加工；第二车间生产 B 半成品，完工后全部交给半成品仓库；第三车间从半成品仓库领出 B 半成品继续加工，完工后即为甲产品，全部交产成品仓库。

该厂以生产的甲产品及其所经过生产步骤的半成品（A、B 两种半成品）为成本核算对象。生产成本明细账按成本核算对象开设，即分为甲产品（第三车间）、B 半成品（第二车间）和 A 半成品（第一车间）三个，并按直接材料、直接人工和制造费用三个成本项目设专栏组织核算。该厂设置"自制半成品"账户，下设明细账核算 B 半成品的收入、发出和结存情况。没有经过半成品仓库收发的 A 半成品，不通过"自制半成品"账户核算。该厂各生产步骤所产半成品，按实际成本综合结转。半成品仓库发出的 B 半成品采用加权平均法计算其实际成本。

该厂各生产步骤（车间）完工产品和月末在产品之间的费用分配，均采用约当产量法。甲产品原材料在第一车间生产开始时一次投入；第二车间、第三车间领用的半成品，也在各生产步骤生产开始时投入。各步骤在产品完工率分别为 30%、50% 和 60%。

该厂 6 月份生产的有关记录如下。

（1）有关产量资料如表 7-1 所示。

表 7-1　生产数量记录

产品：甲产品　　　　　　　　　　　　　　　　　　　　单位：件

摘要	一车间	二车间	三车间
月初在产品	70	90	30
本月投入或上步转入	180	150	200
本月完工转入下步或入库	150	200	180
月末在产品	100	40	50

（2）有关费用资料见表 7-2 所示。

表 7-2　生产费用记录

产品：甲产品　　　　　　　　　　　　　　　　　　　　单位：元

项目		直接材料	半成品	直接人工	制造费用	合计
月初在产品成本	一车间	3 500		1 400	600	5 500
	二车间		6 600	1 800	1 600	10 000
	三车间		7 100	1 200	500	8 800
本月生产费用	一车间	9 000		4 000	3 000	16 000
	二车间			7 000	5 000	12 000
	三车间			3 000	1 600	4 600

（3）6 月初，半成品库结存 B 半成品 30 件，实际总成本为 4 800 元。

要求：根据上述资料，编制各步骤成本计算单，采用综合结转法计算各步骤半成品成本及产成品成本。计算过程如下。

（1）完成第一车间半成品成本明细账并列示计算过程。

将生产费用在 A 半成品和月末在产品之间进行分配：

$$单位半成品直接材料成本 = \frac{3\ 500 + 9\ 000}{150 + 100} = 50\ （元/件）$$

完工 A 半成品直接材料成本 = 150×50 = 7 500（元）

月末在产品直接材料成本 = 100×50 = 5 000（元）

$$单位半成品直接人工成本 = \frac{1\ 400 + 4\ 000}{150 + 100 \times 30\%} = 30\ （元/件）$$

完工 A 半成品直接人工成本 = 150×30 = 4500（元）

月末在产品直接人工成本 = 100×30%×30 = 900（元）

$$单位半成品制造费用 = \frac{600 + 3\ 000}{150 + 100 \times 30\%} = 20\ （元/件）$$

完工 A 半成品制造费用 = 150×20 = 3 000（元）

月末在产品制造费用 = 100×30%×20 = 600（元）

根据以上计算结果登记第一车间产品成本明细账，见表7-3。

表7-3　第一车间半成品成本明细账

项目	直接材料	直接人工	制造费用	合计
月初在产品成本	3 500	1 400	600	5 500
本月生产费用	9 000	4 000	3 000	16 000
合计	12 500	5 400	3 600	21 500
本月完工产品数量（件）	150	150	150	×
月末在产品约当产量（件）	100	30	30	×
约当总产量（件）	250	180	180	×
单位完工产品成本（元/件）	50	30	20	100
完工产品总成本（元）	7 500	4 500	3 000	15 000
月末在产品成本（元）	5 000	900	600	6 500

（2）完成第二车间半成品成本明细账并列示计算过程。

将生产费用在B半成品和月末在产品之间进行分配：

单位B半成品负担的A半成品成本 $=\dfrac{6\,600+15\,000}{200+40}=90$（元/件）

完工B半成品负担的A半成品成本 $=200×90=18\,000$（元）

月末在产品负担的A半成品成本 $=40×90=3\,600$（元）

单位B半成品直接人工成本 $=\dfrac{1\,800+7\,000}{200+40×50\%}=40$（元/件）

完工B半成品直接人工成本 $=200×40=8\,000$（元）

月末在产品直接人工成本 $=40×50\%×40=800$（元）

单位B半成品制造费用 $=\dfrac{1\,600+5\,000}{200+40×50\%}=30$（元/件）

完工B半成品制造费用 $=200×30=6\,000$（元）

月末在产品制造费用 $=40×50\%×30=600$（元）

根据以上计算结果登记第二车间产品成本明细账，见表7-4。

表7-4　第二车间半成品成本明细账

项目	半成品	直接人工	制造费用	合计
月初在产品成本	6 600	1 800	1 600	10 000
本月生产费用	15 000	7 000	5 000	27 000
合计	21600	8 800	6 600	37 000
本月完工产品数量（件）	200	200	200	×
月末在产品约当产量（件）	40	20	20	×

续表7-4

项目	半成品	直接人工	制造费用	合计
约当总产量（件）	240	220	220	×
单位完工产品成本（元/件）	90	40	30	160
完工产品总成本（元）	18 000	8 000	6 000	32 000
月末在产品成本（元）	3 600	800	600	5 000

（3）完成第三车间产品成本明细账并列示计算过程。

B 半成品的加权平均单位成本 $= \dfrac{4\,800+32\,000}{30+200} = 160$（元）

产成品车间领用 B 半成品 200 件的总成本 $= 200 \times 160 = 32\,000$（元）

将生产费用在产成品和月末在产品之间进行分配：

单位产成品负担的 B 半成品成本 $= \dfrac{32\,000+7\,100}{180+50} = 170$（元/件）

完工产成品负担的 B 半成品成本 $= 180 \times 170 = 30\,600$（元）

月末在产品负担的 B 半成品成本 $= 50 \times 170 = 8\,500$（元）

单位产成品直接人工成本 $= \dfrac{1\,200+3\,000}{180+50 \times 60\%} = 20$（元/件）

完工产成品直接人工成本 $= 180 \times 20 = 3\,600$（元）

月末在产品直接人工成本 $= 50 \times 60\% \times 20 = 600$（元）

单位产成品制造费用 $= \dfrac{1\,600+500}{180+50 \times 60\%} = 10$（元/件）

完工产成品制造费用 $= 180 \times 10 = 1\,800$（元）

月末在产品制造费用 $= 50 \times 60\% \times 10 = 300$（元）

根据以上计算结果登记第三车间产品成本明细账，见表7-5。

表 7-5 第三车间半产品成本明细账

项目	半成品	直接人工	制造费用	合计
月初在产品成本	7 100	1 200	500	8 800
本月生产费用	32 000	3 000	1 600	36 600
合计	39 100	4 200	2 100	45 400
本月完工产品数量（件）	180	180	180	×
月末在产品约当产量（件）	50	30	30	×
约当总产量（件）	230	210	210	×
单位完工产品成本（元/件）	170	20	10	200
完工产品总成本（元）	30 600	3 600	1 800	36 000
月末在产品成本（元）	8 500	600	300	9 400

（4）对甲产品成本进行成本还原。

方法一：各步骤半成品综合成本按上步骤所产半成品中各成本项目的比重还原。

①对产成品所耗第二车间 B 半成品成本（30 600 元）进行还原。

1）计算第二车间半成品各成本项目比重

$$半成品成本比重 = \frac{18\ 000}{32\ 000} = 0.5\ 625$$

$$直接人工成本比重 = \frac{8\ 000}{32\ 000} = 0.25$$

$$制造费用比重 = \frac{6\ 000}{323\ 000} = 0.1\ 875$$

2）还原

还原为第一车间 A 半成品成本 = 30 600×0.5 625 = 17 212.5（元）

还原为直接人工成本 = 30 600×0.25 = 7 650（元）

还原为制造费用 = 30 600×0.1 875 = 5 737.5（元）

②对产成品所耗第一车间 A 半成品成本（17 212.5 元）进行还原

1）计算第一车间半成品各成本项目比重

$$直接材料成本比重 = \frac{7\ 500}{15\ 000} = 0.5$$

$$直接人工成本比重 = \frac{4\ 500}{15\ 000} = 0.3$$

$$制造费用比重 = \frac{3\ 000}{15\ 000} = 0.2$$

2）还原

还原为直接材料成本 = 17 212.5×0.5 = 8 606.25（元）

还原为直接人工成本 = 17 212.5×0.3 = 5 163.75（元）

还原为制造费用 = 17 212.5×0.2 = 3 442.5（元）

上述计算过程和结果可通过成本还原表进行，见表 7-6。

表 7-6 产成品成本还原计算表（方法一）

单位：元

摘要	第二车间 B 半成品	第一车间 A 半成品	直接材料	直接人工	制造费用	合计
还原前产成品成本	30 600			3 600	1 800	36 000
第二车间半成品各成本项目比重	$\frac{18\ 000}{32\ 000} = 0.5625$			$\frac{8\ 000}{32\ 000} = 0.25$	$\frac{6\ 000}{32\ 000} = 0.1875$	1.00

续表7-6

摘要	第二车间B半成品	第一车间A半成品	直接材料	直接人工	制造费用	合计
第二车间半成品成本（30600元）还原	−30 600	17 212.5		7 650	5 737.5	0
第一车间半成品各成本项目比重		$\dfrac{7\,500}{15\,000}=0.5$		$\dfrac{4\,500}{15\,000}=0.3$	$\dfrac{3\,000}{15\,000}=0.2$	1.00
第一车间半成品成本（17212.5元）还原		−17 212.5	8 606.25	5 163.75	3 442.5	0
还原后产成品成本			8 606.25	16 413.75	10 980	36 000

方法二：按所耗产品占上步骤该半成品成本的比重还原。

①对产成品所耗第二车间B半成品成本（30 600元）进行还原

还原分配率 $=\dfrac{30\,600}{32\,000}=0.95\,625$

还原为第一车间A半成品成本 $=18\,000\times0.95\,625=17\,212.5$（元）

还原为直接人工成本 $=8\,000\times0.95\,625=7\,650$（元）

还原为制造费用 $=6\,000\times0.95\,625=5\,737.5$（元）

②对产成品所耗第一车间A半成品成本（17 212.5元）进行还原

还原分配率 $=\dfrac{17\,212.5}{15\,000}=1.1475$

还原为直接材料成本 $=7\,500\times1.1\,475=8\,606.25$（元）

还原为直接人工成本 $=4\,500\times1.1\,475=5\,163.75$（元）

还原为制造费用 $=3\,000\times1.1\,475=3\,442.5$（元）

上述计算过程和结果可通过成本还原表进行，见表7-7。

表7-7　产成品成本还原计算表（方法二）

单位：元

摘要	还原分配率	第二车间B半成品	第一车间A半成品	直接材料	直接人工	制造费用	合计
还原前产成品成本		30 600			3 600	1 800	36 000
第二车间B半成品成本				18 000	8 000	6 000	32 000

续表7-7

摘要	还原分配率	第二车间B半成品	第一车间A半成品	直接材料	直接人工	制造费用	合计
第二车间半成品成本（30 600元）还原	0.95 625	-30 600	17 212.5		7 650	5 737.5	0
第一车间A半成品成本				7500	4 500	3 000	15 000
第一车间半成品成本（17 212.5元）还原			-17 212.5	8 606.25	5 163.75	3 442.5	0
还原后产成品成本				8 606.25	16 413.75	10 980	36 000

三、分项结转法

分项结转法的特点是将各步骤所耗用的上一步骤半成品成本，按照成本项目分项转入各该步骤产品成本明细账的各个成本项目中。分项结转，可以按照半成品的实际成本结转，也可以按照半成品的计划成本结转，然后按成本项目分项调整成本差异。由于后一种做法计算工作量较大，因而一般多采用按实际成本分项结转的方法。

（一）分项结转法的计算程序，如图7-3所示

（1）根据上一步骤产品成本明细账，以及半成品交库单和半成品领用单登记自制半成品明细账。

（2）根据各种生产费用分配表、半成品领用单、自制半成品明细账、产成品交库单和本步骤在产品的有关资料，登记本步骤产品成本明细账。

（二）分项结转法的优缺点

1. 优点

采用分项结转法结转半成品成本，可以直接、正确地提供按原始成本项目反映的企业产品成本资料，便于从整个企业的角度考核和分析产品成本计划的执行情况，不需要进行成本还原。

2. 缺点

这一方法的成本结转工作比较复杂，而且在各步骤完工产品成本中看不出所耗上一步骤半成品费用是多少，本步骤加工费用是多少，不便于进行各步骤完工产品的成本分析。

（三）分项结转法的适用范围

分项结转法一般适用在管理上不要求计算各步骤完工产品所耗半成品费用和本步骤加工费用，而要求按原始成本项目计算产品成本的企业。

（四）分项结转法应用举例

【例7-2】某企业甲产品经过三个车间连续加工制成，一车间生产A半成品，直接转

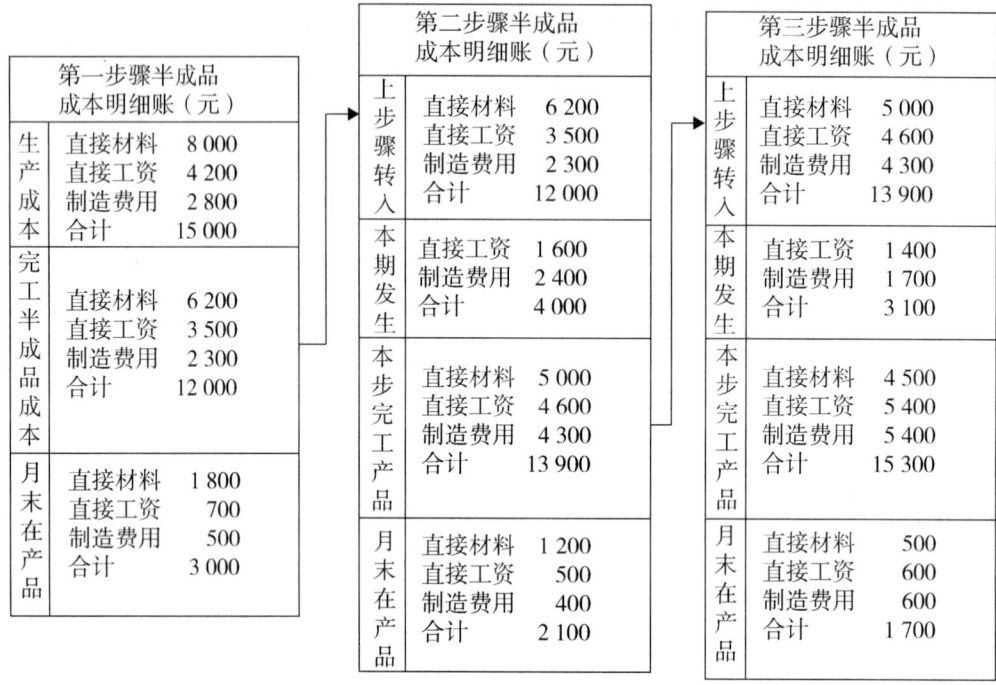

图 7-3　分项结转法成本计算程序

入二车间加工制成 B 半成品，B 半成品直接转入三车间加工成甲产成品。原材料于生产开始时一次投入，各车间月末在产品完工率均为 50%。各车间生产费用在完工产品和在产品之间的分配采用约当产量法。

本月各车间产量资料见表 7-8（单位：件）。

表 7-8　产量记录表

项目	一车间	二车间	三车间
月初在产品数量	20	50	40
本月投产数量或上步转入	180	160	180
本月完工产品数量	160	180	200
月末在产品数量	40	30	20

各车间月初及本月费用资料见表 7-9（单位：元）。

表 7-9　车间费用表　　　　　　　　　　　　　　　　　　　　单位：元

摘要		直接材料	直接人工	制造费用	合计
一车间	月初在产品成本	1 000	60	100	1 160
	本月生产费用	18 400	2 200	2 400	23 000

续表7-9

摘要		直接材料	直接人工	制造费用	合计
二车间	月初在产品成本		200	120	320
	本月生产费用		3 200	4 800	8 000
三车间	月初在产品成本		180	160	340
	本月生产费用		3 450	2 550	6 000

要求：采用分项结转分步法计算各步骤半成品成本及产成品成本。

解答：见表7-10~表7-12。

表 7-10　第一车间成本计算单

产品名称：A 半成品　　　　　　　　　　　　　　　　　　　　　　　单位：元

摘要	直接材料	直接人工	制造费用	合计
月初在产品成本	1 000	60	100	1 160
本月发生费用	18 400	2 200	2 400	23 000
费用合计	19 400	2 260	2 500	24 160
完工半成品产量	160	160	160	
月末在产品约当产量	40	20	20	
约当产量合计	200	180	180	
单位成本	97	12.56	13.89	123.45
完工产品成本	15 520	2 009.6	2 222.4	19 752
月末在产品成本	3 880	250.4	277.6	4 408

表 7-11　第二车间成本计算单

产品名称：B 半成品　　　　　　　　　　　　　　　　　　　　　　　单位：元

摘要	直接材料	直接人工	制造费用	合计
月初在产品成本		200	120	320
本月本步骤加工费用		3 200	4 800	8 000
本月耗用上步骤半成品费用	15 520	2 009.6	2 222.4	19 752
费用合计	15 520	5 409.6	7 142.4	28 072
完工半成品产量	180	180	180	
月末在产品约当产量	30	15	15	
约当产量合计	210	195	195	
单位成本	73.9	27.74	36.63	138.27
完工产品成本	13 302	4 993.2	6 593.4	24 888.6

续表7-11

摘要	直接材料	直接人工	制造费用	合计
月末在产品成本	2 218	416.4	549	3 183.4

表7-12　第三车间成本计算单

产品名称：甲产品　　　　　　　　　　　　　　　　　　　　　　　　　　单位：元

摘要	直接材料	直接人工	制造费用	合计
月初在产品成本		180	160	340
本月本步骤加工费用		3 450	2 550	6 000
耗用上步骤半成品	13 302	4 993.2	6 593.4	24 888.6
合计	13 302	8 623.2	9 303.4	31 228.6
完工产成品产量	200	200	200	
月末在产品约当产量	20	10	10	
约当产量合计	220	210	210	
单位成本	60.46	41.06	44.3	145.82
完工产品成本	12 092	8 212	8 860	29 164
月末在产品成本	1 210	411.2	443.4	2 064.6

（五）逐步结转分步法的优缺点

1. 优点

（1）能够提供各个生产步骤的半成品成本资料。

（2）能为在产品的实物管理和生产资金管理提供资料。

（3）能全面反映各步骤完工产品中所耗上一步骤半成品费用水平和本步骤加工费用水平，有利于各步骤的成本管理。采用分项结转法结转半成品成本时，可以直接提供按原始成本项目反映的产品成本资料，满足企业分析和考核产品构成和水平的需要，而不必进行成本还原。

2. 缺点

（1）这一方法的核算工作比较复杂，核算工作的及时性也较差。

（2）如果采用综合结转法，需要进行成本还原；如果采用分项结转法，结转的核算工作量较大，两者都增大了核算工作量。

任务三　平行结转分步法

一、平行结转分步法含义

在采用分步法的大量、大批多步骤生产的企业中，为了简化和加速成本计算工作，在计算产品成本时，可以不计算各步骤所产半成品成本，也不计算各步骤所耗上一步骤的半成品成本（即各步骤之间不结转所耗半成品成本），只计算本步骤所发生的各项生产费用以及这些费用中应计入产成品成本的"份额"。然后，将各步骤应计入同一产成品成本的份额平行结转、汇总，即可计算出该种产品的产成品成本。这种平行结转各步骤成本的方法，称为平行结转分步法，或称不计算半成品成本分步法。

二、平行结转分步法的特点

1. 采用这一方法，各生产步骤不计算半成品成本，只计算本步骤所发生的生产费用。

2. 采用这一方法，各步骤之间也不结转半成品成本，只是在企业的产成品入库时，才将各步骤费用中应计入同一产成品成本的份额从各步骤产品成本明细账中转出，从"基本生产成本"科目的贷方转入"库存商品"科目的借方。因此，采用这一方法，不论半成品是在各步骤之间直接转移，还是通过半成品库收发，都不通过"自制半成品"科目进行总分类核算。也就是说，半成品成本不随半成品实物转移而结转。

3. 采用平行结转分步法，每一生产步骤的生产费用也要在其完工产品与月末在产品之间进行分配。

这里的在产品是指尚未产成的全部在产品和半成品，包括：（1）尚在本步骤加工中的在产品，即狭义在产品；（2）本步骤已完工转入半成品库的半成品；（3）已从半成品库转到以后各步骤进一步加工、尚未最后产成的产品。

三、平行结转分步法的适用范围

平行结转分步法一般只适宜在半成品种类较多，逐步结转半成品成本的工作量较大，管理上又不要求提供各步骤半成品成本资料的情况下采用，特别是半成品不对外销售的大批大量装配式多步骤生产企业，这类企业各道工序均是平行生产最终产成品所需各种部件和零件（半成品），最后一道生产工序总装成企业最终产成品。

四、平行结转分步法的基本计算程序

1. 按产品和加工步骤设置成本明细账，各步骤成本明细账分别按成本项目归集本步骤发生的生产费用（但不包括耗用上一步骤半成品的成本）。

2. 月末将各步骤归集的生产费用在产成品与广义在产品之间进行分配，计算各步骤费用中应计入产成品成本的份额，在这种方法下，"产成品"是企业最终可以作为商品对外销售的产成品；"广义在产品"是该步骤狭义月末在产品数量加该步骤已经完工仍然留存在半成品库和后续各步骤但尚未最终制成产成品的半成品。

3. 将各步骤费用中应计入产成品成本的份额按成本项目平行结转，汇总计算产成品的总成本及单位成本。

平行结转分步法的基本计算程序见图7-4。

（五）平行结转法应用举例

平行结转分步法下，企业最终完工产品成本是各步骤应计入产品成本"份额"的累计金额，该份额计算公式如下：

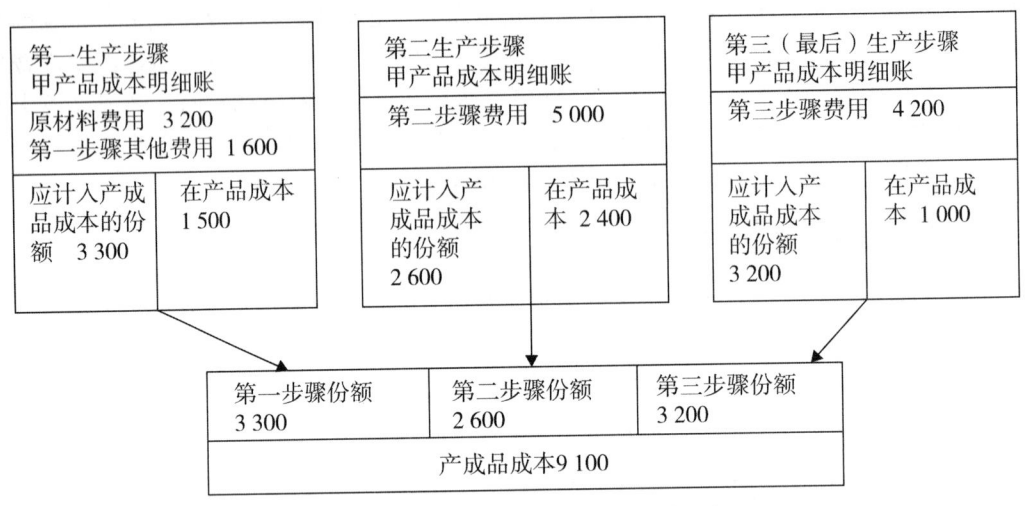

图7-4 平行结转分步法的基本计算程序

某步骤应计入产品成本的份额=最终产成品产量×单位产成品耗用该步骤半成品的数量×该步骤半成品单位成本

公式中"该步骤半成品单位成本"计算方式有"约当产量法""定额比例法""定额成本法"等。现以"约当产量法"做详细介绍。

①该步骤半成品单位成本=（该步骤月初在产品成本+该步骤本月发生生产费用）÷该步骤完工半产品数量

②该步骤完工半产品数量=最终产成品数量+（本步骤月末狭义在产品约当量+该步骤已完工仍留存在半成品库+后续各步骤的月末在产品实际数量）

③该步骤期末在产品成本=该步骤生产费用合计−该步骤已计入产成品成本的份额

【例7-3】某企业设有三个生产车间，大量生产甲产品，各步骤所产半成品直接转入下一生产步骤进行深加工，单位产成品均消耗各生产步骤的半成品一件，原材料在开始生产时一次性投入，各车间在产品完工程度50%，该企业半成品不对外销售，管理上也不要求计算各步骤半成品成本，财务人员根据实际情况，采用平行结转分步法计算产品成本，各步骤生产费用在完工产品与在产品之间采用约当产量法分配，要求计算各步骤计入产品成本的份额，成本明细账按甲产品所经过的三个车间设置。企业2009年10月份有关资料如表7-13和7-14所示。

表7-13 产品生产情况表

单位：件

项目	一车间	二车间	三车间	产成品
月初在产品数量	8	16	18	
本月投产或上车间转入数量	120	90	96	
本月完工或转入下车间数量	90	96	100	100
期末各车间在产品数量	38	10	14	
完工程度	50%	50%	50%	

表 7-14 生产费用表 单位：元

成本项目		直接材料	直接人工	制造费用	合计
一车间	月初在产品成本	4930	1871	920	7721
	本月生产费用	38000	6280	2083	46363
二车间	月初在产品成本		960	660	1620
	本月生产费用		4514	3862	8376
三车间	月初在产品成本		540	620	1160
	本月生产费用		5024	4302	9326

根据上述资料，采用约当产量法计算各车间应计入产成品成本的份额和甲产品成本。约当产量的计算见表 7-15

表 7-15 约当产量计算表

项目	第一生产步骤		第二生产步骤		第三生产步骤	
	投料约当产量	加工约当产量	投料约当产量	加工约当产量	投料约当产量	加工约当产量
最终产成品数量	100					
广义在产品数量	38+10+14=62	19+10+14=43		5+14=19		7
合计	162	143		119		107

甲产品的成本计算单（成本明细账）见表 7-16、7-17、7-18 和表 7-19。

表 7-16 产品成本计算单

生产步骤：第一步骤 201×年 10 月 完工产量：100 件

成本项目	直接材料	直接人工	制造费用	合计
初在产品成本	4930	1871	920	7721
本月生产费用	38000	6280	2083	46363
生产费用合计	42930	8151	3003	54084
完工产品数量	100	100	100	
以后各步骤期末在产品数量	24	24	24	
本步骤期末在产品数量	38	38	38	
投料率/完工程度	100%	50%	50%	
月末在产品约当量	38	19	19	
约当总产量	100+24+38=162	100+24+19=143	100+24+19=143	
费用分配率	42930÷162=265	8151÷143=57	3003÷143=21	343

续表7-16

成本项目	直接材料	直接人工	制造费用	合 计
单位产成品耗用本步骤半成品件数	1	1	1	
计入完工产品成本份额	100×265×1=26500	100×57×1=5700	100×21×1=2100	34300
月末在产品成本	42930−26500=16430	8151−5700=2451	3003−2100=903	19784

表 7-17 产品成本计算单

生产步骤：第二步骤　　　　　　　　201×年10月　　　　　　　　完工产量：100件

成本项目	直接材料	直接人工	制造费用	合 计
月初在产品成本		960	660	1620
本月生产费用		4514	3862	8376
生产费用合计		5474	4522	9996
完工产品数量		100	100	
以后各步骤期末在产品数量		14	14	
本步骤期末在产品数量		10	10	
投料率/完工程度		50%	50%	
月末在产品约当量		5	5	
约当总产量		100+5+14=119	100+5+14=119	
费用分配率		5474÷119=46	4522÷119=38	84
单位产成品耗用本步骤半成品件数		1	1	
计入完工产品成本份额		100×46×1=4600	100×38×1=3800	8400
月末在产品成本		5474−4600=874	4522−3800=722	1596

表 7-18 产品成本计算单

生产步骤：第三步骤　　　　　　　　201×年10月　　　　　　　　完工产量：100件

成本项目	直接材料	直接人工	制造费用	合 计
月初在产品成本		540	620	1160
本月生产费用		5024	4302	9326
生产费用合计		5564	4922	10486
完工产品数量		100	100	
以后各步骤期末在产品数量		0	0	
本步骤期末在产品数量		14	14	

续表7-18

成本项目	直接材料	直接人工	制造费用	合　计
投料率/完工程度		50%	50%	
月末在产品约当量		7	7	
约当总产量		100+0+7=107	100+0+7=107	
费用分配率		5564÷107=52	4922÷107=46	98
单位产成品耗用本步骤半成品件数		1	1	
计入完工产品成本份额		100×52×1=5200	100×46×1=4600	9800
月末在产品成本		5564-5200=364	4922-4600=322	686

表7-19　产品成本汇总表

产品名称：甲产品　　　　　　　　　201×年10月　　　　　　　　完工产量：100件

成本项目	直接材料	直接人工	制造费用	合　计
第一步骤转入份额	26500	5700	2100	34300
第二步骤转入份额		4600	3800	8400
第三步骤转入份额		5200	4600	9800
总成本	26500	15500	10500	52500
单位成本	265	155	105	525

（六）平行结转法的优缺点

平行结转分步法的优点：

（1）采用这一方法，各步骤可以同时计算产品成本，然后将应计入完工产品成本的份额平行结转汇总计入产成品成本，不必逐步结转半成品成本，从而可以简化和加速成本计算工作。

（2）采用这一方法，一般是按成本项目平行结转汇总各步骤成本中应计入产成品成本的份额，因而能够直接提供按原始成本项目反映的产品成本资料，不必进行成本还原，省去了大量烦琐的计算工作。

平行结转分步法的缺点：

（1）不能提供各步骤半成品成本资料及各步骤所耗上一步骤半成品费用资料。

（2）由于各步骤间不结转半成品成本，使半成品实物转移与费用结转脱节，因而不能为各步骤在产品的实物管理和资金管理提供资料。

同步测试题

一、单选题

1. 管理上不要求计算各步骤完工半成品所耗半成品费用和本步骤加工费用，而要求按原始成本项目计算产品成本的企业，采用分步法计算成本时，应采用（　　　）。

A. 综合结转法 　　　　　　　　　　　　B. 分项结转法

C. 按计划成本结转法 　　　　　　　　　D. 平行结转法

2. 平行结转分步法各步骤的费用（　　　）。

A. 包括本步骤的费用和上步骤转入的费用两部分

B. 只包括本步骤的费用不包括上一步骤转入的费用

C. 第一步骤包括本步骤的费用，其余各步骤均包括上一步骤转入的费用

D. 最后步骤包括本步骤的费用，其余各步骤均包括上一步骤转入的费用

3. 下列可采用分步法计算产品成本的企业是（　　　）。

A. 造船厂 　　　　　　　　　　　　　　B. 发电厂

C. 重型机器厂 　　　　　　　　　　　　D. 纺织厂

4. 需要进行成本还原所采用的成本计算方法是（　　　）。

A. 品种法 　　　　　　　　　　　　　　B. 平行结转分步法

C. 逐步结转分步法（综合结转） 　　　　D. 逐步结转分步法（分项结转）

5. 在大量大批多步骤生产的企业里，当半成品种类较多，管理上又不要求提供各个步骤半成品成本资料的情况下，成本计算可采用（　　　）。

A. 综合逐步结转分步法

B. 分项逐步结转分步法

C. 综合逐步结转（按实际成本结转）分步法

D. 平行结转分步法

二、多选题

1. 分步法的特点是（　　　）。

A. 不按产品的批别计算产品成本 　　　B. 按产品的批别计算产品成本

C. 按产品的生产步骤计算产品成本 　　D. 不按产品的生产步骤计算产品成本

E. 按产品的批别和步骤计算产品成本

2. 用逐步结转分步法需要提供各个步骤半成品成本资料的原因是（　　　）。

A. 各生产步骤的半成品既可以自用，也可以对外销售

B. 半成品需要进行同行业的评比

C. 产成品不需要进行同行业的评比

D. 一些半成品为几种产品所耗用

E. 适应实行厂内经济核算或责任会计的需要

3. 用平行结转分步法计算产品成本时，其主要优点在于(　　　)。

A. 各步骤可以同时计算产品成本

B. 能够提供各个步骤的半成品成本资料

C. 能够直接提供按原始成本项目反映的产品成本资料，不必进行成本还原

D. 能为各生产步骤在产品的实物管理和资金管理提供资料

E. 能够全面反映各该步骤产品的生产耗费用水平

4. 下列企业中，一般采用分步法进行成本计算的企业是（　　　）。

A. 冶金企业 　　　　　　　　　　　　B. 纺织企业

C. 造纸企业　　　　　　　　　　　D. 化工企业

E. 发电企业

5. 逐步结转分步法，按照结转的半成品成本在下一步骤产品成本明细账中的反映方法，可分为(　　　)。

A. 平行结转法　　　　　　　　　　B. 按实际成本结转法

C. 按计划成本结转法　　　　　　　D. 综合结转法

E. 分项结转法

三、判断题

1. 分步法计算产品成本，按步骤设置的成本明细账，可能与实际的生产步骤一致，也可能于实际的生产步骤不一致。(　　　)

2. 平行结转分步法的完工产品为每步骤完工的半成品，在产品为各步骤尚未加工完成的在产品和各步骤已完工但尚未最终完成的产品。(　　　)

3. 采用逐步结转分步法计算成本时，各步骤的费用由两部分组成，一部分是本步骤发生的费用，另一部分是上一步骤转入的半成品成本。(　　　)

4. 采用平行结转分步法计算产品成本时，需要进行成本还原。(　　　)

5. 采用平行结转分步法进行成本计算时，各生产步骤的费用既包括本步骤发生的费用，也包括上一步骤转入的费用。(　　　)

四、计算题

1. 某企业200×年6月份生产甲产品，该产品顺序经过第一、二、三加工步骤，第一步骤投入原材料后生产A半成品，交第二步骤生产B半成品，再交第三步骤加工成甲产成品，原材料在第一步骤开始生产时一次投入，各步骤的加工程度逐步发生，各步骤月末在产品的完工程度均为50%，该企业采用综合逐步结转分步法计算产品成本，自制半成品通过半成品库收发，发出自制半成品的计价采用加权平均法。

(1) 产量资料

单位：元

项　目	月初在产品	本月投入	本月完工	月末在产品
第一步骤	50	300	240	110
第二步骤	30	250	200	80
第三步骤	80	190	250	20

(2) 期初在产品成本

单位：元

项目	直接材料	自制半成品	直接人工	制造费用	合计
第一步骤	3 500		690	1 400	5 590
第二步骤		4 190	430	1 380	6 000

续表

项目	直接材料	自制半成品	直接人工	制造费用	合计
第三步骤		18 250	7 100	3 950	29 300
合计	3 500	22 440	8 220	6 730	40 890

（3）期初库存：A 半成品月初库存 60 件，实际成本 8700 元，B 半成品月初无库存。

（4）本月生产费用：

单位：元

项　目	直接材料	直接人工	制造费用	合　计
第一步骤	28 000	5 800	9 810	43 610
第二步骤		10 850	10 620	21 470
第三步骤		21 500	19 450	40 950
合计	28 000	38 150	39 880	106 030

要求：用综合逐步结转分步法计算产品成本，完成以下基本生产成本明细账，并编制相应的会计分录。

第一步骤　基本生产成本明细账

车间名称：第一步骤　　　　　　　　工产量：240 件
产品名称：A 半成品　　　　　　　　200×年 6 月　　　　　　　　单位：元

项目	直接材料	直接人工	制造费用	合计
月初在产品成本				
本月生产费用				
合计				
单位产品成本				
完工半成品成本				
月末在产品成本				

半成品明细分类账

名称：A 半成品　　　　　　　　　　　　　　　　　　　　　　　　单位：元

摘要	收入			发出			结存		
	数量/件	单价	金额	数量/件	单价	金额	数量/件	单价	金额
期初余额									
一车间交库									
二车间领用									

第二步骤　基本生产成本明细账

车间名称：第二步骤　　　　　　完工产量：200 件
产品名称：B 半成品　　　　　　200×年 6 月　　　　　　　　　单位：元

项目	自制半成品	直接人工	制造费用	合计
月初在产品成本				
本月生产费用				
合计				
单位产品成本				
完工半成品成本				
月末在产品成本				

半成品明细分类账

名称：B 半成品　　　　　　　　　　　　　　　　　　　　　　单位：元

摘要	收入			发出			结存		
	数量/件	单价	金额	数量/件	单价	金额	数量/件	单价	金额
期初余额									
二车间领用									
三车间领用									

第三步骤　基本生产成本明细账

产品名称：甲产成品　　　　　　200×年 6 月　　　　　　　　　单位：元

项目	自制半成品	直接人工	制造费用	合计
月初在产品成本				
本月生产费用				
合计				
单位产品成本				
完工半成品成本				
月末在产品成本				

2. 某企业有三个基本生产车间，大量生产乙产品，其生产过程是：原材料在第一车间一次性投入，并将原材料加工成 A 半成品；第二车间将 A 半成品加工成 B 半成品；第三车间将 B 半成品加工成乙产品。各车间没有半成品库存。200×年 6 月各车间的产量记录和成本资料见下表。

（1）产量记录：

单位：元

项　目	计量单位	第一车间	第二车间	第三车间
月初在产品	件	60	160	140
本月投产	件	1 040	980	1 020
本月完工	件	980	1 020	1 060
月末在产品	件	120	120	100
完工程度		60%	50%	40%

（2）成本资料

单位：元

成本项目		直接材料	直接人工	制造费用	合计
第一车间	月初在产品成本	11 160	1 440	1 700	14 300
	本月发生费用	148 340	23 808	24 600	196 748
第二车间	月初在产品成本	15 080	7 400	9 760	32 240
	本月发生费用		46 600	85 280	131 880
第三车间	月初在产品成本	12 040	5 600	7 000	24 640
	本月发生费用		24 100	24 900	49 000

（3）要求：用分项逐步结转分步法计算产品成本，编制各车间基本生产成本明细账：

第一车间基本生产成本明细账

车间名称：第一车间　　　　　完工产量：980 件
产品名称：A 半成品　　　　　200×年 6 月　　　　　　单位：元

项目	直接材料	直接人工	制造费用	合计
月初在产品成本				
本月生产费用				
合计				
单位产品成本				
完工半成品成本				
月末在产品成本				

第二车间基本生产成本明细账

车间名称：第二车间　　　　　完工产量：1 020 件
产品名称：B 半成品　　　　　200×年 6 月　　　　　　单位：元

项目	直接材料	直接人工	制造费用	合计
月初在产品成本				

续表

项目	直接材料	直接人工	制造费用	合计
上步骤转入费用				
本月生产费用				
合计				
单位产品成本				
完工半成品成本				
月末在产品成本				

第三车间基本生产成本明细账

车间名称：第三车间　　　　　　　完工产量：1 060 件
产品名称：乙半成品　　　　　　　200×年 6 月　　　　　　　　单位：元

项目	直接材料	直接人工	制造费用	合计
月初在产品成本				
上步骤转入费用				
本月生产费用				
合计				
单位产品成本				
完工半成品成本				
月末在产品成本				

3. 某工厂生产 B 产品，分两个生产步骤连续加工，直接材料在第一步骤开始时一次投入，成本计算采用平行结转分步法。两个步骤的完工产品"份额"和广义在产品之间的费用分配，均采用定额比例法。第一步骤直接材料成本按直接材料定额费用比例分配，第一步骤和第二步骤的工资及制造费用，都按定额工时比例分配。2003 年 3 月份有关资料如下：

（1）第一步骤和第二步骤的定额资料：

单位：元

项目	第一步骤		第二步骤	
	完工产品	在产品	完工产品	在产品
直接材料定额费用(元)	30 000	6 000		
定额工时(工时)	22 000	8 000	4 500	1 200

（2）月初在产品成本：

单位：元

生产步骤	直接材料	直接人工	制造费用	合计
第一步骤	5 200	3 100	3 400	11 700
第二步骤		504	480	984

（3）本月发生的生产费用

单位：元

生产步骤	直接材料	直接人工	制造费用	合计
第一步骤	29 000	9 500	10 400	48 900
第二步骤		3 600	3 339	6 939

（4）本月完工产量：500 吨

要求：用平行结转分步法计算产品成本，编制产品成本明细账和完工产品计算单，并编制相应的会计分录。

①根据有关费用资料，登记各步骤产品成本明细账。

产品成本明细账

第一步骤：B 产品　　　　　　　　　　2003 年 3 月　　　　　　　　　　单位：元

项目		直接材料	直接人工	制造费用	合计
月初在产品成本					
本月生产费用					
生产费用合计					
分配率					
应计入产成品成本"份额"	定额				
	实际				
月末在产品成本	定额				
	实际				

产品成本明细账

第二步骤：B 产品　　　　　　　　　　2003 年 3 月　　　　　　　　　　单位：元

项目		直接材料	直接人工	制造费用	合计
月初在产品成本					
本月生产费用					
生产费用合计					
分配率					
应计入产成品成本"份额"	定额				
	实际				

续表

项目		直接材料	直接人工	制造费用	合计
月末在产品成本	定额				
	实际				

②根据各步骤产品成本明细账，登记产品成本汇总表。

产品成本汇总表

产品名称：B　　　　　　2003 年 3 月　　　　　　产量：500 吨　　　　　　单位：元

成本项目	第一步骤"份额"	第二步骤"份额"	总成本	单位成本
直接材料				
直接人工				
制造费用				
合计				

③根据产成品成本汇总表和产成品入库单，编制产成品入库的会计分录。

项目八 产品成本计算的辅助方法

1. 产品成本计算分类法的特点、含义、适用范围。
2. 分类法的程序和计算方法：系数分配法中系数的确定、分配计算的方法；定额法分配率的计算、分配方法。
3. 联产品及副产品成本计算。
4. 产品成本计算定额法的特点、含义、适用范围。
5. 定额法的程序和计算方法：定额成本的计算；脱离定额差异的计算；材料成本差异的分配；定额变动差异的计算及产品实际成本的计算。

知识目标

1. 了解分类法的特点，熟悉分类法的适用范围。
2. 了解联产品、副产品和等级产品的成本计算方法。
3. 了解定额法的适应范围及特点，掌握定额法的计算程序。

技能目标

1. 能够根据企业此安排特点选择合适的成本计算方法。
2. 能够运用系数法、定额比例法进行类内产品成本的核算。
3. 能够运用定额法进行产品成本的核算。

导入案例

上海大华食品厂是一家大型的食品生产商，主要食品包括面包（如卫星包、小餐包、三文治包、法国面包条等）、饼干（如淮盐梳打饼、威化饼、香葱薄饼、朱古力手指饼等）及蛋糕（如柠檬雪芳蛋糕、朱古力雪芳蛋糕、香橙雪芳蛋糕、瑞士卷）等产品，该厂拥有24小时的生产线，产品所需的原料都按配料比例耗用。该厂为各种食品制定了精确的消耗定额和费用定额，食品的生产周期短，月末在产品数量不多，原材料占全部生产成本的60%。该厂应选用哪种成本计算方法呢？

任务一　产品成本计算的分类法

一、分类法概述

(一)分类法的含义

产品成本计算的分类法,是以产品类别作为成本核算对象来归集生产费用,计算出各类产品实际成本,再在类内产品之间进行成本分配,计算出类内各种产品生产成本的方法。一些工业企业生产的产品,品种、规格繁多,如果不同品种、规格的产品可以按照一定标准进行分类,采用分类法可以简化成本计算工作。

分类法是品种法的延伸,实际上分类法就是把类别作为品种,按品种法计算出各类产品成本后,再按照一定方法将每类产品的总成本在大类中各种产品之间进行分配,从而计算出各种产品成本,它不是一种独立的成本计算方法。

(二)分类法的特点

1. 按照产品的类别开设成本计算单

采用分类法计算产品成本时,要根据产品所用原材料、生产工艺技术过程、主副产品的不同,把产品分为若干类,按照产品类别开设产品成本明细账,归集和分配生产费用,计算各类产品成本。

2. 在类内各种产品之间进行成本分配

采用分类法计算产品成本时,以产品类别作为成本核算对象,计算出各类产品成本后,还应选择适当的方法,进一步在类内各种产品之间进行分配,计算类内各种产品的成本。

3. 只能同基本方法结合使用

分类法不是成本计算的基本方法,而是一种辅助方法,它必须与品种法、分批法、分步法三种基本方法结合使用。采用分类法时,成本计算期的确定、生产费用在本月完工产品和月末在产品之间的分配等,都取决于它所依托的成本计算的基本方法。

4. 分类法计算结果有一定假定性

在分类过程中,产品的分类和类内各品种、规格产品的成本划分,都带有一定的主观因素。因此,产品的分类和类内各品种、规格产品成本划分的分配标准选择是否恰当,是采用分类法进行成本计算并保证其结果相对正确的关键。

(三)分类法的适用范围

分类法一般适用于产品品种、规格、型号繁多,又可以按照一定标准划分为若干类别的企业或车间。包括同类产品、联产品以及副产品等的成本计算,都可以采用分类法。

1. 同类产品

同类产品是指产品的结构、性质、用途以及使用的原材料、生产工艺过程等大体相同,规格和型号不一的产品。例如,灯泡厂生产的白炽灯归为一类产品、日光灯管归为一类、路灯归为一类,针织厂生产的体恤衫归为一类、运动裤归为一类、手套归为一类。

2. 联产品

联产品是指企业用同样的原材料,在同一个生产过程中生产出性质和用途均不同的多种产品。当这些产品都是企业主要产品时,则称这些产品为联产品。例如,炼油企业在同一生产过程中将原油加工提炼，生产出来的汽油、煤油和柴油就属于联产品。

3. 副产品

在生产主产品的过程中，还会附带生产出一些非主要产品，这些非主要产品有它们特定的用途，可以部分或全部出售或自用，这种附带产生的产品称作副产品。例如洗煤生产中产生的煤泥，就是副产品。主副产品之间的成本划分，可以运用分类法的原理。

有些工业企业，有时会生产出品种相同，但质量不同的产品。如果这些产品的结构，所用的原材料和工艺过程完全相同，产品质量上的差别是由于工人操作造成的，这些产品称为等级产品。不同等级产品的单位成本，应该是相同的，不能将分类法的原理应用到这些产品的成本计算中去，即不能按照等级产品的不同售价为不同等级的产品确定不同的单位成本。如果不同质量的产品，是由于内部结构，所用原材料的质量或工艺技术上的要求不同而产生的，那么，这些产品应是同一品种不同规格的产品，可以归为一类，采用分类法计算成本。

有些工业企业，除了生产主要产品以外，还可能生产一些零星产品，这些零星产品，虽然内部结构，所耗原材料和工艺过程不一定完全相近，但是它们的品种，规格多，而且数量少，费用比重小。为了简化成本计算工作，这些零星产品也可以归为几类，采用分类法计算成本。

二、分类法的计算程序

（1）按所用原材料和工艺不同，将产品划分为若干类，按产品类别作为成本计算对象，设置产品成本明细账，归集生产费用。其中，直接费用直接计入，间接费用采用适当的方法分配计入。

（2）根据企业生产的特点和成本管理的要求，选择恰当的成本核算方法（品种法、分批法、分步法），将各生产费用在各类产品之间进行分配，计算出各类完工产品总成本。

（3）选择一定的分配标准将各类完工产品总成本在类别内部的各种产品之间进行分配，计算出各种产品的总成本和单位成本。

分类法的成本计算程序见图8-1。

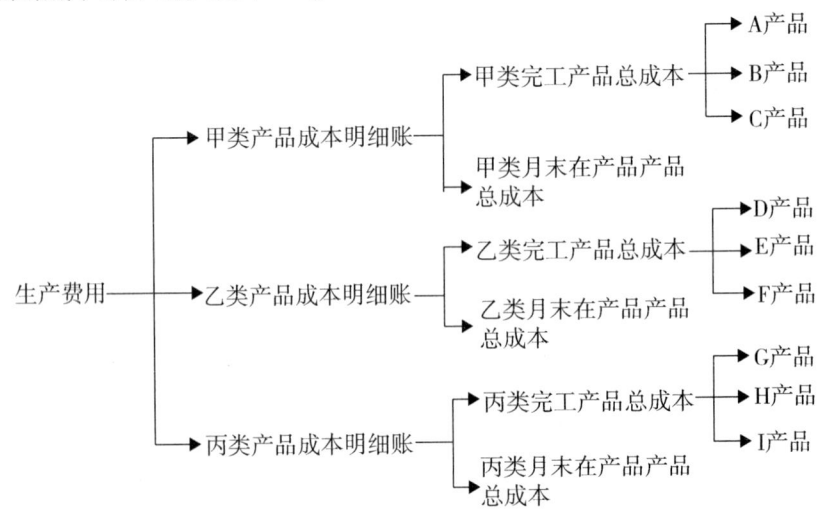

图8-1 分类法的成本计算程序

三、类内产品费用的分配方法

类内产品费用的分配标准是否合理，是影响各种产品成本计算是否准确的关键。在选择分配标准时，应保证所选择的标准与产品成本变动密切相关的指标作为分配标准，如质量、体积、定额消耗量、计划成本、定额成本等。各成本项目可以采用同一分配标准分配；也可以按照成本项目的性质，分别采用不同的分配标准，使分配结果更加合理。例如，直接材料费用可以按照直接材料定额消耗量或直接材料定费用比例进行分配，直接人工等其他费用可以按照定额工时比例进行分配。分配标准一经确定不应经常变动，以保证核算结果的可比性。

在分类法下，按系数将类别产品总成本在产成品和在产品之间，以及在产成品中各种产品间进行分配的方法，简称系数法。为了简化分配工作，在实际工作中，可以在同类产品中选择一种产量较大、生产比较稳定或者规格适中的产品作为标准产品，将其系数定为1，其他产品的分配标准额（量）与标准产品的分配标准额（量）的比率，就是该种产品的系数。如不发生大的变化，产品系数一般固定，各产品的产量乘以其系数就是该产品的标准产量。这种按照标准产量比例在类内各产品间分配费用的方法，因为建立在固定的产品系数之上，称为系数分配法。

【例8-1】某企业采用分类法进行产品成本计算，B类产品分为甲、乙、丙三个品种，甲为标准产品。类内费用分配的方法是原材料按定额费用系数为标准。其他费用按定额工时比例分配。B类完工产品总成本为480 920元，其中直接材料为269 700元，直接工资为96 760元，制造费用为114 460元。产量及定额资料如表8-1。

表8-1 产量及定额资料

品名	产量	单位产品原材料费用定额	单位产品工时定额
甲	400件	240元	20小时
乙	600件	312元	15小时
丙	300件	216元	22小时

要求：填制B类产品系数计算表及B类产品成本计算单。

（1）B类产品系数计算表如表8-2。

表8-2 B类产品系数计算表

品名	原材料费用	
	单位产品定额（元）	系数
甲	240	1
乙	312	1.3
丙	216	0.9

（2）填制B类产品成本计算单如表8-3：

表8-3　B类产品成本计算单　　　　　　　　　　　　　　单位：元

项目	产量	原材料费用系数	原材料费用总系数	工时定额	定额工时	直接材料	直接工资	制造费用	合计
分配率						186	4.1	4.85	
甲	400	1	400	20	8 000	74 400	32 800	38 800	146 000
乙	600	1.3	780	15	9 000	145 080	36 900	43 650	225 630
丙	300	0.9	270	22	6 600	50 220	27 060	32 010	109 290
合计			1 450		23 600	269 700	96 760	114 460	480 920

根据计算表编制会计分录如下。

借：库存商品——甲产品　　　　　　　　　　　　　146 000

　　　　　——乙产品　　　　　　　　　　　　　225 630

　　　　　——丙产品　　　　　　　　　　　　　109 290

　　贷：基本生产成本——B类　　　　　　　　　　　　480 920

四、联产品、副产品成本的计算

不同的企业生产工艺不同，如有些企业用同样的原材料，在同一个生产过程中能生产出性质和用途均不同的多种产品。当这些产品都是企业主要产品时，则称这些产品为联产品。在生产主产品的过程中，还会附带生产出一些非主要产品，这些非主要产品有它们特定的用途，可以部分或全部出售或自用，这种附带产生的产品称作副产品。

由于联产品和副产品是在同一生产过程中产生的，于是就存在共同发生的生产费用在联产品和副产品之间分配的问题，以及联产品内部各产品之间生产费用的分配的问题。

（一）联产品成本的计算

1. 联产品成本计算的特点

（1）产品是生产过程中使用同一种原材料生产出来的，价值相同，但其性质和用途却不相同。

（2）各种联产品均为主要产品，是制造活动的主要目标，是企业收入的主要来源。

（3）只要生产出联产品的一种，就必须同时生产出所有的产品，对产出的各种产品的相对数量，生产者极少或根本无法控制。

2. 联产品成本计算的方法

联产品从原材料投入，经过同一生产后，在"分离点"被划分成为不同的产品。

联产品在分离前不可能按照联产品中的每一种产品归集生产费用，计算各种产品成本。必须把联产品作为一类产品，归集分离前所发生的各类耗费，计算联产品的总成本。这一成本称为"联合成本"。然后，再采用适当的分配标准，分配给各种联产品，从而计算出每一种联产品的成本。联产品的分离点是指在联产品生产中，投入相同的原料，经过同一生产过程，分离为各种联产品的时点。

联产品成本计算的关键是"联合成本"的分配，常用的分配方法如下。

（1）实物量分配法

实物量分配法是按分离点上各种联产品的重量、容积等比例来分配联合成本的一种方法。这种方法计算成本简便，但也存在缺点，因为成本与实物量不一定同比例变化。因此仅适用于产品特征、销售单价相近的联产品的成本分配。

【例8-2】某企业本期生产甲产品2 000千克，乙产品3 000千克，成本总额51 000元，按实物量比例分配如表8-4所示。

表8-4   联合成本按实物量分配表

20××年×月

产品名称	产量（千克）	分配率	联合成本分配（元）	单位成本（元/千克）
甲产品	2 000		20 400	10.2
乙产品	3 000	51 000/5 000＝10.2	30 600	10.2
合计	5 000		51 000	

（2）相对销售收入分配法

相对销售价值分配法是按照各种联产品的销售收入比例来分配联合成本的方法。这种方法认为联产品是同时产出的，从销售中获得收益，理应在各种产品之间按比例进行分配，即售价较高的联产品应成比例地负担较高份额的联合成本，售价较低的联产品应成比例地负担较低份额的联合成本。

这种方法可以弥补按实物量分配法分配联产品成本出现虚盈虚亏的缺点，但也不够准确，因为成本与售价不一定同比例变化。一般适用于分离后不再加工，而且价格波动不大的联产品成本计算。

【例8-3】承【例8-2】，假定甲产品的售价为12元，乙产品的售价为15元。联合成本按相对销售收入分配如表8-4所示。

表8-5   联合成本按相对销售价值分配表

20××年×月

产品名称	产量（千克）	销售单价（元/千克）	销售收入	分配率	联合成本分配（元）	单位成本（元/千克）
甲产品	2 000	12	24 000		17 739	8.87
乙产品	3 000	15	45 000	51 000/69 000＝0.7391	33 261	11.09
合计	5 000		69 000		51 000	

（3）系数分配法

系数分配法是指将联产品的实际产量按事先规定的系数折算为标准产量，并据以分配联合成本的一种方法。用系数分配法分配联合产品的联合成本，其正确程度往往取决于系数的制定是否恰当。在实际工作中，企业常常综合考虑技术特征（如重量、体积、质量

等）和经济指标（如定额成本、售价等）标准制定综合系数，系数一经确定，须保持相对稳定。

（4）可变现净值法

可变现净值法是指将联合成本按分离点上各产品可实现价值的比例进行分配。可实现价值是指将联产品的最终销售价格扣除其分离后进一步加工的成本的余额。这样分配法主要适用于在分离后需进一步加工的联产品成本的计算。

（二）副产品成本的计算

有些工业企业，在生产主要产品的过程中，还会附带生产出一些非主要产品，这些非主要产品可称为副产品。副产品不是企业的主要产品，但它们却有一定的价值和用途。如在钢铁生产过程中所产生的炉渣、原油加工过程中产生的沥青等。

1. 副产品的特点

（1）副产品与联产品一样是利用同一原材料在同一生产过程中生产出来的产品，但副产品经济价值低，市场售价也相对低廉，是企业的次要产品。

（2）与联产品一样，对产出的副产品的相对数量，生产者同样极少能够控制。

（3）联产品与副产品的划分并不绝对，随着客观条件的变化，它们也可以相互转化。

2. 副产品成本的计算

副产品成本的计算采用分类法的原理，将主副产品合并为一类，设置产品成本计算单，用以归集费用、计算成本；将副产品按照一定的方法计价，从总成本中扣除，以扣除后的成本作为主要产品的成本。

副产品的计价方法主要有两种：

一是按照售价减去销售税金和合理的销售利润后的余额计价，对于分离后不再加工的副产品，如果价值相对较大，应以副产品的销售价格作为计价依据，扣除销售费用、销售税金和正常利润后的金额，倒挤计算出副产品应负担的联合成本；

副产品应负担的联合成本＝销售收入－（销售费用+销售税金+销售利润）

二是按照副产品的固定价格计价，从总成本的原材料项目中扣除。若副产品价值很低（相对于主要产品），也可以不负担联合成本，其销售收入作为其他业务收入处理。

对于分离后需进一步加工才能出售的副产品，如果其价值较小，可以不负担分离前发生的任何成本，而只把分离后进一步加工的成本，作为副产品的成本。但如果其价值相对较高，则副产品的计价在方法1的基础上要再扣除进一步加工所发生的可归属成本，以保证主产品成本计算的合理性。

【例8-4】某企业生产甲、乙两种产品，其中甲是主产品、乙为副产品。2010年5月份甲产品产量为30 000千克，乙产品产量为500千克。乙产品成本采用计划成本计算，并从总成本原材料项目中扣除，乙产品计划单位成本1元，5月份的生产费用情况见成本计算单(见表8-6)，月末在产品只计算原材料费用。

表8-6 产品成本计算单

产品：甲 　　　　　　　　　　2010 年 5 月 　　　　　　　　　产量：3 000 千克

项目	数量	成本项目			
		直接材料	直接人工	制造费用	合计
月初在产品成本	1 800	3 600 元			3 600 元
本月生产费用		58 910	15 000	3 000	76 910
扣减乙产品成本		−500			−500
合计		62010	15 000	3 000	80010
完工产品成本	30 000	58500	15 000	3 000	76500
单位成本		1.95	0.5	0.1	2.55
月末在产品成本	1 800	3 510			3 510

采用分类法计算产品成本，不仅能够简化成本计算工作，而且能够在产品品种、规格繁多的情况下分类掌握产品成本的情况。但是，由于对类内各种产品成本的计算，都是按一定的分配标准按比例进行分配的，计算结果有一定的假定性。因此在分类法下，产品的分类和分配标准（或系数）的选定是否适当是一个关键性的问题。在产品的分类上，应以所耗原材料和工艺技术过程是否相近为标准。因为，所耗原材料和工艺技术过程相近的各种产品，成本水平也往往接近。在对产品分类时，类距不能定得过小，使成本计算工作复杂化；也不能定得过大，造成成本计算上的"大锅烩"，影响成本计算的正确性。在产品结构、所耗原材料或工艺技术发生较大变化时，应及时修订分配系数，或另选分配标准，以保证成本计算的正确性。

由于副产品价值相对较低，而且在全部产品生产过程中所占的比重较小，因而在分配主要产品和副产品的联合成本时，通常先确定副产品的成本，然后直接从联合成本中扣除副产品的成本就是主产品的成本了。因此分配主副产品联合成本的关键是确定副产品的成本，副产品成本计算的关键是副产品按什么标准进行计价的问题，如果副产品计价过高，就会将主产品成本转移到副产品成本中，相反，如果副产品计价过低，就会将副产品成本转移到主产品成本中。

五、等级产品的成本核算

等级产品是指使用相同的原材料，经过相同的生产过程生产出来的品种相同、但质量不同的产品。如纺织品、陶瓷制品的生产常有等极品产生。等级产品质量上的差异一般是在允许的使用范围之内，这些差异一般不影响产品的正常使用，所有等极品都是合格品。但各等极品质量存在差异，因此不同等级的产品其售价也不相同。

等级产品成本的计算方法，应视等级产品造成的原因而定。等级产品产生的原因通常有两种：

（一）如果等级产品是由于工人操作不当、技术不熟练等主要原因造成的，应采用实物量分配法计算各等级产品的成本，以使计算出来的各登记产品的大那位成本相同。因为在此等级产品的生产过程中，产品耗用的原材料是相同的、经过的生产过程也是相同，所以生产出来的各等级产品的单位成本也应该是相同的。

（二）如果等级产品是由于耗用的原材料质量不同，或目前生产技术水平限制等客观原因造成的，例如对原棉进行加工，由于受棉花质量限制，加工出不同售价的成品棉。这些情况一般应采用售价比例分配法，根据等级产品的单位售价确定分配系数，按系数比例来分配各等级产品应承担的联合成本，以便对各等级产品确定不同的单位成本。这样，耗用优质原材料生产出的等级高、售价高的产品负担较多的成本，耗用质量一般原材料生产出的等级低、售价低的产品负担较少的成本。

【例8-5】海西集团下属的建福公司第四分厂 2019 年 11 月生产丙产品，在生产中出现不同等级质量的产品。本月生产的丙产品实际产量为 750 件，其中：一等品 200 件；二等品 400 件；三等品 150 件。各种等级的丙产品的市场售价为：一等品售价 24 元；二等品售价 15 元；三等品售价 12 元。本月丙产品的总成本为 10 080 元（本例为了简化成本计算，不分成本项目计算）。

根据以上资料，进行丙产品的各等级品成本计算：

1. 假设不同质量等级的丙产品，是由于目前生产技术水平、工艺技术条件和原材料质量等客观原因所造成的，采用系数分配法计算各等级品成本。成本计算结果如下，见表8-7。

表8-7　丙产品的等级品成本计算单（系数分配法）

2019 年 11 月　　　　　　　　　　　　　　　　　　　金额：元

产品等级	实际产量	系数	标准产量	分配率	各等级产品总成本	各等级产品单位成本
一等品	200	1.6	320		3 840	19.20
二等品	400	1	400		4 800	12.00
三等品	150	0.8	120		1 440	9.60
合计	750		840	12	10 080	

备注：确定一等品为标准产品，系数定为"1"，按各等级产品的售价计算二等品、三等品的系数为：二等品系数 = 24÷15 = 1.6；三等品系数 = 12÷15 = 0.8。

根据表的等级品成本计算单和产品入库单，编制会计分录如下：

借：库存商品——丙产品（一等品）　　　　　　　　　　　3 840

　　　　　　——丙产品（二等品）　　　　　　　　　　　4 800

　　　　　　——丙产品（三等品）　　　　　　　　　　　1 440

　　贷：生产成本——基本生产成本——丙产品　　　　　　10 080

2. 如果不同质量等级的产品，是由于违规操作，或者技术不熟练等主观原因所造成的，采用实物量分配法计算各等级品成本。成本计算结果如下，见表8-8。

表 8-8　丙产品的等级品成本计算单（实物量分配法）

2019 年 11 月　　　　　　　　　　　　　　　　金额：元

产品等级	实际产量	分配率	各等级产品总成本	各等级产品单位成本
一等品	200		2 688	13.44
二等品	400		5 376	13.44
三等品	150		2 016	13.44
合计	750	13.44	10 080	

根据表 8-8 的等级品成本计算单和产品入库单，编制会计分录如下：

借：库存商品——丙产品（一等品）　　　　　　　　　　　2 688

　　　　——丙产品（二等品）　　　　　　　　　　　5 376

　　　　——丙产品（三等品）　　　　　　　　　　　2 016

　　贷：生产成本——基本生产成本——丙产品　　　　　　10 080

任务二　产品成本计算的定额法

一、定额法概述

（一）定额法的含义

定额法，是以产品的定额成本为基础，加减实际脱离现行定额的差异、材料成本差异和定额变动差异，计算产品实际成本的一种方法。实际成本的计算公式如下：

产品实际成本=定额成本+脱离定额差异+材料成本差异+定额变动差异

1. 定额成本

定额成本是指根据企业现行材料消耗定额、工时定额、费用定额及其他有关资料计算的一种目标成本。它既反映企业在现有的生产技术条件下应该达到的成本水平，也是衡量成本超支或节约的尺度。

2. 脱离定额差异

脱离定额差异是指生产过程中各项生产费用的实际支出与现行定额的差异，简称定额差异。它标志着生产费用支出的合理程度，反映现行定额差异的执行情况。及时、正确地核算和分析生产费用脱离定额的差异，控制生产费用的支出，是定额法的关键。脱离定额差异的计算包括直接材料脱离定额差异的计算、直接人工脱离定额差异的计算、制造费用脱离定额差异的计算。

3. 材料成本差异

材料成本差异是因为在定额法下，材料的日常核算必须以计划成本计价，从而产生的材料实际成本与计划成本之间的差异。这项差异反映了所耗原材料的价差，只有将其分配计入产品成本，才能最终求出产品实际成本。原材料项目的脱离定额差异，只指消耗数量

的差异，其金额为原材料消耗数量差异与其计划单位成本的乘积，不包括材料成本差异。

4. 定额变动差异

定额变动差异是由于修订定额后，在新旧定额成本之间产生的差额，它与生产费用支出的节约或浪费无关，是定额本身变动的结果，标志着生产技术和生产组织等方面的改善对定额的影响程度，与定额差异是截然不同的。企业年度内修订定额一般在月初进行，在有定额变动的月份，本月投入产品的定额成本是按新定额计算的，只有月初在产品的定额成本是按旧定额计算的。因此，定额变动差异是指月初在产品账面定额成本与按新定额计算的定额成本之间的差异。

（二）定额法的特点

（1）定额法把成本计划、成本核算、成本分析和控制有机地结合起来，不仅便于及时进行成本分析，而且能有效地进行成本控制，有利于挖掘企业潜力，不断降低产品成本。

（2）定额法根据计划和定额先计算定额成本，再分别计算脱离定额差异和定额变动差异。这样既便于根据定额成本按比例分配完工产品和月末在产品之间的费用，又有利于提高计划和定额管理工作。

（3）定额法的实行，必须具备一定条件，即产品生产已经定型，产品结构及工艺基本稳定，定额基础制度比较健全，各项定额管理工作的基础较好。

（4）定额法不是一种独立的成本计算方法，它与企业的生产类型无直接关系，只是为了加强成本控制和简化成本核算而采用的一种辅助的成本计算方法。它必须与品种法、分步法、分批法等基本计算方法相结合使用。

（三）定额法的适用范围

定额法与生产类型没有直接关系，无论何种生产类型，只要具备下列条件，都可采用定额法计算产品成本。

（1）企业的定额管理制度比较健全，定额管理工作基础较好。

（2）产品的生产已经定型，消耗定额比较准确、稳定。

二、成本计算定额法的程序

（一）计算产品定额成本

采用定额法计算产品成本，必须首先制定产品的原材料、工时等消耗定额，并根据各项消耗定额和原材料的计划单价、计划直接人工费用率（计划每小时直接人工成本）、计划制造费用率（计划每小时制造费用）等资料，计算产品的各项费用定额和产品的单位定额成本。定额成本与计划成本既有相同支出，也有不同之处。

1. 相同之处

二者都是以产品生产耗费的消耗定额和计划价格确定的目标成本，其计算公式均为：

原材料费用定额＝产品原材料消耗定额×原材料计划单价

生产工资费用定额＝产品生产工时定额×计划小时工资率

其他费用定额＝产品生产工时定额×计划小时费用率

2. 不同之处

计算计划成本的消耗定额是计划期内平均消耗定额，也称为计划定额，在计划期内通常不变。定额成本的消耗定额则是现行消耗定额，它应随着技术进步和劳动生产率提高不断修订。

计划成本一般是国家或上级机构对企业下达的指令性指标；企业可以不制订计划成本。定额成本则是企业自行制订的，是企业对当时的产品成本进行自我控制和考核的依据。

产品的定额成本一般由企业的计划、技术、会计等部门共同制订。

若产品的零、部件不多，一般先计算零件定额成本，然后再汇总计算部件和产品的定额成本。零部件定额成本还可作为在产品和报废零、部件计价的依据。

若产品的零部件较多，可不计算零件定额成本，直接计算部件定额成本，然后汇总计算产品定额成本。或者根据零部件的定额卡和原材料单价、计划的工资率和计划的制造费用率等，直接计算产品定额成本。

（二）计算脱离定额差异

脱离定额差异是指生产过程中各项生产费用的实际支出与现行定额的差异，简称定额差异。它标志着生产费用支出的合理程度，反映现行定额差异的执行情况。及时、正确地核算和分析生产费用脱离定额的差异，控制生产费用的支出，是定额法的关键。脱离定额差异的计算包括直接材料脱离定额差异的计算、直接人工脱离定额差异的计算、制造费用脱离定额差异的计算。

1. 原材料脱离定额差异的计算

直接材料脱离定额差异是指生产过程中产品实际耗用材料数量与其定额耗用量之间的差异。其计算公式如下：

$$直接材料脱离定额差异 = \sum\left[\left(材料实际耗用量 - 材料定额耗用量\right) \times 该材料计划单价\right]$$

在实际工作中，计算直接材料脱离定额差异，一般使用限额法、切割核算法和盘存法。在每种方法下，将材料的实际耗用量与定额耗用量进行比较，计算出原材料脱离定额的差异。但应注意的是，如果材料是随生产进度陆续投入，在产品还需耗用原材料，那么公式中的期末在产品数量应折算为约当产量。

（1）限额法

所谓限额法，就是车间向仓库领料采用限额领料制度。在该制度下，凡符合定额的原材料应根据限额领料单领发，凡超过限额的领发或领用代用材料，又未办理追加限额手续的，则应另行填制差异凭证。差异凭证的签发必须经过一定的审批手续。代用材料的领用、废料的利用等还应经过技术部门的鉴定，并从原定限额内扣除。代用材料超过或少于原规定材料的数量，才作为定额差异。若车间月末有余料，还应办理退料手续。退料单也应视为差异凭证，它与限额领料单中的原材料余料一样，都是脱离定额的节约差异。

只有投产产品数量等于规定产品数量，且车间无期初、期末余料时或期初、期末余料相等时，领料差异就是用料脱离定额的差异。但在实际生产过程中，车间中往往还有期初、期末余料，并且余料的数量期初、期末不一定一致，此时限额领料单规定的领料限额不一定是原材料的定额消耗量，限额领料单所记的实际领料数也就不一定是原材料的实际消耗量，两者的差异也就不一定是用料脱离定额的差异。原材料的耗用量可以通过以下公

式调整：

材料实际耗用量=材料期初结存量+本期领用量-本期退料量-材料期末结存量

【例8-6】 某限额领料单规定的产品数量为 2 000 件，每件产品原材料消耗定额 10 千克，则领料限额 20 000 千克，本月实际领料 19 200 千克，领料差额为 800 千克。假设有三种情况：

（1）本期产品数量 2 000 件，且期初、期末无余料，则少领 800 千克是用料节约差异；

（2）本期产品数量仍为 2 000 件，但期初余料 400 千克，期末余料 480 千克，则

原材料定额消耗量 = 2 000×10 = 20 000（千克）

原材料实际消耗量 = 19 200+400-480 = 19 120（千克）

原材料脱离定额的差异 = 19 120-20 000 = -880（千克）（节约差）

（3）本期产品数量 1 800 件，且期初余料 400 千克，期末余料 480 千克，则

原材料定额消耗量 = 1 800×10 = 18 000（千克）

原材料实际消耗量 = 19 200+400-480 = 19 120（千克）

原材料脱离定额的差异 = 19 120-18 000 = +1 120（千克）（超支差）

在定额法下，材料的领用应该实行限额领料（或定额发料）制度，符合定额的原材料应根据限额领料单等定额凭证领发。由于增加产量，需要增加用料时，在追加限额手续后，也可以根据定额凭证领发。由于其他原因发生的超额用料或代用材料的用料，则应填制专设的超额领料单、代用材料领料单等差异凭证，经过一定的审批手续后领发。

在每批生产任务完成后，应根据车间余料编制退料手续，退料单也是一种差异凭证。退料单中的原材料数额和限额领料单中的原材料余额，都是原材料脱离定额的节约差异。

在此应当特别指出，原材料脱离定额差异是产品生产中实际用料脱离现行定额而形成的差异，而限额法不能完全控制用料，上述凭证所反映的差异往往只是领料差异，而不一定是用料差异。因为，投产的产品数量不一定等于规定产品的数量；所领原材料的数量也不一定等于原材料的实际消耗量，也就是说，期初或期末车间可能有余额。

（2）切割法

在分批组织生产的企业对于某些经常大量使用或贵重材料通常是通过下料车间切割后才能使用，例如板材、棒材等，这时可采用专设的材料切割核算凭证"材料切割核算单"来核算材料脱离定额的差异。

【例8-7】 某企业本月原材料库房发出材料——电缆线 600 米，切割成某机床配套电源线 175 根，每根消耗定额为 3.3 米，每米电缆线计划单价 5 元，则定额差异为：

定额耗用量：175×3.3 = 577.5 米

材料定额差异：数量 600-577.5 = 22.5 米（超支）

金额 22.5×5 = 112.5 元（超支）

材料切割核算单，应按切割材料的批别开立，在单中要填明发交切割材料的种类、数额、消耗定额和应切割成的毛坯数量。切割完毕后，要填写实际切割成的毛坯数量和实际耗量；然后根据实际切割成的毛坯数量和消耗定额，即可求得材料定额消耗量，再将此与材料实际消耗量相比较，即可确定脱离定额差异。材料定额消耗量、脱离定额差异，以及

发生差异的原因均应填入单中，并由主管人员签证。

采用材料切割法核算单进行切割的核算，能及时反映材料的使用情况和发生差异的具体原因，有利于加强对材料消耗的控制和监督。

（3）盘存法

在不能按照分批核算原材料脱离定额差异的情况下，可采用盘存法核算差异。其基本做法是：

第一，定期对在产品进行盘存，确定在产品数量。

第二，根据产量凭证所列完工产品数量及盘存在产品数量，计算产品投产数量。其公式为：

产品投产数量＝完工产品数量＋期末在产品数量－期初在产品数量

第三，计算材料定额消耗量。其公式为：

材料定额消耗量＝产品投产数量×材料消耗定额

第四，计算材料实际消耗量。根据限额领料单、超额领料单、代用领料单、退料单等凭证，以及车间余料的盘存资料，计算出材料的实际消耗量。

第五，计算脱离定额的差异。其公式为：

材料脱离定额的差异＝（材料的实际消耗量－材料的定额消耗量）×材料的计划单价

2. 人工费用脱离定额差异的计算

人工费用脱离定额差异的计算，因采用的工资形式不同而有所区别。计件工资制下，生产工人工资属于直接计入费用，其脱离定额差异的计算与原材料脱离定额差异的计算相似。按计件单价支付的工资就是定额工资。其公式为：

直接人工定额费用＝约当产量×计件单价

计件单价＝计划单位工时人工费用÷每小时产量定额

对于符合定额的生产工人工资，应该反映在产量记录中。其他如废品损失、停工工资等则属于工资定额差异。对于脱离定额的差异通常反映在专设的补付单等差异凭证中。

在计时工资制下，生产工人工资属于间接计入费用，其脱离定额差异不能在平时按照产品直接计算，只有在月末实际生产工人工资确定以后，才可按以下公式计算：

计划单位小时工资＝计划产量的定额工资总额÷计划产量的定额生产工时总数

实际单位小时工资＝实际直接工资总额÷实际生产工时总额

某产品的定额生产工资＝该产品实际产量的定额生产工时×计划单位小时工资

某产品的实际生产工资＝该产品实际产量的实际生产工时×实际单位小时工资

某产品实际工资脱离定额的差异＝该产品实际生产工资－该产品定额生产工资

【例8-8】某企业生产甲、乙两种产品，计划工资额2 800元，计划产量工时为7 000小时。实际产量的定额工时为7 500小时，其中：甲产品5 000小时、乙产品2 500小时。实际工资总额2 960元，实际工时为8 000小时，其中：甲产品6 000小时、乙产品2 000小时。分别计算甲、乙两种产品工资定额差异如下：

计划单位小时工资＝2 800÷7 000＝0.40元

实际单位小时工资＝2 960÷8 000＝0.37元

甲产品的定额生产工资＝5 000×0.40＝2 000元

甲产品的实际生产工资=6 000×0.37=2 220元

甲产品实际工资脱离定额的差异=2 220-2 000=220元（超支）

分析：工时变动影响=0.40×（6 000-5 000）=400元

工资率变动影响=（0.37-0.40）×6 000=-180元

甲产品总变动=400-180=220元

乙产品的定额生产工资=2 500×0.40=1 000元

乙产品的实际生产工资=2 000×0.37=740元

乙产品实际工资脱离定额的差异=740-1 000=-260元（节约）

分析：工时变动影响=0.40×（2 000-2 500）=-200元

工资率变动影响=（0.37-0.40）×2 000=-60元

乙产品总变动=-200-60=-260元

无论采取哪一种工资形式都应根据上述计算按照成本计算对象汇总编制"定额工资及脱离定额差异汇总表"以反映各种产品的定额工资、实际工资、工资差异，以及产生差异的原因，并据以登记有关产品成本的计算单。

3. 制造费用脱离定额差异的计算

制造费用通常与计时工资一样，属间接计入费用，其脱离定额差异不能在平时按照产品直接计算，只有在月末按照以下公式计算：

计划小时制造费用率=某车间制造费用总额÷该车间计划产量的定额生产工时总数

实际小时制造费用率=某车间实际制造费用总额÷该车间各种产品实际生产工时总数

某产品实际制造费用=该产品实际生产工时×实际小时制造费用率

某产品定额制造费用=该产品实际产量的定额工时×计划小时制造费用率

某产品制造费用脱离定额的差异=该产品实际制造费用-该产品定额制造费用

（三）计算材料成本差异

采用定额法计算产品成本的企业，原材料的日常核算一般按计划成本进行，原材料脱离定额差异只是以计划单价反映的消耗量上的差异（量差），未包括价格因素。因此，月末计算产品的实际原材料费用时，需计算所耗原材料应分摊的成本差异，即所耗原材料的价格差异（价差）。公式如下：

某产品应分配的材料成本差异=(该产品材料定额成本±材料脱离定额差异)×材料成本差异分配率

（四）计算定额变动差异

在定额管理的执行过程中，由于生产技术和劳动生产率的提高，原来制定的消费定额或费用定额经过一定时期后需要进行修订。修订前的旧定额与修订后的新定额之间的差异，就是定额变动差异。定额变动差异只是定额修改的结果，它与生产中费用支出的节约或浪费无关，也与管理水平无关。定额变动差异的形成必须满足以下两个条件：

一是存在期初在产品。如果没有期初在产品，定额变动差异就不可能存在。

二是本期的定额成本与上期定额成本相比发生了变动。

定额成本的修订一般在月初、季初或年初定期进行，但在定额变动的月份，月初在产品的定额成本仍然按照旧的定额计算，因此需要按新定额计算月初在产品的定额变动差异，用以调整月初在产品的定额成本。由此可见，定额变动差异主要是指月初在产品由于定额变动产生的差异。其计算公式为：

月初在产品定额变动差异=（新定额-旧定额）×月初在产品中定额变动的零部件数量

采用此公式计算要求企业应根据消耗定额发生变动的在产品盘存资料和修订前后的消耗定额，计算月初在产品消耗定额修订前和修订后的定额消耗量，从而确定定额消耗量的变动差异和金额差异。这种方法，一般要按零部件计算定额消耗量，在构成产品零部件种类较多的情况下，计算工作量较大。为了简化计算工作，可按照单位产品，采用系数折算的方法计算。计算公式如下：

定额变动系数=按新定额计算的单位产品成本÷按旧定额计算的单位产品成本

月初在产品定额变动差异=按旧定额计算的月初在产品成本-按旧定额计算的月初在产品成本×定额变动系数=按旧定额计算的月初在产品成本×（1-定额变动系数）

各种消耗定额的变动，一般表现为不断下降的趋势，因而月初在产品定额变动的差异，通常表现为月初在产品定额成本的降低。在这种情况下，一方面应从月初在产品成本中扣除该项差异；另一方面，由于该项差异是月初在产品生产费用的实际支出，因此还应将该项差异计入本月产品成本。相反，若消耗定额不是下降，而是提高，那么，在计算出定额变动差异后，应将此差异项加入月初在产品定额成本之中，同时从本月产品中予以扣除，因为实际上并未发生这部分支出。

（五）完工产品实际成本的计算

对上述计算所有的定额成本、脱离定额差异、定额变动差异及材料成本差异，月末应在完工和月末在产品之间分配有关差异。一般情况下只需分配脱离定额差异，定额变动差异和材料成本差异不需分配，全部由完工产品承担。完工产品实际成本的具体计算程序为：

（1）分别计算出完工产品和期末在产品的定额成本；

完工产品各项目定额成本=完工产品数量×各项目定额成本

期末在产品各项目定额成本=本月生产费用各项目定额成本-完工产品各项目定额成本

（2）根据完工产品和在产品定额成本比例分配差异，一般只分配脱离定额差异；

脱离定额差异分配率=（期初脱离定额差异+本月脱离定额差异）/（完工产品定额成本+期末在产品定额成本）

完工产品分配的差异=完工产品定额成本×分配率

（3）根据完工产品定额成本和完工产品应负担的各种差异确定完工产品的实际成本

在定额法下，产品实际成本的计算是在产品成本明细账上通过汇总计算各项定额差异、定额变动差异和材料成本差异进行的。

（六）定额法成本计算举例

【例8-9】某企业大批生产甲产品，各项消耗定额比较准确、稳定，为加强定额管理和成本控制，采用定额法计算产品成本。20××年10月份生产情况和定额资料如下：

月初在产品200件，本月投入产品1 500件，本月完工1 600件，月末在产品100件。在产品完工率均为50%，材料系开工时一次投入。材料消耗定额由5.4千克降为5千克，材料计划单价为12元，材料成本差异率为节约2%，工时定额为5小时，计划小时工资率为8元，计划小时制造费用9元。20××年10月份初在产品资料如表8-9所示。

表 8-9　在产品资料表

产品名称：甲产品　　　　　　　　　　20××年 10 月　　　　　　　　　　单位：元

成本项目		直接材料	直接人工	制造费用	合计
月初在产品成本	定额成本	12 960	4 000	4 500	21 460
	脱离定额差异	−400	200	240	40

在采用定额法时，20××年 10 月份完工产品实际成本计算结果，如表 8-10 所示。

表 8-10　产品成本明细账

产品名称：甲产品　　　　　　　　　　20××年 10 月　　　　　　　　　　单位：元

成本项目		直接材料	直接人工	制造费用	合计
月初在产品成本	定额成本（1）	12 960	4 000	4 500	21 460
	脱离定额差异（2）	−400	200	240	40
月初在产品定额变动	定额成本调整（3）	−960			−960
	定额变动差异（4）	960			960
本月生产费用	定额成本（5）	90 000	60 000	67 500	217 500
	脱离定额差异（6）	1 000	320	680	2 000
	材料成本差异（7）	−1 820			−1 820
费用合计	定额成本（8）=（1）+（3）+（5）	102 000	64 000	72 000	238 000
	脱离定额差异（9）=（2）+（6）	600	520	920	2 040
	材料成本差异（10）=（7）	−1 820			−1 820
	定额变动差异（11）=（4）	960			960
差异分配率	脱离定额差异（12）=（9）÷（8）	0.59%	0.81%	1.28%	−
完工产品成本	定额成本（13）	96 000	62 061	69 819	227 880
	脱离定额差异（14）=（13）×（12）	565	504	892	1 961
	材料成本差异（15）=（10）	−1 820			−1 820
	定额变动差异（16）=（11）	960			960
	实际总成本（17）=（13）+（14）+（15）+（16）	95 705	62 565	70 711	228 981
	单位成本（18）=（17）÷1 600	59.82	39.1	44.19	143.11
月末在产品成本	定额成本（19）=（8）−（13）	6 000	1 939	2 181	10 120

表 8-9 月初在产品定额成本调整数计算如下：

月初在产品定额成本调整=月初在产品按调整后定额成本−月初在产品按原定额计算
的定额成本

$$=200×5.4×12−200×5×12=−960（元）$$

定额成本计算过程为：

直接材料定额成本$=1500×5×12=90\ 000$（元）

直接人工定额成本$=1500×5×8=60\ 000$（元）

制造费用定额$=1500×5×9=67\ 500$元）

材料成本差异$=（90\ 000+1\ 000）×（−2\%）=−1\ 820$（元）

完工产品原材料定额成本$=102\ 000×1\ 600/（1\ 600+100）=96\ 000$（元）

完工产品直接人工定额成本$=64\ 000×1\ 600/（1\ 600+100×50\%）=62\ 061$（元）

完工产品制造费用定额成本$=72\ 000×1\ 600/（1\ 600+100×50\%）=69\ 819$（元）

采用定额法核算产品成本，将产品成本的计划工作、核算工作和分析工作有机结合起来，将事前、事中、事后反映和监督融为一体，有其固有的优点，主要体现在：（1）通过生产耗费及其脱离定额和计划的日常核算，能够在生产耗费发生的当时反映和监督脱离定额或计划的差异，从而有利于加强成本控制，可以及时、有效地促进生产耗费的节约，降低产品成本。（2）由于产品实际成本是按照定额成本和各种差异分别核算的，因而便于对各项生产耗费和产品成本进行定期分析，有利于进一步挖掘降低成本的潜力。（3）通过脱离定额差异和定额变动差异的核算，还有利于提高成本的定额管理和计划管理工作水平。（4）由于有着现成的成本定额资料，因而能够较为合理、简便地解决完工产品和月末在产品之间分配费用的问题。

定额法的主要缺点：采用定额法计算产品成本要比采用其他方法核算工作量大。因为采用定额法必须制定定额成本，单独核算脱离定额差异，在定额变动时还必须修订定额成本，计算定额变动差异。

任务三　各种产品成本计算方法的综合运用

前面各章所述的品种法、分批法和分步法三种成本核算基本方法，以及分类法、定额法两种辅助方法，都是典型的成本计算方法。在实际工作中，一个企业可能会有几个车间，一个车间可能生产若干种产品，而各个车间或产品的生产类型和管理要求也不一定相同，因此，一个企业、一个车间、一种产品往往同时采用或者结合采用几种成本计算方法。

一、同时运用几种成本计算方法

在某一企业或者一个车间通常会生产多种产品，这些产品生产类型存在较大的差别，其成本计算方法也有所不同。例如，玻璃制品厂所生产的日用玻璃杯和玻璃仪器，玻璃杯是利用原材料直接熔制而成，属于单步骤生产，用品种法计算成本；生产用玻璃仪器要经过毛坯制作、再加工、装备等几个工艺过程，属于多步骤生产，用分步法计算产品成本。家具厂生产的各种家具，已经定型进入大量大批生产的，可以用分步法计算成本；属于试

制阶段的或者刚完成试制的新产品，就要用分批法计算成本。同时，在一个企业往往存在不同的生产步骤，由于生产类型的不同，各步骤采用的成本计算方法也有所差别。例如纺织企业的纺纱和织布等基本生产车间，一般属于多步骤大量大批生产，通常采用分步法计算成本；而企业的供电等辅助车间，属于单步骤大量大批生产，通常采用品种法计算成本。

二、结合运用几种成本计算方法

在计算一种产品成本时，存在几种方法结合使用的情况。例如，机械生产企业，铸造车间的铸件属于大量大批生产，可以采用品种法计算成本；加工装配车间属于单件小批生产，采用分批法计算成本；两个车间之间，采用逐步结转分步法结转铸件成本。

如果同一种产品需要的零部件较多，而管理上的要求又不同也可采用不同的成本计算方法。例如，一种产品由多个零部件组成，其中不对外销售的零部件，一般不要求计算产品成本；对外销售的各个零部件在管理上则要求计算其成本，就应按这些对外销售的零部件的生产类型和管理要求，采用不同的成本计算方法单独核算其生产成本，以便对外销售时进行成本结转。

另外，同一种产品不同的成本项目，可以采用不同的成本计算方法。例如，钢铁厂的产品的原料成本占全部成本的比重较大，又是直接费用，应该直接计入产品成本，其他成本项目则可采用分类法分配计算。

此外，分类法和定额法，是为了简化成本计算工作和加强定额管理而采用的两种辅助方法，它们与生产类型的特点没有直接联系，在各种类型的生产中都可以应用，但必须与基本的成本计算方法结合起来应用。例如，在食品厂中，生产的各种饼干，由于是大量大批单步骤生产，可采用品种法的分类法相结合的方法计算成本，即先用品种法计算饼干这类产品的成本，然后再用分类法分配计算其中各种饼干的成本。

在实际应用成本计算方法时，我们必须结合不同的生产特点和管理要求，并考虑到企业的规模和管理水平等具体条件，灵活地加以运用，为了保证企业成本资料的可比性，企业在采用成本计算方法时应遵循一致性原则。但当生产特点和管理要求发生改变时，我们也应相应地改变成本计算方法。

同步测试题

一、单选题

1. 下列各项中，属于分类法优点的是（　　）。

　　A. 能加强成本控制　　　　　　　　　B. 能简化产品成本的计算

　　C. 能提高成本计算的正确性　　　　　D. 能分品种掌握产品成本水平

2. 某企业将甲、乙两种产品作为一类，采用分类法计算产品成本。甲、乙两种产品共同耗用 A 种材料，消耗定额分别为 16 千克和 20 千克，每千克 A 种材料的单位成本为 5 元。该企业将甲产品作为标准产品，则乙产品的原材料费用系数为（　　）。

  A. 1. 25   B. 2. 08

  C. 6. 25   D. 4

3. 分类法是按照（　　）归集费用、计算成本的。

  A. 批别   B. 品种

  C. 步骤   D. 类别

4. 联产品是指（　　）。

  A. 一种原材料加工出来的不同质量产品

  B. 一种原材料加工出来的几种主要产品

  C. 一种原材料加工出来的主要产品和副产品

  D. 不同原材料加工出来的不同产品

5. 产品成本计算的分类法适用于（　　）。

  A. 大量大批多步骤生产   B. 大量大批单步骤生产

  C. 各种类型的生产   D. 单件小批单步骤生产

6. 对于副产品的计价，一般可以从总成本的（　　）项目中扣除。

  A. 直接工资   B. 制造费用

  C. 废品损失   D. 直接材料

7. 以下有关限额法的表述中，错误的是（　　）。

  A. 限额法是控制领料，促进用料节约的重要手段

  B. 限额法又称为差异凭证法

  C. 限额法能完全控制用料

  D. 限额法下，差异凭证中的差异仅仅是领料差异，而不一定是用料差异

8. 定额成本制度下，材料脱离定额的差异是指（　　）。

  A. 因材料的新定额成本与老定额成本的不同而产生的差异

  B. 因材料的实际成本与定额成本的不同而产生的差异

  C. 因材料的实际价格与计划价格的不同而产生的差异

  D. 因材料的实际耗用量与定额耗用量的不同而产生的差异

9. 在产品按定额成本计价法，每月生产费用脱离定额的节约差异或超支差异（　　）。

  A. 全部计入当月完工产品成本

  B. 全部计入月末在产品成本

  C. 当月在完工产品和月末在产品之间分配

  D. 全部计入管理费用

10. 在定额成本法下，（　　）不影响产品的实际成本。

  A. 月初定额成本   B. 脱离定额的差异

  C. 定额变动   D. 月末定额成本

二、多项选择题

1. 下列产品中，可以采用分类法计算成本的有（　　）。

A. 等级产品   B. 主、副产品

C. 联产品   D. 不同规格的针织品

E. 各种糖果产品

2. 产品成本计算的分类法（　　）。

A. 与生产类型有关系   B. 与生产的类型没有关系

C. 适用于单件小批生产   D. 适用于单步骤生产

E. 适用于大量大批生产

3. 以下有关定额成本制度的表述，正确的是（　　）。

A. 定额成本制度纯粹是一种成本核算方法

B. 定额成本制度是一种成本计算的基本方法

C. 定额成本制度是一种成本计算的辅助方法

D. 定额成本制度是一种对产品成本进行控制和管理的方法

E. 定额成本制度必须与成本计算基本方法结合使用

4. 定额成本制度通常可以与以下成本计算方法结合使用（　　）。

A. 品种法   B. 分批法

C. 分步法   D. 分类法

E. 标准成本制度

5. 采用定额成本法计算在产品成本时，应具备下列条件（　　）。

A. 定额管理基础较好   B. 消耗定额比较准确

C. 各月末在产品数量变化不大   D. 各月在产品数量变化较大

E. 消耗定额稳定

三、判断题

1. 分类法是一种独立的成本计算方法，它无须与成本计算的基本方法结合起来应用。（　　）

2. 副产品成本必须采用分类法计算。（　　）

3. 定额成本制度不仅是一种基本的成本核算方法，而且还是一种对产品成本进行控制和管理的方法。（　　）

4. 材料脱离定额差异的有利或不利差异应归功或归因于生产单位，而材料成本差异的超支或节约应归因或归功于材料采购单位。（　　）

5. 原材料脱离定额差异是指材料的实际耗用水平与定额耗用水平之间的差异，即材料的量差，不包括原材料的价格差异。（　　）

四、计算与核算题

（一）练习产品成本计算的分类法——系数法

1. 资料：新联毛巾厂生产小号、中号、大号丝光毛巾。三种产品所用原材料和生产工艺过程基本相同，以中号丝光毛巾为标准产品。20××年8月有关成本、产量的资料如下：

（1）月初在产品成本和本月发生的生产费用（金额单位：元）：

	直接材料（实际成本）	直接人工	制造费用
月初在产品成本	11 280	5 400	4 084
本月发生费用	30 000	10 800	8 300

（2）产量和系数：

产品名称	折合标准产量系数	完工产量	在产品	
			数量	完工程度
小号丝光毛巾	0.8	2 000	2 500	60%
中号丝光毛巾	1	2 400	3 500	40%
大号丝光毛巾	1.2	1 500	2 000	80%

2. 要求：（1）编制标准产品产量换算表。

（2）编制产品成本计算单，计算月末在产品成本、本月库存商品的总成本和单位成本。

（二）熟悉定额成本制度的运用。

1. 资料：某企业以定额成本法计算 A 产品的成本，A 产品的原材料定额成本 2014 年 9 月 1 日为每件产品 94 元，10 月 1 日修订为 120 元，10 月 20 日又修订为 110 元。10 月初在产品投料 50 件，定额差异超支 190 元。10 月 5 日投料 300 件，材料计划成本为 37 200 元，10 月 22 日又投料 200 件，材料计划成本为 22 590 元，本月完工 400 件，月末在产品 150 件。材料成本差异为节约 1%，定额差异和定额变动由产成品和月末在产品共同负担，材料成本差异全部由产成品负担。

2. 要求：编表以计算直接材料成本项目的完工产品成本和月末在产品成本。

项目九 成本报表的编制和分析

项目要点

1. 成本报表的概念、特点、种类、作用。
2. 成本报表分析的程序和方法。
3. 产品成本报表的编制和分析。
4. 各种费用报表的编制和分析。

知识目标

1. 了解成本报表的概念、特点、设置要求。了解成本报表的结构和编制方法和编制要求。2. 了解成本报表分析的意义、掌握成本报表分析的基本方法、掌握成本报表分析的过程。

技能目标

1. 能够编制产品生产成本报表、主要产品单位成本报表、各种费用报表等。
2. 能够正确运用成本分析的意义、掌握成本报表分析的基本方法、掌握成本报表分析的过程。

导入案例

2018 年 7 月 15 日，国家药品监督管理局发布通告指出，长春长生生物科技有限公司冻干人用狂犬病疫苗生产存在记录造假等行为。目前，在国内疫苗行业中，长生生物以高达 91.59% 的毛利率占据行业首位，也就是说，100 元的疫苗，成本仅 8 元。排名前十的上市公司，其利润率均高于 60%。不仅如此，长生生物用于疫苗研发的投入远低于同行业其他企业，2017 年研发投入资金为 1.22 亿元，占营业收入的 7.87%。为了推销自己的疫苗，长春长生给出每只疫苗的回扣，在几元到几十元之间，狂犬病疫苗的回扣占到其销售价格的三成。2017 年长生生物的营销费用高达 5.83 亿，是研发费用的 5 倍。

试问：如何从企业的成本报表中挖掘企业产品成本数据？

任务一　成本报表编制和分析的基本认知

一、成本报表的概念和特点

成本报表是根据企业成本管理的需要，以日常的成本核算资料以及其他有关资料编制的，用以反映和监督企业一定时期产品成本和期间费用水平及其构成情况的报告文件。产品成本作为反映企业生产经营活动情况的综合性指标，是企业经营管理水平的重要尺度。正确、及时地反映成本费用的支出情况，向管理者提供有关企业的成本信息，是会计部门的一项非常重要的任务。

企业在市场竞争中要取得优势，主要途径之一是要做到成本领先，如何做到成本领先呢？这就要求企业：第一，通过技术改进和管理水平的提高降低成本，以达到成本领先；第二，通过保密措施来延长这一竞争优势，也就是说，反映企业一定时期内产品(或经营业务)成本和期间费用水平和构成情况的成本报表，是企业的商业秘密，不对外公布或报送。与对外报送的财务报表(包括资产负债表、利润表和现金流量表)相比较，它具有以下特点。

（一）成本报表是为满足企业内部经营管理需要而编制的

在当前市场经济条件下，成本报表主要是为企业内部管理服务，为企业管理者、成本责任者提供成本信息，因而又被视作为企业的商业秘密，一般来说是不对外公布的。管理者通过观察、分析、考核成本的动态变化，有利于控制计划成本目标的实现和为企业进行成本预测、决策和修订成本计划提供重要依据。

（二）成本报表种类、格式、项目内容等由企业自行决定

成本报表主要是对内提供报表，因而它不拘泥于统一的格式和完整的内容。外部报表的格式和内容一般由国家统一规定，而且内容上强调完整性。如四大主表，都是严格地按照统一的格式和内容来编排，不能任意改动。而成本报表属于内部报表，不受企业外部的种种因素的制约和影响，可以根据本企业的生产工艺特点、生产组织形式和企业的成本管理要求来确定报表采用何种的格式、应填列哪些内容等。并且还可以根据客观因素的变化随时进行适时的修改和调整。

（三）成本报表编报不定时

对外报表一般都是定期的编制和报送，并规定在一定时间内必须报送。而内部成本报表主要是为企业内部成本管理服务，所以，内部成本报表可以根据内部管理的需要适时地、不定期地进行编制，使成本报表及时地反映和反馈成本信息，揭示存在的问题，促使有关部门和人员及时采取措施，改进工作，提高服务效率，控制费用的发生，达到节约的目的。

（四）成本报表提供的成本信息反映企业各方面的工作质量

企业产品产量的多少，产品质量的高低，原材料、燃料及动力消耗的节约与浪费，工人劳动生产率高低、固定资产利用程度，各部门费用的节约与浪费等，都会直接或间接地反映到费用和成本的指标上来。成本报表提供的成本信息可以综合反映企业生产经营管理

工作的质量。

内部成本报表是根据企业生产经营组织体系逐级上报，或者是为解决某一特定问题的权责范围内进行传递，使有关部门和成本责任者及时掌握成本计划目标执行的情况，揭示差异，查找原因和责任，评价内部环节和人员的业绩。

二、成本报表的作用

1. 反映企业报告期内产品成本水平

通过编制成本报表能够及时发现企业在生产、技术、质量、管理等方面取得的成绩和存在的问题，不断总结经验，提高企业经济效益。

2. 反映企业成本计划的完成情况

利用成本报表，可以分析和考核企业成本计划的执行情况，促使企业降低成本、节约费用，从而提高企业的经济效益。

3. 为制定成本计划提供依据

本期报表所提供的资料，是制定下期成本计划的重要参考依据。

4. 为企业成本决策提供信息

通过对企业成本报表分析，可以揭示影响产品成本指标和费用项目变动的因素和原因。从生产技术、生产组织和经营管理等各个方面挖掘节约费用、支出和降低产品成本的潜力，进一步提高企业经营管理水平。

三、成本报表的种类

成本报表的种类和格式不是由国家统一会计制度规定的，成本报表具有灵活性和多样性的特点。但就生产性企业来说，一般可以按以下标志分类，如图9-1。

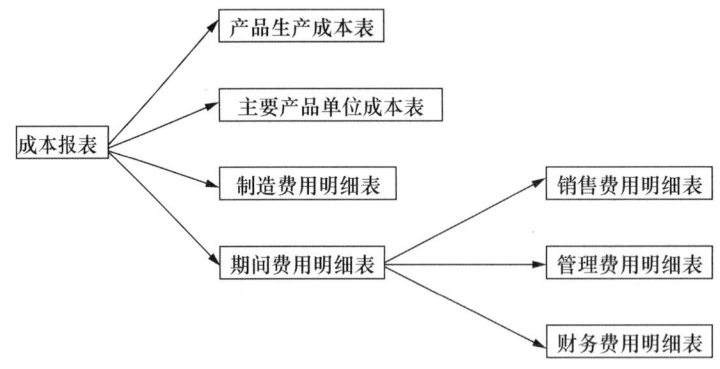

图9-1 按照反映的经济内容分类

（一）按照编制的时间分类

1. 定期报表，是为了满足企业日常成本管理的需要，及时反馈企业成本信息而编制的。一般来说，可以分为日报、周报、旬报、月报、季报、半年报和年报。

2. 不定期报表，主要是为了满足企业内部管理的特殊要求而在需要时随时编报的，体现了成本报表的时间上的灵活性。

（二）按照成本报表反映的经济内容分类

1. 反映成本情况的报表，主要有"商品产品成本表"或"产品生产成本及销售成本表"、"主要产品生产成本表"等。这类报表侧重于揭示企业为生产一定种类和数量产品所花费的成本是否达到了预定的目标，通过分析比较，找出差距，明确薄弱环节，进一步采取有效措施，挖掘降低成本的内部潜力提供有效的资料。

2. 反映费用情况的报表，主要有"制造费用明细表""销售费用明细表"、"管理费用明细表"、"财务费用明细表"等。通过它们可以了解到企业在一定期间内费用支出总额及其构成，并可以了解费用支出合理性以及支出变动的趋势，这有利于企业和主管部门正确制定费用预算，控制费用支出，考核费用支出指标合理性，明确有关部门和人员的经济责任，防止随意扩大费用开支范围。

（三）按照报送单位分类

1. 对外成本报表，是指企业向外部单位，如上级主管部门和联营主管单位等报送的成本报表。在市场经济中，成本报表一般被认为是企业内部管理用的报表，为了保守秘密，按惯例不对外公开公告。但在我国国有企业和国有联营企业中，为了管理的需要，目前或者相当长的一段时间还需要分管和托管这些企业的主管部门。这些主管部门为了监督和控制成本费用，了解目标成本完成的情况，进行行业的分析对比，并为成本预测和成本决策提供依据。除此之外，还有企业的投资者等需要了解企业经营状况和效益，都要求企业提供成本资料。所以说，对外的成本报表实际上也是一种扩大范围的内部报表。

2. 对内成本报表，是指为了企业本单位内部经营管理需要而编制的各种报表，主要是送报内部管理部门进行相关的成本管理。其内容、种类、格式、编制方法和程序、编制时间及报送对象，都由企业根据自身生产经营和管理的特点和需要来确定。成本报表编制目的，主要就在于让企业领导者和职工了解日常成本费用计划执行的情况，以便动大家的积极性来控制费用的发生，为提高经济效益服务。同时为企业领导者和投资提供经营的成本费用信息，以便进行决策和采取有效措施不断降低成本费用，提高管理水平。

四、成本报表的编制要求

为了提高成本信息的质量，充分发挥成本报表的作用，成本报表的编制应符合下列基本要求。

1. 数据真实可靠

成本报表中的各项数据大部分来自当期的成本账簿记录。为保证报表数据真实可信，在编制前，首先应将所有经济业务登记入账，在查实财产物资、往来款项的基础上，做好结账、对账工作，做到账簿记录与凭证记录之间、原始凭证与记账凭证之间、总账记录与明细账记录之间全部相符，才能编制成本报表。

2. 内容清晰完整

成本报表中的主要报表种类应齐全，表内指标及表内补充资料应完整，并注意保持各成本报表计算口径一致。计算方法如有变动，应在附注中说明。对定期报送的主要成本报

表，还应有分析、说明生产成本和费用升降情况、原因、措施的文字材料，不得任意取舍。

3. 编制及时迅速

编制及时迅速是指各种成本报表应当根据企业管理部门的需要按规定的时间及时、迅速提供。因为会计信息具有时效性，只有讲求时效，信息才具有使用价值。成本报表只有及时编制和报送，才能有利于及时对企业成本计划完成情况进行检查和分析，从中发现问题，采取措施加以解决，充分发挥成本报表在企业管理中应有的作用。

五、成本分析的意义和一般程序

（一）成本分析的意义

成本分析是企业利用成本核算资料和成本计划资料及其他有关资料，运用一系列专门方法，揭示企业费用预算和成本计划的完成情况，查明影响成本费用升降的原因，寻找降低成本、节约费用的途径，挖掘企业内部增产节约的潜力的一项专门工作。成本分析是成本核算工作的继续、是成本会计的重要组成部分。

企业进行成本分析，就是为了改进企业内部生产经营管理，节约生产耗费降低成本，提高经济效益。通过成本分析，可以检查企业成本计划的完成情况，分析原因，并对成本计划本身和成本计划执行结果进行评价，发现成本管理中的存在的问题并加以改正，总结经验教训，为以后的成本管理服务。同时，还可以明确生产各部门各环节的成本管理责任，有利于考核和评估其管理业绩。最终，通过成本分析可促使企业不断降低成本，节约费用，从而提高产品在市场上的竞争力。

（二）成本分析的一般程序

（1）分析成本报表应从全部产品成本计划完成情况的总评价开始，然后按照影响成本计划完成情况的因素逐步深入、具体地分析。从总评价开始，可以防止片面性，并从复杂的影响因素中，找出需要进一步分析的问题。但是，分析不能停留在对成本总体指标计划完成情况的总评价上，为了弄清成本升降的具体原因，具体评价企业成本工作，还必须在总评价的基础上，根据总评价分析中发现的问题，对重点产品的单位成本及其成本项目或重点费用项目，进行深入具体的分析。

（2）在分析成本指标实际脱离计划差异的过程中，应将影响成本指标变动的原因进行分类，衡量它们的影响程度，并从这些因素的相互关系中找出起决定作用的主要因素。

（3）相互联系地研究生产技术、工艺、生产组织和经营管理等方面的情况，查明各种因素变动的原因，挖掘降低产品成本、节约费用开支的能力。

（4）以全面、发展的观点，对企业成本工作进行评价。

综上所述，成本报表分析的过程，实际上是成本指标分析(分解)和综合相结合的过程。

六、成本报表的分析方法

成本报表分析方法多种多样，具体选用哪种方法，取决于成本形成的特点、成本分析所依据的资料以及成本分析的目的。常用的方法有比较分析法、比率分析法、因素分析法、差额计算分析法。

（一）比较分析法

比较分析法是指对各种成本费用指标按照一定的比较标准进行的比较分析，它主要有实际指标与计划指标的对比分析、本期实际指标与基期实际指标的对比分析、本期实际指标与同行业先进指标的对比分析等集中形式。进行指标分析时必须注意的是：对比分析的指标之间应在指标的内容、计价标准、实际范围和计算方法等方面具有可比性。比较分析法是日常分析工作中最常用的一种方法，其中常用的集中方法具体如下：

（1）将本期实际数与计划数（预算数）对比，可以找出分析期实际成本或费用与计划成本或费用预算之间的差异，揭示计划的执行情况。通过对比可以计算出下列指标：

①实际脱离计划的差异额

实际较计划增减的数额 = 分析期指标的实际数据 − 分析期指标的计划数据

此公式在费用总额和产品单位成本的分析中经常用到。实际费用总额大于预算费用总额或产品实际单位成本大于计划单位成本时，称为费用或成本的超支，反之为费用的节约或成本的降低。

在实际工作中，还经常要计算成本降低额指标。

与计划比较的成本降低额 = 实际产量按计划单位成本计算的总成本 − 实际总成本

上述公式中的计划总成本，是按实际产量进行调整以后的计划总成本（计划单位总成本×实际产量），它与实际总成本（实际单位成本×实际产量）之差，如为正数称为成本降低额，负数则为成本超支额。

②实际脱离计划的差异率，即实际较计划增加或减少的百分比。计算公式为：

实际较计划增减率 =（某期指标的实际数 − 该期指标的计划数）÷该分析期指标的计划数

在成本计划完成情况的分析中，还经常需要进行实际与计划比较的成本降低率计算，其计算公式为：

与计划成本比较的成本降低率 =（实际产量按计划单位成本计算的总成本 − 实际总成本）÷实际产量按计划单位成本计算的总成本×100%

在这里需要指出的是，在分析时还应检查计划或预算数本身是否既先进又切实可行。因为实际数与计划数或预算定额数之间的差异，除了实际工作的原因以外，还可能是计划或预算定额不切合实际造成的。

（2）将本期实际数与前期实际数或以往年度同期实际数对比。这种比较可以反映成本、费用的变动趋势，考察生产的发展变化情况，了解企业生产经营工作的改进情况。另外，企业主要产品（可比产品）成本降低额、降低率也是与上年实际进行比较来计算的。其计算公式为：

实际成本降低额 = 实际产量按上年实际平均单位成本计算的总成本 − 实际产量按本年实际平均单位成本计算的总成本

实际成本降低率 = 可比产品实际成本降低额 ÷ 实际产量按上年实际平均单位成本计算的总成本×100%

计划成本降低额 = 计划产量按上年实际平均单位成本计算的总成本 - 计划产量按本年计划平均单位成本计算的总成本

计划成本降低率 = 可比产品计划成本降低额 ÷ 计划产量按上年实际平均单位成本计算的总成本×100%

（3）将本期实际数与本企业的历史先进水平或国内外同行业的先进水平对比，可以发现与先进水平之间的差距，从而学习先进，赶上和超过先进。

对比分析法只适用于同质指标的数量对比，例如，实际产品成本与计划产品成本对比，实际原材料费用与定额原材料费用对比，本期实际制造费用与前期实际制造费用对比，等等。在采用这种分析方法时，还应该注意相比指标的可比性、计算方法、计算期和影响指标形成的客观条件等方面因素。如果相比的指标之间有不可比因素，应先按可比的口径进行调整，然后再进行对比。

（二）比率分析法

比例分析法是指将有关分析指标变成相对数进行分析。这种分析方法必须事先制定出比较的标准，并据以评价企业的实际情况，指导企业的经济活动。比率分析法主要有相关指标比率分析法、构成比率分析法和趋势分析法三种。

1. 相关指标比率分析法

它是对两个相互联系、相互依存但性质不同的指标计算出的比率。例如，由于企业规模太小等原因，单纯地对比产值、销售收入或利润等绝对数的多少，不能说明各个企业经济效益好坏，如果计算成本与产值、销售收入或利润相比的相对数，即产值成本率、销售收入成本率或成本利润率，就可以反映各企业经济效益的好坏。现列示产值成本率、销售成本率和成本利润率的计算公式如下：

产值成本率是产品成本与工业总产值或商品产值的比率，反映企业一定时期内生产耗费与成果的关系，它表明的每百元商品产值总成本愈低，说明生产耗费的经济效益愈大；反之，经济效益愈小。其公式为：

产值成本率=产品生产成本÷工业总产值或商品产值×100%

销售成本率是销售成本与销售收入的比率，反映企业一定时期内生产耗费和营业成果的关系，表明每获得一元的收入所付出的代价，该项指标越低，所发生的耗费越少，反映企业的投入产出水平高。其计算公式为：

销售成本率 = 销售成本 ÷ 销售收入×100%

成本费用利润率是利润与成本费用的比率，反映企业一定时期内的财务成果与生产耗费的关系，表明每付出一元成本费用可获得多少利润，体现了经营耗费所带来的经营成果。该项指标越高，反映企业利润就越大，反映其计算公式为：

成本费用利润率 = 利润总额 ÷ 成本费用总额×100%

2. 构成比率分析法

构成比率分析法也称为结构比率分析法，它是通过计算某项指标的各个组成部分占总体的比重(即部分与全部的比率)进行数量分析的方法。例如，将构成产品成本的各个成本项目（材料、人工、制造费用）分别与产品成本总额相比，计算产品成本的构成比率；又如将构成管理费用的各个费用项目分别与管理费用总额相比，计算管理费用的构成比率。通过分析，可以反映产品成本或者期间费用的构成是否合理，为寻找降低成本、节约费用的途径指明方向。成本分析中有关构成比率的计算公式列示如下：

产品成本的构成比率 = 直接材料（直接人工或制造费用）数额 ÷ 产品成本总额 ×100%

期间费用的构成比率 = 管理费用（财务费用或销售费用）数额 ÷ 期间费用总额 ×100%

管理费用的构成比率 = 某项管理费用数额 ÷ 管理费用总额 ×100%

3. 趋势比率分析法

趋势比率分析法是通过若干期相同经济指标的对比，来分析该指标的增减变化趋势，求出比率，分析其增减速度和发展趋势的一种分析方法。

由于计算时采用的基数数值不同，趋势比率又分为定基比率和环比比率两种形式。计算公式如下：

定基比率 = 比较期数值 ÷ 固定基期数值 ×100%

环比比率 = 比较期数值 ÷ 前一期数值 ×100%

（三）因素分析法

因素分析法是将某一综合指标分解为若干个相互联系的因素，按照一定的程序和方法，分别计算、分析每个因素影响程度的一种方法。因素分析法是经济活动分析中最重要的方法之一，也是成本分析中常用的方法。连环替代法和差额计算法是因素分析法的两种形式。

1. 连环替代法

连环替代分析法是将综合性经济指标分解为各个因素，然后顺序用各项因素的实际数替换基数，借以计算各项因素变动对该指标影响程度的一种分析方法。

采用对比分析法和比率分析法，可以揭示实际数与基数之间的差异，但不能揭示产生差异的因素和各因素的影响程度。采用连环替换分析法就可以解决这一问题，从而找出主要矛盾，明确进一步调查研究的主要方向。

连环替代法的分析程序如下。

（1）根据综合性指标的特征和分析的目的，确定构成该项指标的影响因素。确定分析指标预期影响因素之间的关系，通常采用指标分解法，即将经济指标在计算公式的基础上进行分解和扩展，得出各影响因素与分析指标之间的关系式。例如：影响材料消耗总额的因素有产品产量、单位材料消耗量和材料单价三个因素。

连环替代法的关键在于确定各因素替代的顺序，分析的顺序不同，结果就会不同。因此，连环替代法的计算结果有一定的假设性。连环替代法各因素的替代顺序一般根据指标的经济性质、各个组成因素的内在关系和分析的具体要求而定，一般原则是：先数量指标，后质量指标；先实物指标，后价格指标；先分子指标，后分母指标；先替代主要指标，后替代次要指标；同一性质的指标，依据指标间的依存关系确定替代顺序。例如：上述影响材料消耗总额的因素有产品产量、单位产品材料消耗量和材料单价三个因素，一般按产量、单位材料消耗量、材料单价的顺序排列因素。关系式为：耗用材料费用总额 = 产量×单位产品材料耗用量×材料单价。

（2）逐次替代因素。每次将其中一个因素由基期数替换成分析期数，其他因素暂时不变。每个因素替换为分析期数后不再返回为基期数。后面因素的替换均是在前面因素已经替换成分析期数的基础上进行的。如此类推，有几个因素就需要逐一的替换几次。

（3）确定影响结果。每个因素替换以后，均会得出一个综合指标的结果，将每个因素替换之后的结果与替换之前的结果相减，即可得出该替换因素变动对综合指标的影响数额。

（4）汇总影响结果。将已计算出来的各因素的影响额汇总相加与综合指标变动的总差异比较，确定其计算的正确性。

综上所述，连环替代法的程序见图9-2。

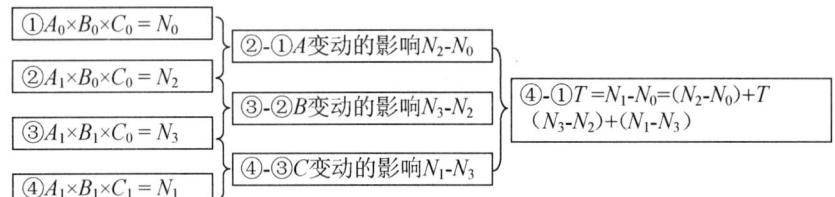

图9-2　连环替代法的程序

假设成本指标 N 是 A、B、C 三因素乘积所组成，其计划成本指标与实际成本指标分别列示如下：

计划成本 $N_0 = A_0 \times B_0 \times C_0$

实际成本 $N_1 = A_1 \times B_1 \times C_1$

成本差异额 $T = N_1 - N_0$

【例9-1】假定甲产品的直接材料费用，定额为 40 000 元，实际为 40 480 元，超支 480 元。该种产品直接材料费用总额为该种产品数量、单位产品直接材料消耗量和材料单价的乘积。该种产品有关数据见表9-1。

采用连环替代分析法计算产品数量、单位产品材料消耗量和材料单价三项因素对产品直接材料费用超支 480 元的影响程度，见表9-2。

表9-1　甲产品直接材料费用

项目	产品数量（支）	单位产品消耗量（千克）	材料单价（元）	材料费用（元）
定额	100	10	40	40 000
实际	110	8	46	40 480
差异	+10	−2	+6	+480

表 9-2   甲产品直接材料费用差异分析计算表

替换次数	因素			各因素乘积		每次替换的差异		差异分析
	产量	单位消耗量	单价	金额	编号	算式	金额	
基数	100	10	40	40 000	①			
第1次	110	10	40	44 000	②	②-①	+4 000	产品数量增加
第2次	110	8	40	35 200	③	③-②	-8 800	单位产品消耗降低
第3次	110	8	46	40 480	④	④-③	+5 280	材料单价提高
合计	——	——	——	——	——		+480	各因素

从以上分析可以看出，甲产品直接材料费用超支 480 元，主要是由于产品数量的增加，其影响程度为 4 000 元；直接材料费用超支的第二个原因是材料单价的提高，其影响程度为超支 5 280 元；在材料消耗方面则不仅没有超支，而且还是节约的，这说明生产车间的成本管理是有效的。如果产品数量没有增加，材料单价没有提高，直接材料费用不仅不会超支，而且还会节约 8 800 元。应该在以上分析计算的基础上，进一步查明产品数量增加、材料单价提高以及单位产品材料消耗节约的具体原因，以便采取措施克服缺点，发扬成绩，节约产品的直接材料费用。

2. 差额计算法

差额计算分析法是连环替代分析法的一种简化的计算方法，是根据各项因素的实际数与基数的差额来直接计算各项因素对分析指标的影响程度。

【例 9-2】根据【例 9-1】提供的资料，采用差额计算分析法计算如下：

（1）分析对象：材料费用超支 480 元；

（2）计算由于产品数量变动对直接材料费用的影响；

（110-100）×10×40=+4 000（元）

（3）计算由于单位产品消耗量变动对直接材料费用的影响；

（8-10）×110×40=-8800（元）

（4）计算由于材料单价变动对直接材料费用的影响。

（23-20）×110×8=+5 280（元）

综合以上计算结果（4 000+5 280-8 800=480），与连环替代分析法的计算结果完全相同。

差额计算法由于计算简使，所以应用比较广泛，特别是在影响因素只有两个时更为适用。

以上所述只是常用的几种数量分析方法。此外，还可以根据分析的目的和要求，采用分组法、指数法、图表法等其他数量分析方法。

应该指出的是：不论什么分析方法，都只能为进一步调查研究指明方向而不能代替调查研究。要确定经济业务好坏的具体原因，并据以提出切实有效的建议和措施来改进工作，都必须在采用某些分析方法的基础上，深入地进行调查研究。

任务二 产品成本报表的编制和分析

产品生产成本表是反映工业企业在报告期内生产产品所发生的生产费用总额和全部产品生产总成本的报表。该表一般有两种编制方法，一种是按成本项目反映，另一种是按产品种类反映。两种报表有各自不同的结构。利用该表可以考核全部产品成本计划的完成情况，以及分析各种可比产品成本降低任务的完成情况，同时成本报表提供的成本信息资料，又是预测未来产品成本水平和制定合理目标成本的依据。

一、按成本项目反映的生产成本表的编制和分析

该表是按成本项目汇总反映工业企业在报告期内发生的全部生产费用以及产品生产总成本的报表。

（一）按成本项目反映的生产成本表的结构、编制及作用

1. 按成本项目反映的生产成本表的结构

该表可以分为生产费用和产品生产成本两部分。表中生产费用部分按照成本项目反映报告期内发生的各种生产费用及其合计数；产品生产成本部分是在生产费用合计数的基础上，加上在产品和自制半成品的期初余额，减去在产品和自制半成品的期末余额，算出产品生产成本的合计数。这些费用和成本，还可以按上年实际数、本年计划数、本月实际数和本年累计实际数分栏反映。

按成本项目反映的产品生产成本表的结构见表9-3。

表9-3 产品生产成本表

（按成本项目反映）

红豆工厂 　　　　　　　　　　2010 年 12 月 　　　　　　　　单位：元

项目	上年实际	本年计划	本月实际	本年累计实际
生产费用				
1. 直接材料费用				
2. 直接人工费用				
3. 制造费用				
生产费用合计				
加：在产品、自制半成品期初余额				
减：在产品、自制半成品期末余额				
产品生产成本合计				

2. 按成本项目反映的生产成本表的编制

（1）"上年实际"数应根据上年同期 12 月份表中的"本年累计实际"数填列。

（2）"本年计划"数应根据成本计划有关资料填列。

（3）"本月实际"数应根据各种产品成本明细账所记本月生产费用合计数，按照成本项目分别汇总填列。

（4）"本年累计实际"数应根据"本月实际"数，加上上月份本表的"本年累计实际"数计算填列。

表中期初、期末在产品、自制半成品的余额，应根据各种产品成本明细账的期初、期末在产品成本和各种自制半成品明细账的期初、期末余额，分别汇总填列。

上述按成本项目反映的产品生产成本表中"本月实际"和"本年累计实际"的产品生产成本合计数，应该与后面的产品生产成本（按产品种类反映）表中相应的产品生产成本合计数核对相符。

3. 编制按成本项目反映的产品生产成本表的作用

（1）可以反映报告期内全部产品费用的支出情况和各种费用的构成情况，并据以进行生产费用支出的一般评价。

（2）将 12 月份该表本年累计实际生产费用与本年计划数和上年实际数相比较，考核和分析年度生产费用计划的执行结果，以及本年生产费用比上年的升降情况。

（3）将表中各期产品生产成本合计数与各该期的产值、销售收入或利润进行对比，计算成本产值率、销售成本率或成本利润率，考核和分析该期的经济效益。

（4）将 12 月份该表本年累计实际的产品生产成本与本年计划数和上年实际数相比，考核和分析年度产品生产总成本计划的执行结果，以及本年产品总成本比上年的升降情况，并据以分析影响成本升降的各项因素。

（二）按成本项目反映的产品生产成本表的分析

按成本项目反映的产品成本报表分析，一般可采用比较分析法、比率分析法进行分析。

首先，采用比较分析法对生产成本总计各专栏数进行比较揭示差异。在成本总额比较的基础上，可以进一步分析产生差异的原因，从而对本表最后显示的产品总成本升降是否合理、有利作出评价。

然后，采用构成比率分析法对成本项目结构变动进行分析。经过比较构成比率，可以看出成本变动的趋势，应进一步查找产生差异的原因以及产生的差异是否合理。

最后，运用相关比率分析法计算有关成本效益指标，评价报告期成本获利水平。比如可以计算出上年实际销售成本率、本年计划销售成本率和本年累计实际销售成本率，通过比较可以看出成本效益的升降，从而说明企业在成本管理方面的水平是否有所进步。

【例 9-3】 依据上例企业编制的按成本项目反映的产品生产成本表和产品成本计划，进行全部产品总成本按成本项目的分析，见表 9-4。

表9-4 全部产品成本计划完成情况分析——按成本项目分析

工厂　　　　　　　　　　　　　　　　2010年度　　　　　　　　　　　　　　单位：元

成本项目	实际产量的总成本		与计划成本比	
	按本年计划单位成本计算	本年实际	成本降低额	成本降低率（%）
直接材料	195 240	213 044.4	-17 804.4	-9.12
直接人工	81 350	75 596.4	5 753.6	7.07
制造费用	48 810	54 979.2	-6 169.2	-12.64
合计	325 400	343 620	-18 220	-5.6

从表9-4中可以看到，按成本项目反映的全部产品成本计划完成情况，与计划比较的成本降低额-18 220元，成本降低率为-5.6%。从表中可以看出，构成产品总成本的三个成本项目，直接材料和制造费用项目均完成了计划，降低率分别为9.12%、12.64%；直接人工超支，与计划比较的降低率为7.07%，超支的原因应进一步分析。

二、按产品种类反映的产品生产成本表的编制和分析

（一）按产品种类反映的生产成本表的结构、编制及作用

1. 按产品种类反映的生产成本表的结构

该表是按产品种类汇总反映工业企业在报告期内生产的全部产品的单位成本和总成本的报表。该表按实际产量、单位成本、本月总成本和本年累计总成本四部分分别反映。并且按照产品种类分别反映本月产量、本年累计产量，以及上年实际成本、本年计划成本、本月实际成本和本年累计实际成本。

在按产品种类反映的产品生产成本表中，应按可比产品和不可比产品分别填列，反映可比产品、不可比产品、全部产品的本月总成本和本年累计总成本。对于其中各种主要产品，还分别反映其实际产量、单位成本、本月总成本和本年累计总成本，另外还要反映可比产品成本的降低额和降低率。

可比产品是指上一年度正式生产过、具有完整的上年成本资料可以进行比较的产品。可比产品在该表中应反映上年成本资料。不可比产品是指上一年度没有正式生产过，因而也没有完备的成本资料的产品以及虽非初次生产，但以前仅属试制而未正式投产、缺乏可比资料的产品。不可比产品在表中不反映上年成本资料。

【例9-4】表9-5列示了某企业20××年12月份的产品生产成本（按产品种类反映）表。

表 9-5　　产品生产成本（按产品种类反映）表

××工厂　　　　　　　　　　　　　　　　　20××年12月份　　　　　　　　　　　　　　　　　单位：元

产品名称	实际产量（件）		单位成本（元）				本月总成本			本年累计总成本		
	本月	本年累计	上年实际平均	本年计划	本月实际	本年累计实际平均	按上年实际平均单位成本计算	按本年计划单位成本计算	本月实际	按上年实际平均单位成本计算	按本年计划单位成本计算	本年实际
可比产品												
甲产品	200	2 000	100	90	88	98	20 000	18 000	17 600	200 000	180 000	196 000
乙产品	40	500	200	190	180	193	8 000	7 600	7 200	100 000	95 000	96 800
小计	/	/	/	/	/	/	28 000	25 600	24 800	300 000	275 000	292 500
不可比产品												
丙产品	10	120	/	420	425	426	/	4 200	4 250	/	50 400	51 120
合计	/	/	/	/	/	/	29 800	29 050	/	325 400	343 620	

可比产品成本的降低额 = 可比产品按上年实际平均单位成本计算的本年累计总成本 - 本年累计实际总成本

可比产品成本的降低额 = 300 000 - 292 500 = 7 500（元）

$$可比产品成本降低率 = \frac{可比产品成本降低额}{按上年实际平均单位成本计算的本年累计总成本}$$

$$可比产品成本降低率 = \frac{7\ 500}{300\ 000} \times 100\% = 2.5\%$$

2. 按产品种类反映的生产成本表的编制

编制产品生产成本表，主要依据有关产品的"产品生产成本明细账"、年度成本计划、上年本表等资料填列下列有关项目。

（1）"产品名称"项目。

本项目应填列主要的"可比产品"与"不可比产品"的名称。

（2）"实际产量"项目。

本项目应根据"产品成本明细账"的记录计算填列。

它分为两栏，分别反映本月和从年初至本月末止各种主要产品的实际产量，它应根据成本计算单或产品成本明细账的记录计算填列。其中，本年累计实际产量，应根据本月实际产量，加上上月本表的本年累计实际产量计算填列。

（3）"单位成本"项目。

它反映各主要产品的上年实际、本年计划、本月实际和本年累计实际的单位成本。

①"上年实际平均成本"项目。各种可比产品均要填列该项目，它根据上年度本表所列各种产品的全年累计实际平均单位成本填列。

②"本年计划单位成本"项目。根据年度成本计划成本所列示的单位成本填列。

③"本月实际单位成本"项目：根据有关产品成本明细账中的资料，按下列公式

填列：

$$某产品本月实际单位成本 = \frac{该产品本月实际总成本}{该产品本月实际产量}$$

④ "本年累计实际平均单位成本"项目：根据有关产品成本明细账资料计算填列，计算方法为：

$$某产品本年累计实际平均单位成本 = \frac{该产品本年累计实际总成本}{该产品本年累计实际产量}$$

（4）"本月总成本"项目。

反映各种主要产品按本月实际产量计算的上年实际、本月计划和本月实际的总成本，以便按月考核产品成本计划的完成情况。其中本月实际总成本，应根据成本计算单的有关数字填列；按上年实际平均单位成本计算的总成本和按本年计划单位成本计算的总成本，根据上年实际平均单位成本、本年计划单位成本，分别乘以本月实际产量计算填列。

（5）"本年累计总成本"各项目。

反映各种主要产品按本年累计实际产量计算的上年实际、本年计划和本年累计实际的总成本，借以考核年度内成本计划的执行结果。填列方法与前项类似。

编制产品生产成本表时应注意以下几点：

生产完成的产品，不论是产成品、出售自制半成品、还是工业性作业，都要包括在本表内。主要产品必须逐一填列，非主要产品可以合并汇总填列。

各种产品必须按"可比产品"与"不可比产品"两列分别填列本表。这是由于可比产品的成本不仅要同本年计划数比较，还要同上年实际数比较；不可比产品成本则只同本年计划数比较。

3. 按产品种类反映产品生产成本表的作用

（1）可以分析和考核各种产品本月和本年累计的成本计划的执行结果，对各种类产品成本的节约或超支情况进行评价。

（2）可以分析和考核各种可比产品本月和本年累计的成本比上年的升降情况。

（3）对于规定有可比产品成本降低计划的产品，可以分析和考核可比产品成本降低计划的执行情况，促使企业采取措施，不断降低产品成本。

（4）可以了解哪些产品成本节约较多，哪些产品成本超支较多，为进一步进行产品单位成本分析指明方向。

（二）按产品种类反映的生产成本表的分析

按产品种类反映的产品生产成本表分析，主要包括：

（1）本期实际成本与计划成本的对比分析；

（2）本期实际成本与上期实际成本的对比分析。

对全部产品成本计划的完成情况进行总括评价。通过总评价，一是对企业全部产品成本计划的完成情况有个总括的了解；二是通过对影响计划完成情况因素的初步分析，为进一步分析指出方向。

分析可比产品成本降低计划的完成情况。可比产品降低计划是成本以上年实际平均单位成本为依据制定的，具体包括降低额和降低率两个指标。可比产品成本降低计划完成情况分析，就是将可比产品的实际降低额（按实际产量计算）和降低率与计划降低额（按计划产量计算）和降低率进行比较，来检查是否完成成本降低任务，并针对完成情况做进一步的分析。

三、主要产品单位成本表的编制和分析

（一）主要产品单位成本表的结构、编制和作用

1. 主要产品单位成本表的结构

主要产品单位成本表是反映工业企业报告期内生产的各种主要产品的单位成本及其构成情况的报表。该表应按主要产品分别编制，即每种主要产品都要编制一张主要产品单位成本报表。该表是产品生产成本（按产品种类反映）表中某些主要产品成本的进一步反映。

该表按成本项目，分别反映各种主要产品的历史先进水平单位成本、上年实际平均单位成本、本年计划单位成本、本月实际单位成本和本年累计实际平均单位成本等指标。为了便于分析，该表还可以提供有关产品产量的资料。其一般格式见表9-6。

表9-6 主要产品单位成本表

20××年 12 月

产品名称：丙		产品销售单价：540 元
产品规格：		本月实际产量：10 件
计量单位：件		本年累计实际产量：110 件

成本项目	历史先进水平	上年实际平均	本年计划	本月实际	本年累计实际平均
单位产品生产成本			420	425	426
其中：直接材料			252	275	265
直接人工			63	48	60
制造费用			105	102	101

2. 主要产品单位成本表的编制

（1）"历史先进水平"，是指本企业历史上该种产品实际平均单位成本最低年份的单位成本，应根据历史上该种产品成本最低年度的成本计算资料填列；

（2）"上年实际平均""本年计划""本月实际"单位成本等指标的填列方法，与"产品生产成本（按产品种类反映）表"中单位生产成本的填列方法基本相同，主要产品单位成本表仅增加了成本项目的资料。

3. 编制主要产品单位成本表的作用

（1）可以按照成本项目考核主要产品单位成本计划的执行结果，分析各项单位成本节约或者超支的原因，为进一步分析产品成本升降的原因，寻找降低产品成本的途径指明方向；

（2）可以按照成本项目将本月实际单位成本和本年累计实际平均单位成本与上年实际平均单位成本和历史先进单位成本进行对比，了解其发展趋势；

（3）可以分析和考核主要产品的主要技术经济指标执行情况。

（二）主要产品单位成本表的分析

主要产品是指分析期正常生产、大量生产的产品，其产量、消耗量、成本、收入及利润在全部产品中所占比重很大，是成本分析的重点。主要产品一般在上年生产过，有上年成本资料可以比较，所以，也称为可比产品。在产品成本计划中，除了规定主要产品的计划单位成本和计划总成本以外，还规定了与上年比较的成本降低任务，即可比产品计划成本降低额和降低率。因此，主要产品成本计划完成的分析主要是成本降低任务完成的分析。在分析时，应结合产品生产成本表进行，以便更全面了解企业的情况。分析的重点应选择成本超支或节约较多的产品地进行，以便克服缺点，吸取经验，更有效地降低产品的单位成本。

分析主要产品成本降低任务的完成情况，应采用连环替代分析法的基本原理。其步骤为①确定分析对象；②确定影响成本降低任务完成的主要因素；③计算出各个因素变动对成本降低任务完成的影响程度。

1. 确定分析对象

主要产品成本降低任务完成情况的分析，其分析对象是主要产品实际成本降低额与计划成本降低额的差额，以及主要产品实际成本降低率与计划成本降低率的差额。

【例 9-5】某工厂本年主要产品成本计划表见表 9-7，其他资料见表 9-5、表 9-6。

表 9-7　产品成本计划表

编制单位：　　　　　　　　　　　　　20××年度　　　　　　　　　　　单位：元

产品名称	计量单位	计划产量	单位成本		计划产量的总成本		成本降低任务	
			上年实际	本年计划	按上年实际单位成本计算	按本年计划单位成本计算	成本降低额	成本降低率%
甲产品	件	1650	100	90	165 000	148 500	16 500	10
乙产品	件	550	200	190	110 000	104 500	550	5
合计	——				275 000	253 000	22 000	8

根据表 9-7 提供的资料可知，该厂主要产品计划产量按上年实际平均单位成本计算的总成本为 275 000 元，计划总成本 253 000 元，计划成本降低额为 22 000 元，计划成本降低率为 8.00%。由上可见，主要产品的计划成本降低额和降低率，是与上年比较计算的，因此，为了便于考核，主要产品实际成本降低额和降低率也应与上年比较计算。

根据表 9-6 提供的资料，该厂主要产品实际产量按上年平均单位成本计算的总成本 300 000 元，实际总成本 292 500 元，与上年相比，主要产品实际成本降低额为 7 500 元，实际成本降低率为 2.5%。

以上计算结果表明，企业主要产品实际成本降低额比计划少完成 14 500 元（22 000-7 500），实际成本降低率较计划少 5.5%（2.5%-8.00%）。成本降低额 14 500 元和成本降低率 5.5% 就是我们要进行因素分析的对象。这一确定分析对象的计算过程见表 9-8。

表 9-8　主要产品成本降低任务完成情况分析表

编制单位：　　　　　　　　　　　20××年度　　　　　　　　　　　　单位：元

项目	成本降低额	成本降低率
1. 计划数		
甲产品	16 500	10%
乙产品	550	5%
合计	22 000	8%
2. 实际数		
甲产品	4 000	2%
乙产品	3 500	3.5%
合　计	7 500	2.5%
3. 差异数(分析对象)		
甲产品	12 500	8%
乙产品	2 950	-1.5%
合　计	14 500	5.5%

2. 确定影响成本降低任务完成的因素

表 9-8 的计算结果表明，企业主要产品成本降低任务已完成，成本降低额比计划少完成 14 500 元，成本降低率少 5.5%。但是分产品看，乙产品的成本降低额和降低率都超额完成了计划，而甲产品成本降低额比计划少 12 500 元，成本降低率比计划低 8%，直接影响了企业成本降低任务的超额完成。

影响主要产品成本降低任务完成的因素，从单一产品来看，影响成本降低率的因素主要有产品单位成本；影响成本降低额的有产品单位成本和产品产量两个因素。从多种产品综合来看，影响成本降低率的因素主要有产品单位成本和产品品种结构；影响成本降低额的有产品单位成本、产品产量和产品品种结构三个因素。

3. 计算各个因素变动对成本降低任务完成的影响程度

该企业成本降低额和成本降低率均未完成计划。具体应从产品产量、产品品种结构和产品单位成本三方面进行分析。在计算时应先计算出基数，然后依次替换各因素：

按计划产量、计划品种结构、计划单位成本计算的降低额：

275 000　25 3000＝22 000 (元) ①

按实际产量、计划品种结构、计划单位成本计算的降低额：

300 000×8%＝24 000 (元) ②

按实际产量、实际品种结构、计划单位成本计算的降低额：

300 000－275 000＝25 000 (元) ③

按实际产量、实际品种结构、实际单位成本计算的降低额：

300 000－292 500＝7 500 (元) ④

（1）产品产量变动对降低额的影响程度：②-①

24 000－22 000＝2 000 (元)

（2）产品品种结构变动对降低额的影响程度：③-②

25 000-24 000=1 000（元）

产品品种结构变动对降低率的影响程度：

1 000÷300 000×100%=0.33%

（3）单位成本变动对降低额的影响程度：④-③

7 500-25 000=-17 500（元）

单位成本变动对降低率的影响程度：

-17 500÷300 000×100%=-5.83%

各因素对降低额影响程度合计：2 000+1 000-17 500=-14 500（元）

各因素对降低率影响程度合计：0.33%-5.83%=-5.5%

从上述计算结果可知：单位成本上升是未完成降低计划的主要原因，应进一步对单位成本做出分析。

任务三 各种费用报表的编制和分析

各类费用是指企业在生产经营过程中，各个车间、部门为进行产品生产、组织和管理生产经营活动所发生的制造费用、产品销售费用、管理费用和财务费用。制造费用属于产品成本的组成部分，后三种属于期间费用。编制上述四种费用报表的作用在于反映各项费用计划的执行情况，分析各种费用变动的原因以及对产品成本和当期损益的影响。

制造费用、产品销售费用、管理费用和财务费用，虽然有的是作为生产费用，计入产品的成本，有的是作为期间费用，直接进入当期损益，各自的经济用途不同，但是，它们都是由许多具有不同经济性质和不同经济用途的费用组成的，这些费用支出的节约或浪费，往往是与企业的行政管理部门和生产车间工作的质量和有关责任制度、节约制度的贯彻执行情况密切相关的。因此，向各有关部门、车间编报上述报表，分析这些费用的支出情况，不仅是促进节约各项费用支出、杜绝铺张浪费、不断降低成本和增加赢利的重要途径，同时也是推动企业改进生产经营管理工作，提高工作效率的重要措施。

一、制造费用明细表的编制和分析

制造费用明细表是反映工业企业在报告期内发生的制造费用总额及其构成情况的报表。由于辅助生产车间的制造费用已通过辅助生产费用的分配转入基本生产车间制造费用、管理费用等有关成本、费用项目，因而该表的制造费用只反映基本生产车间制造费用，不包括辅助生产车间制造费用，以免重复反映。

（一）制造费用明细表的结构和编制

该表一般按照制造费用的明细项目分别反映各明细构成费用的本年计划数、上年同期实际数、本月实际数和本年累计实际数。利用制造费用明细表，可以分析制造费用的构成和增减变动情况，考核制造费用预算的执行情况，可以判断制造费用的变化趋势，以便加强对制造费用的控制和管理。

制造费用明细表的格式具体见表9-9。

194

表 9-9 制造费用明细表

20××年 12 月

单位：元

费用项目	本年计划数	上年同期实际数	本月实际数	本年累计实际数
工资及福利费				
折旧费				
办公费				
水电费				
机物料消耗				
劳动保护费				
在产品盘亏、毁损				
停工损失				
其他				
合计				

上表相关数据的填列：

（1）"本年计划数"应该根据本年制造费用的预算资料填列。

（2）"上年同期实际数"应根据上年同期本表的本月实际数填列。

（3）"本月实际数"应根据"制造费用"总账科目所属的各基本生产车间制造费用明细账本月末的累计数汇总计算填列。

（4）"本年累计实际数"根据制造费用明细账中各费用项目本年累计发生额填列，也可以将"本月实际数"加上上月本表中"本年累计实际数"后填列。如果需要，也可以根据制造费用的分月计划，在表中加列本月计划数。

（二）制造费用明细表的分析

对制造费用明细表进行分析所应采用的方法，主要是对比分析法和构成比率分析法。

分析制造费用明细表时，应注意以下事项：

（1）在采用对比分析法进行分析时，通常先将本月实际数与上年同期实际数进行对比，揭示本月实际与上年同期实际之间的增减变化。在表中列有本月计划数的情况下，则先应进行这两者的对比，以便分析和考核制造费用月份计划的执行情况。在将本年累计实际数与本年计划数进行对比时，如果该表不是 12 月份的报表，这两者的差异只反映年度内计划完成情况，它能发出信号，提醒人们注意已经发生的问题。如果该表是 5 月份的报表，而其本年累计实际数已经接近、达到甚至超过本年计划的半数量，就应注意节约以后各月的费用，以免全年的实际数超过计划数。如果该表是 12 月份的报表，则本年累计实际数与本年计划数的差异就是全年费用计划执行的结果。为了具体分析制造费用增减变动和计划执行好坏的情况和原因，上述对比分析应该按照费用项目进行。由于制造费用的项目很多，分析时应该选择超支或节约数额较大或者费用比重较大的项目

有重点地进行。

（2）各项制造费用的性质和用途不同，评价各项目费用超支或节约时应该联系费用的性质和用途具体分析，不能简单地将一切超支都看是不合理的、不利的；也不能简单地将一切节约都看成是合理的、有利的。例如，劳动保护费的节约，可能使机器带病运转，影响机器寿命，可能缺少必要的劳动保护措施，影响安全生产。只有在保证机器设备的维修质量和正常运转，保证安全生产的条件下节约劳动保护费才是合理的、有利的。又如，机物料消耗的超支也可能是由于追加了生产计划，增加了开工班次，相应增加了机物消耗的结果。这样的超支也是合理的，不是成本管理的责任。

（3）在分项目进行制造费用分析时，还应特别注意"在产品盘亏和毁损"以及"停工损失"等非生产性的损失项目的分析。这些项目的发生额都是生产管理不良的结果。在分析"在产品盘亏和毁损"项目时，还应注意其中有无盘盈的抵消数。因为在产品盘盈的价值会冲减、掩盖一部分盘亏和毁损的损失。在产品盘盈也是由于生产管理不良或者核算上差错造成的，不是生产车间工作的成绩。

（4）采用构成比率进行制造费用分析时，可以计算某项费用合计数的构成比率，也可将制造费用分为与机器设备使用有关的费用（例如机器设备的折旧费、机物料消耗等，如果动力费不专设成本项目，还应包括动力费）与机器设备使用无关的费用（例如车间管理人员工资及福利费、办公费等），以及非生产性损失等几类，分别计算其占制造费用合计数的构成比率。可以将这些构成比率与企业或车间的生产、技术特点联系起来，分析其构成是否合理；也可以将本月实际和本年累计实际的构成比率与本年计划的构成比率和上年同期实际的构成比率进行对比，揭示其差异和与上年同期的增减变化，分析差异的增减变化是否合理。

二、期间费用明细表的编制和分析

期间费用明细表是反映企业报告期内发生的各项经营管理费用及其构成情况的报表。该表包括销售费用明细表、管理费用明细表和财务费用明细表等。编制期间费用明细表，有利于企业对期间费用的增减变动情况进行分析，考核期间费用计划的执行情况，促进企业节约成本，提高经济效益。

各费用明细表分别设置了"本年计划""上年同期实际""本月实际"和"本年累计实际"等栏目。其具体格式分别见表 9-10、表 9-11 和表 9-12。

（一）各期间费用明细表的结构和编制

表 9-10　销售费用明细表

年　月

项目	本年计划	上年同期实际	本月实际	本年累计实际
工资				
职工福利费				
运输费				

续表9-10

项目	本年计划	上年同期实际	本月实际	本年累计实际
装卸费				
包装费				
保险费				
展览费				
广告费				
销售部门办公费				
……				
销售费用合计				

表 9-11　管理费用明细表

年　月

项目	本年计划	上年同期计划	本月实际	本年累计实际
1. 工资				
2. 职工福利费				
3. 折旧费				
4. 办公费				
5. 差旅费				
6. 租赁费				
7. 修理费				
8. 咨询费				
9. 诉讼费				
10. 排污费				
11. 物料消耗				
12. 低值易耗品摊销				
13. 无形资产摊销				
14. 递延资产摊销				
15. 坏账损失				
16. 研究与开发费				
17. 技术转让费				
18. 业务招待费				
19. 工会经费				

续表9-11

项目	本年计划	上年同期计划	本月实际	本年累计实际
20. 职工教育经费				
21. 待业保险费				
22. 劳动保险费				
23. 税金				
24. 房地产				
25. 车船使用税				
26. 土地使用税				
27. 印花税				
……				
管理费用合计				

表9-12　财务费用明细表
年　月

项目	本年计划	上年同期计划	本月实际	本年累计实际
1. 利息支出				
2. 现金折扣				
3. 手续费				
4. 汇兑损益				
……				
财务费用合计				

上述各表中有关数据的填列：

（1）"本年计划"数应分别根据企业本年度销售费用、管理费用和财务费用计划填列。

（2）"上年同期实际"数应分别根据上年同期各表的"本年累计实际"数填列。如果表内所列费用项目在名称和内容上不相一致的，应对上年度的各项数字按本年度表内项目的规定进行调整。

（3）"本月实际"数应分别根据销售费用、管理费用和财务费用明细账的本月合计数填列。

（4）"本年累计实际"数应分别根据销售费用、管理费用和财务费用明细账自本年初至本月末为止的累计数填列。

（二）期间费用报表的分析

由于上述各种费用都是按整个公司（总厂）或分厂、车间、部门编制计划加以控制的，因而分析各种费用计划的执行情况，查明各种费用实际脱离计划的原因，也只能按整个公司（总厂）或分厂、车间、部门来进行。

对上述各种费用进行分析，应注意以下几点：

（1）应根据表中资料与本年计划相比较，确定实际脱离计划差异，然后分析差异的原因。由于各种费用所包括的费用项目具有不同的经济性质和用途，各项费用的变动又分别受不同因素变动影响，因此，在确定费用实际支出脱离计划差异时，应按各组成项目分别进行，而不能只检查各种费用总额计划的完成情况，不能用其中一些费用项目的节约来抵补其他费用的超支。

（2）要注意不同费用项目支出的特点，不能简单地把任何超出计划的费用支出都看作是不合理的；同样，对某些费用支出的减少也要做具体分析：有的可能是企业工作成绩，有的则可能是企业工作中的问题。例如，管理费用中的职工教育经费等费用的减少，并不一定由于工作的改进。相反，不按计划进行上述活动或采取必要的措施，有可能造成劳动生产率下降和产品质量下降，甚至影响安全生产。而在超额完成产量计划，增加开工班次的情况下，相应地增加机物料消耗和设备维护费、修理费、运输费也是合理的。总之，不能孤立地看这些费用是超支还是节约了，而应该结合其他有关情况，结合各项技术组织措施来分析，结合各项费用超支的经济效益进行评价。

（3）在按费用组成项目进行分析时，由于费用项目多，因此每次分析只能抓住重点，对其中费用支出占总支出比重较大的或与计划相比发生较大偏差的项目进行分析。特别应注意那些非生产性的损失项目，如材料、在产品和产成品等存货的盘盈和毁损。因为这些费用的发生与企业管理不善直接相关。

（4）分析时，除以本年实际与本年计划相比，检查计划完成情况外，为了从动态上观察、比较各项费用的变动情况和变动趋势，还应将本月实际与上年同期实际进行对比，以了解企业工作的改进情况，并将这一分析与推行经济责任制结合，与检查各项管理制度的执行情况结合，以推动企业改进经营管理、提高工作效率、降低各项费用支出。

同步测试题

一、单选题

1. 按照《企业会计准则》，成本报表属于（　　）。
   A. 对外报表　　　　　　　　　　　B. 对内报表
   C. 既是对内报表，又是对外报表　　D. 对内还是对外由企业决定

2. 填制商品产品成本表必须做到（　　）。
   A. 可比、不可比产品须分别填列　　B. 可比、不可比产品可合并填列
   C. 既可分别，也可合并填列　　　　D. 填制时无需划分可比、不可比产品

3. 影响产品成本的固有因素是（　　）。
   A. 企业规模和技术装备水平　　　　B. 成本管理制度的改革
   C. 市场需求和价格水平　　　　　　D. 生产设备利用效果

4. 成本分析的任务是（　　）。
   A. 确定成本分析的基本程序

B. 明确成本分析目的

C. 确立成本分析标准

D. 检查企业是否贯彻执行国家有关的方针、政策和财经纪律

5. 指标对比分析法包括（   ）。

A. 趋势分析法　　　　　　　　B. 垂直分析法

C. 水平分析法　　　　　　　　D. 实际指标与计划指标对比

二、多选题

1. 商品产品成本表可以反映可比产品与不可比产品的(   )。

A. 实际产量　　　　　　　　　B. 单位成本

C. 本月总成本　　　　　　　　D. 本年累计总成本

2. 工业企业编制的成本报表有（   ）。

A. 商品产品成本表　　　　　　B. 主要产品单位成本表

C. 制造费用明细表　　　　　　D. 成本计算单

3. 工业企业编报的成本报表必须做到（   ）。

A. 数字准确　　　　　　　　　B. 内容完整

C. 对外报送　　　　　　　　　D. 编报及时

4. 成本分析的任务是（   ）。

A. 揭示成本差异原因，掌握成本变动规律

B. 挖掘降低成本的潜力，不断提高企业经济效益

C. 合理评价成本计划完成情况，正确考核成本责任单位工作业绩

D. 全面分析与重点分析相结合

5. 影响单位从原材料消耗数量变动的因素有(   )。

A. 产品或产品零部件结构的变化

B. 材料质量的变化

C. 生产中产生废料数量和废料回收情况的变化

D. 材料价格的变化

三、判断题

1. 因素分析法是依据分析指标与其影响因素之间的关系，按照一定的程序和方法，确定各因素对分析指标差异影响程度的一种技术分析方法。（   ）

2. 成本分析报告没有固定格式，企业只要说明成本计划的完成情况，不必提出建议。（   ）

3. 比较分析法指适用于同质指标的数量对比。（   ）

4. 影响可比产品成本降低率指标变动的因素有产品产量、产品品种构成和产品单位成本。（   ）

5. 在分析各项费用计划执行情况时，应根据费用超支或节约情况做出评价。（   ）

四、计算与分析题

1. 根据下列表 1 中资料，运用连环替代法和差额计算法计算确定各有关因素变动对材料成本的影响。

表 1 甲产品材料消耗资料表

年 月

项目	计量单位	计划指标	实际指标
产品产量	吨	200	190
材料单耗	千克	300	320
材料单价	元	15	20

2. 某企业有关产品成本资料如下表：

产品产量及单位成本资料

年 月

产品种类	单位	产量		单位成本			
		本月	本年累计	上年实际	本年计划	本月实际	本年实际
可比产品 甲产品 乙产品	件 件	100 200	1 100 2 450	163 134	162 135	161 136	161.5 135.5
不可比产品 丙产品	件	300	3 500		108	106	107

要求：编制产品成本报表。

课后习题答案

项目一

一、单项选择题

1-5 A C A D B   6-10 D C D C B

二、多选题

1 BCDE   2 ACE   3 ABDE   4 ABCDE   5 ABC

三、判断题

1-5 √ × √ √ ×

四、案例分析题

本案例的处理涉及成本开支范围问题。

成本开支范围是国家为了加强成本管理，正确计算成本，防止滥挤成本、乱摊费用，对计入产品成本的各项费用所作的统一规定。按现行制度规定，应该计入成本的包括下列各项：

（1）生产经营过程中实际消耗的原材料、辅助材料、备品配件、外购半成品、燃料、动力、包装物的原价和运输、装卸、整理等费用。（包括生产过程中发生的废品损失和停工损失）

（2）企业直接从事产品生产人员的应付职工薪酬。

（3）车间房屋建筑物和机器设备的折旧费、租赁费、低值易耗品的摊销费等。

（4）其他为组织、管理生产活动所发生的制造费用。

企业发生下列费用，不应计入成本：

（1）企业为组织、管理生产经营活动所发生的管理费用、财务费用、销售费用。

（2）购置和建造固定资产的支出、购入无形资产和其他资产的支出。

（3）对外界的投资以及分配给投资者的利润。

（4）被没收的财物以及违反法律而支付的各项滞纳金、罚款以及企业自愿赞助、捐赠的支出。

（5）在公积金、公益金中开支的支出。

（6）国家法律、法规规定以外的各种付费。

（7）国家规定不得列入成本的其他支出。

成本开支范围是国家根据成本的客观经济内涵、国家的分配方针和企业实行独立经济核算要求而规定的。各企业必须严格遵守国家规定的成本开支范围，以保证成本计算的正确性、可比性。

按照上述规定，对该企业发生的各项支出分析评论如下：

（1）为制造产品消耗材料费用 250 000 元，虽消耗的是前期储备材料，但因在本期用于产品生产，符合产品成本开支范围的规定，故应计入产品成本中。

（2）为制造产品支付工资费用 150 000 元，符合。

（3）生产设备和生产用房屋计提折旧费用 80 000 元，符合。而行政管理部门办公设备和办公用房屋计提折旧费用 30 000 元，应计入管理费用，从当期利润中一次扣除，与产品成本没有关系，不符合。

（4）生产过程中发生因料废品损失 5 000 元，废品损失虽不能形成产品的价值，但为了促使企业加强成本核算，应计入产品成本中。

（5）购买新的生产设备支付银行存款 500 000 元，是资本性支出，不能计入当期产品成本中，而应该在该资产投入使用后，按照合理的方式分期转入各期的成本费用中。

（6）维修生产用厂房支付现金 3000 元，计入管理费用科目。

（7）对外投资支付现金 20 000 元；不符合。

（8）向投资者分配利润 30 000 元，属于企业利润分配，与生产过程没有关联，不符合。

（9）以现金支付办公费用 4 000 元，应计入管理费用，不符合。

（10）以银行存款支付广告费 50 000 元，应计入销售费用，不符合。

（11）因违反税法有关规定被处罚，支付现金 6 000 元；应计入营业外支出中，与产品成本没有关系，不符合。

（12）生产车间保险费 6000 元，按着规定本月计入产品成本 500 元；行政管理部门保险费 3 000 元，本月计入管理费用 250 元。

（13）支付本期利息支出 600 元；应计入财务费用。不计入产品成本。

（14）支付生产车间水电费 1 000 元；符合。

（15）向长期合作单位捐赠现金 40 000 元，与产品成本没有关系，不计入。

项目二
一、单选题
1-5　B A D D D
二、多选题
1　ABE　　2　ABC　　3　ABCD　　4　ABE　　5　AC
三、判断题
1-5　√×× √×
四、案例分析

进行成本核算，必须做好各项基础工作，包括建立定额管理制度，制定必要的消耗定额，加强物资的计量、验收、领发和清查制度，建立内部结算制度，制定内部结算价格，以及建立原始记录制度，制定合理的凭证传递流程。

本案例中的企业存在的问题，就是没有做好成本核算的基础工作。该企业只从成本效益原则出发，减少了一些必要的基础工作，比如材料消耗是根据实际领料数量进行核算，没有考核标准。对这个问题，解决的办法是制定材料消耗定额，如原材料消耗定额、材料利用率、材料损耗率等。制定了消耗定额后，在生产过程中应对材料消耗进行控制，并采取适当的奖罚措施，调动生产部门所有职工节约生产消耗的积极性，从而达到降低产品成本的目的。

对于领用材料计量不够准确的问题，应加强材料物资的计量工作。做好材料物资的计量、验收、领发和清查工作，是正确计算成本的必要条件。企业一切物资的收发都要经过计量验收和办理必要的凭证手续。库存物资应定期进行清查、盘点，做到账物相符，对于不能点数的材料不能采用目测的方法估算。应根据不同计量对象，配置必要的计量器具。领发材料物资必须要有严格的手续制度，如果制定了消耗定额，应按定额发料，以控制生产消耗。

项目三

一、单选题

1-5　A C C C D　　6-10　C A C A D

二、多选题

1　ABDE　　2　ABCD　　3　AC　　4　BDE　　5　AC

三、判断题

1-5　× × √ √ √　　6-10　√ √ √ × √

四、计算题

1. 甲产品材料定额消耗量 ＝25×200＝5 000（千克）

乙产品材料定额消耗量 ＝30×300＝9 000（千克）

材料消耗量分配率 ＝ 15 400÷(5 000+9 000)＝ 1.1

甲产品分配材料实际消耗量 ＝ 1.1×5 000＝5 500（千克）

乙产品分配材料实际消耗量 ＝ 1.1×9 000＝9 900（千克）

甲产品分配的材料费用 ＝5 500×10＝ 55 000（元）

乙产品分配的材料费用 ＝9 900×10＝99 000（元）

会计分录：

借：基本生产成本——甲产品——直接材料　　　　　　　　55 000

　　　　　　　　——乙产品——直接材料　　　　　　　　99 000

　　贷：原材料——甲材料　　　　　　　　　　　　　　　　154000

2. A产品材料定额费用

＝A产品所耗甲材料定额费用＋A产品所耗乙材料定额费用

＝15×5×200+8×8×200＝27 800（元）

B产品材料定额费用

＝B产品所耗甲材料定额费用＋B产品所耗乙材料定额费用

＝15×6×100+8×10×100＝17 000（元）

材料费用分配率＝42 560÷(27 800+17 000)＝0.95

A产品应分配的实际材料费用＝0.95×27 800＝26 410（元）

B产品应分配的实际材料费用＝0.95×17 000＝16 150（元）

会计分录如下。

借：基本生产成本——A产品——直接材料　　　　　　　　　　26 410

　　　　　　——B产品——直接材料　　　　　　　　　　16 150

　　贷：原材料　　　　　　　　　　　　　　　　　　　　　　　　　42 560

3. 方法一：按30天计算日工资率，计算出勤工资。

日工资率 = 1 200/30 = 40（元/天）

应付出勤工资 = 40×（17+8+3） = 1 120（元）

应付病假工资 = 40×2×90% = 72（元）

应付工资 = 1 120+70 = 1 192（元）

方法二：按30天计算日工资率，扣算缺勤工资。

应扣事假工资 = 40×1 = 40（元）

应扣病假工资 = 40×2×（1-90%） = 8（元）

应付工资 = 1 200-40-8 = 1 152（元）

这两种方法下计算的应付工资并不相同，相差40元，即一天的工资，这是因为日工资率按30天计算，而8月份实际天数为31天。

方法三：按21.75天计算日工资率，计算出勤工资。

日工资率 = 1 200/21.75 = 55.17（元/天）

应付出勤工资 = 55.17×20 = 1 103.4（元）

应付病假工资 = 55.17×2×90% = 99.31（元）

应付工资 = 1 103.4+ 99.31 = 1 202.71（元）

方法四：按21.75天计算日工资率，扣算缺勤工资。

应扣事假工资 = 55.17 ×1 = 55.17（元）

应扣病假工资 = 55.17 ×2×（1-90%） = 11.03（元）

应付工资 = 1 200- 55.17 -11.03 = 1 133.8（元）

这两种方法下计算的应付工资也并不相同，相差68.91元，这是因为日工资率按21.75天计算，而8月份计薪天数为23天。

4. A产品计件单价 = 1×3.2 = 3.2（元）

B产品计件单价 = 2×3.2 = 6.4（元）

应付计件工资 = （90-2）×3.2+80×6.4 = 793.6（元）

5. 分配方法如下：

外购动力费用分配表

2009 年 6 月 30 日

应借账户		分配标准（生产工时）	分配率	分配金额
生产成本——基本生产成本	A产品成本	7 000（小时）		1 750
	B产品成本	9 000（小时）		2 250
	小计	16 000（小时）	0.25	4 000

续表

应借账户		分配标准（生产工时）	分配率	分配金额
生产成本——辅助生产成本	供汽车间	—		600
	供水车间	—		200
	小计	—		800
制造费用		—		300
管理费用		—		500
合计		—		5 600

根据以上"外购动力费用分配表"，应做如下账务处理。

借：生产成本——基本生产成本——A 产品成本（燃料及动力）　1 750

　　　　　　　　　　　　——B 产品成本（燃料及动力）　2 250

　　　　　　辅助生产成本——供汽车间——水电费　600

　　　　　　　　　　　　——供水车间——水电费　200

　　制造费用——水电费　300

　　管理费用——水电费　500

　　贷：银行存款　　　　　　　　　　　　5 600

6. 借：生产成本——辅助生产成本——供水车间（折旧费）　2 100

　　　　　　　　　　　　——供汽车间（折旧费）　900

　　制造费用——折旧费　12 000

　　管理费用——折旧费　4 500

　　销售费用——折旧费　1 500

　　贷：累计折旧　　　　　　　　　　　　21 000

7.

辅助生产费用分配表

2009 年 6 月 30 日

辅助生产车间	供水车间	供电车间	合计数
待分配费用（元）	5 200	9 200	14 400
劳务供应量	4 000 吨	22 500 千瓦·时	——
计划单位成本	1.5	0.42	——

续表

辅助生产车间			供水车间	供电车间	合计数
辅助车间	供水车间	耗用数量		1 200 千瓦·时	
		分配金额		504	504
	供电车间	耗用数量	200 吨		
		分配金额	300		300
基础生产车间		耗用数量	3 500 吨	19 800 千瓦·时	——
		分配金额	5 250	8 316	13 566
管理部门		耗用数量	300 吨	1 500 千瓦·时	——
		分配金额	450	630	1 080
按计划成本分配数			6 000	9 450	15 450
辅助生产实际成本			5 704	9 500	15 204
辅助生产成本差异			−296	+50	−246

供水车间实际成本＝分配前成本＋从供电车间分配的成本＝5 200＋504＝5 704（元）

同理：发电车间实际成本＝9 200＋300＝9 500（元）

（1）结转分配会计分录

借：生产成本——辅助生产成本——供水　　　　　　　　504

　　　　　　　　　　　　　　　——供电　　　　　　　300

　　制造费用——基本车间　　　　　　　　　　　　13 566

　　管理费用　　　　　　　　　　　　　　　　　　1 080

　　贷：生产成本——辅助生产成本——供电　　　　　9 450

　　　　　　　　　　　　　　　　——供水　　　　　6 000

（2）分配成本差异分录

借：管理费用　　　　　　　　　　　　　　　　　　−246

　　贷：生产成本——辅助生产成本——供水　　　　　−296

　　　　　　　　　　　　　　　　——供电　　　　　+50

8. 第一，直接分配法

辅助生产费用分配表

2009 年 6 月 30 日

项目	供水车间	供电车间	合计
待分配辅助生产费用（元）	2 065	4 740	6 805
供应辅助生产以外的劳务数量	31 300立方米	20 000千瓦·时	——
单位成本（分配率）	0.066	0.237	

续表

项目		供水车间	供电车间	合计
基本生产——丙产品	耗用数量		10 300	——
	分配金额		2 441	2 441
基本生产车间	耗用数量	20 500	8 000	——
	分配金额	1 353	1 896	3 249
行政管理部门	耗用数量	8 000	1 200	——
	分配数量	528	284.4	812.4
专设销售机构	耗用数量	2 800	500	——
	分配金额	184	118.5	302.5
合计		2 065	4 740	6 805

借：基本生产成本——丙产品   2 441.10
   制造费用   3 249
   管理费用   812.40
   销售费用   302.50
  贷：生产成本——辅助生产成本——供水   2 065
           ——供电   4 740

第二，交互分配法

辅助生产费用分配表
2009 年 6 月 30 日

项目		供水车间			供电车间			合计
		数量	单位成本（费用分配率）	分配金额	数量	单位成本（费用分配率）	分配金额	
待分配辅助生产费用		41 300	0.05	2 065	23 000	0.21	4 740	6 805
交互分配	辅助生产——供水				3000		630	
	辅助生产——供电	10000		500				
对外分配辅助生产费用		31 300	0.070 1	2 195	20 000	0.230 5	4 610	6 805

续表

项目		供水车间			供电车间			合计
		数量	单位成本（费用分配率）	分配金额	数量	单位成本（费用分配率）	分配金额	
对外分配	基本生产——丙产品				10 300		2 374.2	2 374.2
	基本生产车间	20 500		1 437.05	8 000		1 844	3 281.1
	行政管理部门	8 000		560.8	1 200		276.6	837.4
	专设销售机构	2 800		197.15	500		115.25	312.4
合计		31 300		2 195	20 000		4 610	6 805

（1）交互分配前的单位成本

水单位成本＝2 065/41 300＝0.05（元/立方米）

电单位成本＝4 740/23 000＝0.21［元/（千瓦·时）］

（2）交互分配

供水车间分配电费＝3 000×0.21＝630（元）

供电车间分配水费＝10 000×0.05＝500（元）

（3）交互分配后的实际费用

供水车间实际费用＝2 065+630-500＝2 195（元）

供电车间实际费用＝4 740+500-630＝4 610（元）

（4）交互分配后的单位成本（对外分配单位成本）

水单位成本＝2 195/31 300＝0.070 1

电单位成本＝4 610/20 000＝0.230 5

（5）对外分配

基本生产——丙产品分配电费＝10 300×0.230 5＝2 374.15（元）

基本生产车间分配电费＝8 000×0.230 5＝1 844（元）

基本生产车间分配水费＝20 500×0.070 1＝1 437.05（元）

行政管理部门分配电费＝1 200×0.230 5＝276.60（元）

行政管理部门分配水费＝8 000×0.070 1＝560.80（元）

销售部门分配电费＝500 ×0. 0.235 ＝ 115. 25（元）

销售部门分配水费＝2 800×0. 0 701＝197.15（元）

会计分录：

（1）交互分配

借：生产成本——辅助生产成本——供水　　　　　　　　630

　　　　　　　　　　　　　　　　——供电　　　　　　　　500

　　贷：生产成本——辅助生产成本——供电　　　　　　　　630

　　　　　　　　　　　　　　　　——供水　　　　　　　　500

（2）对外分配

借：基本生产成本——丙产品   2 374.15

　　制造费用   3 281.05

　　管理费用   837.40

　　销售费用   312.40

　　　贷：生产成本——辅助生产成本——供水   2 195

　　　　　　　　　　　　　　　　——供电   4 610

项目四

一、单选题

1-5　C B A B A　　6-10　A C C C C

二、多选题

1　ABCD　　2　ACD　　3　AC　　4　AD　　5　ABC

三、判断题

1-5　× √ √ × ×

四、计算分析题

1. 企业月初在产品 100 件，本月投入 1 200 件，本月完工 1 000 件，则月末在产品数量为：100+1 200-1 000＝300 件。

企业采用在产品按原材料费用计算法计算产品成本，故企业月初在产品成本 5 150 元为月初在产品中所包含的原材料费用。

直接材料项目本月费用合计：5 150+54 000＝59 150 元

原材料于生产开始时一次性投入，故直接材料项目本月费用合计数 59 150 元应按本月完工产品数量和月末在产品数量的比例进行分配。

直接材料项目费用分配率：59 150÷（1 000+300）＝45.5 元

本月完工产品应负担直接材料费用：45.5×1 000＝45 500 元

月末在产品应负担直接材料费用：45.5×300＝13 650 元

或：59 150-45 500＝13 650 元

本月发生直接人工费用 9 000 元，制造费用 5 000 元全部由本月完工产品负担。

则，本月完工产品总成本：45 500+9 000+5 000＝59 500 元

本月完工产品单位成本：59 500÷1 000＝59.5 元

其中，直接材料项目单位成本：45 500÷1 000＝45.5 元

直接人工项目单位成本：9 000÷1 000＝9 元

制造费用项目单位成本：5 000÷1 000＝5 元

2. 月末在产品直接材料定额费用＝20×40＝800（元）

月末在产品直接人工定额费用＝20×8×50%×8＝640（元）

月末在产品制造费用定额费用＝20×8×50%×3＝240（元）

表 4-7 产品成本计算单

产品名称：甲产品　　　　　　　　　　20××年8月　　　　　　　　　　单位：元

项目	直接材料	直接人工	制造费用	合计
生产费用合计	5 000	8 600	4 200	17 800
在产品数量	20	20	20	–
原材料定额费用和定额工时	40	8	8	–
每小时费用定额		8	3	–
月末在产品定额成本	800	640	240	1 680
完工产品成本	4 200	7 960	3 960	16 120

3. 盘盈时：

借：基本生产成本——甲　　　　　　　　　　200

　　贷：待处理财产损益 200

批准后转账：

借：待处理财产损益　　　　　　　　　　　　200

　　贷：管理费用　　　　　　　　　　　　　　　　200

盘亏时：

借：待处理财产损益　　　　　　　　　　　　240

　　贷：基本生产成本——乙　　　　　　　　　　　240

批准后转账：

借：其他应收款　　　　　　　　　　　　　　 20

　　管理费用　　　　　　　　　　　　　　　220

　　贷：待处理财产损益　　　　　　　　　　　　240

在产品毁损：

毁损转账：

借：待处理财产损益（250×28）　　　　　 7 000

　　贷：基本生产成本——丙　　　　　　　　　 7 000

残料入库：

借：原材料　　　　　　　　　　　　　　　 150

　　贷：待处理财产损益　　　　　　　　　　　　150

批准后转账：

借：其他应收款　　　　　　　　　　　　　3 000

　　营业外支出　　　　　　　　　　　　　2 000

　　管理费用　　　　　　　　　　　　　　1 850

　　贷：待处理财产损益　　　　　　　　　　　6 850

4.（1）直接材料项目月末在产品约当产量：

①各工序月末在产品的投料率（投料程度）：

第一道工序：[120÷（120+80）]×100% = 60%

第二道工序：［（120+80）÷（120+80）］×100%＝100%

②各工序月末在产品约当产量：

第一道工序：100×60%＝60 件

第二道工序：80×100%＝80 件

月末在产品约当产量共计：60+80＝140 件

（2）直接人工和制造费用项目月末在产品约当产量：

①各工序月末在产品的完工率（完工程度）：

第一道工序：［15×50%÷（15+10）］×100%＝30%

第二道工序：［（15+10×50%）÷（15+10）］×100%＝80%

②各工序月末在产品约当产量：

第一道工序：100×30%＝30 件

第二道工序：80×80%＝64 件

月末在产品约当产量共计：30+64＝94 件

5. 直接材料消耗量分配率＝（1 000+8 500)/(9 000+1 000)＝0. 95

月末在产品材料消耗量＝0. 95×1 000＝950（公斤）

月末在产品材料费用＝950×5＝4 750（元）

完工产品材料费用＝（1 000+8 500）×5-4 750＝42 750（元）

工时分配率＝（1 500+4 500)/(6 000+2 000)＝0. 75

月末在产品实用工时＝2 000×0. 75＝1 500（小时）

月末在产品加工费用＝1 500×10＝15 000（元）

完工产品加工费用＝6 000×10-15 000＝45 000（元）

成本汇总表　　　　　　　　　　　　　　　　　　　　单位：元

	直接材料费用	加工费用	成本合计
完工产品成本	42 750	45 000	87 750
月末在产品成本	4 750	15 000	19 750
合计	47 500	60 000	107 500

完工产品验收入库的会计分录：

借：库存商品　　　　　　　　　　　　　　　　　　　　　　87 750

　　贷：基本生产成本　　　　　　　　　　　　　　　　　　　　　　87 750

6. 根据以上资料：在产品按定额成本计价法计算月末在产品成本和完工产品成本如下表：

成本汇总表　　　　　　　　　　　　　　　　　　　　单位：元

成本项目	生产费用合计	月末在产品成本	完工产品成本
原材料	48 020	100×70＝7 000	41 020
直接工资	15 250	1 300 ×2. 05＝2 665	12 585
制造费用	12 000	1 300 ×2. 40＝3 120	8 880

续表

成本项目	生产费用合计	月末在产品成本	完工产品成本
合计	75 270	12 785	62 485

项目五

一、单选题

1-5 C B A A A

二、多选题

1 AC 2 ABE 3 ABC 4 ABC 5 ABCD

三、判断题

1-5 √ √ √ × ×

四、计算题

品种法：

表一 原材料分配表

产品名称	甲材料定额消耗量（千克）	原材料	
		分配率（元/千克）	实际成本（元）
A	4 000	10.2	40 800
B	2 500	10.2	25 500
合计	65 00	——	66 300

表一计算步骤：

原材料费用分配率=66 300/（4 000+2 500）=12.2

A 材料应该分担费用=4 000×10.2=40 800

B 材料应该分担费用=2 500×10.2=25 500

表二 工资、制造费用分配表

产品名称	实际工时/小时	工人工资		制造费用	
		分配率(元/小时)	工资额(元)	分配率(元/小时)	费用额(元)
A	26 000	0.4	10 400	0.15	3 900
B	16 000	0.4	6 400	0.15	2 400
合计	42 000	——	16 800	——	6 300

表二计算步骤：

工资费用分配率=16 800/（26 000+16 000）=0.4

A 工人工资应该分担费用=26 000×0.4=10 400

B 工人工资应该分担费用=16 000×0.4=6 400

制造费用分配率=6 300/（26 000+16 000）=0.15

A 应该分担费用=26 000×0.15=3 900

B 应该分担费用 = 16 000×0. 15 = 2 400

表三　产品成本计算单

完工产量: 2 100 千克　　　　在产品: 1 500 千克

产品名称: A 产品　　　　2007年8月　　　　金额单位: 元

摘要	直接材料	直接人工	制造费用	合计
期初在产品成本	13 200	4 600	1 200	19 000
本期生产费用	40 800	10 400	3 900	55 100
生产费用合计	54 000	15 000	5 100	74 100
分配率	15	5	1. 7	21. 7
完工产品成本	31 500	10 500	3 570	45 570
在产品成本	22 500	4 500	1 530	28 530

表三计算步骤:

直接材料分配率 = 54 000/3 600 = 15

A 完工产品直接材料成本 = 2 100×15 = 31 500

A 在产品直接材料成本 = 1 500×15 = 22 500

直接人工分配率 = 15 000/(2 100 + 1 500×60%) = 5

A 完工产品直接人工成本 = 2 100×5 = 10 500

A 在产品直接人工成本 = 1 500×60%×5 = 4 500

制造费用分配率 = 5 100/(2 100 + 1 500×60%) = 1. 7

A 完工产品制造费用成本 = 2 100×1. 7 = 3 570

A 在产品制造费用成本 = 1 500×60%×1. 7 = 1 530

表四　产品成本计算单

完工产量: 1 000 千克　　　　在产品: 0 千克

产品名称: B 产品　　　　2007 年8 月　　　　金额单位: 元

摘要	直接材料	直接人工	制造费用	合计
期初在产品成本	——	——	——	——
本期生产费用	25 500	6 400	2 400	34 300
生产费用合计	25 500	6 400	2 400	34 300
分配率	25. 5	6. 4	2. 4	34. 3
完工产品成本	25 500	6 400	2 400	34 300
在产品成本	——	——	——	——

表四计算步骤:

直接材料分配率 = 25 500/1 000 = 25. 5

B 完工产品直接材料成本 25 500

直接人工分配率 = 6 400/1 000 = 6. 4

B 完工产品直接人工成本 6 400

制造费用分配率＝2 400/1 000＝2.4

B 完工产品制造费用成本＝2 400

均无在产品成本

会计分录：

借：库存商品——A 产品 45 570

       ——B 产品 34 300

  贷：生产成本——基本生产成本——A 产品 45 570

                ——B 产品 34 300

项目六

一、单选题

1-5 A C D A B

二、多选题

1 ABD　　2 ABCDE　　3 ADE　　4 ABE　　5 AC

三、判断题

1-5 √ × √ × √

四、计算题

第一题：

1.901 号成本计算

901 号产品，本月全部完工，7、8、9 三个月份累计生产费用全部为完工产品成本，除以完工产品数量，为完工产品单位成本。

表1　901号产品成本计算单

批号：901　　　　　　　　　产品名称：甲　　　　　　　　投产日期：7月份

购货单位：××　　　　　　　批量：50件　　　　　　　　完工日期：9月份

月	日	摘要	直接材料	直接人工	制造费用	合计
9	1	月初在产品成本	4 000	1 000	1 200	6 200
	30	工资福利费用分配表		400		400
	30	制造费用分配表			500	500
	30	生产费用合计	4 000	1 400	1 700	7 100
	30	完工成本成本	4 000	1 400	1 700	7 100
	30	完工产品单位成本	80	28	34	142

会计分录：

借：库存商品 7 100

  贷：基本生产成本——甲产品 7 100

2.902 号产品成本计算

902 号本月完工 60 件，尚有 40 件未完工，属于是跨月陆续完工，且完工产品数量在批内所占比重较大，生产费用应在完工产品和月末在产品之间进行分配。因原材料一次投入，完工产品和在产品负担的原材料费用相同，按产品数量分配。其余按约当产量比例分配。

（1）约当产量=完工产品数量+在产品约当产量

直接材料项目的约当产量=60+40×100%=100

直接人工项目约当产量=60+40×50%=80

制造费用项目约当产量=60+40×50%=80

（2）完工产品单位成本=生产费用合计÷约当总产量

直接材料项目单位成本=60 000÷100=600

直接人工项目单位成本=22 000÷80=275

制造费用项目单位成本=19 000÷80=237.5

（3）完工产品总成本=完工产品数量×完工产品单位成本

直接材料项目=600×60=36 000

直接人工项目=275×60=16 500

制造费用项目=237.5×60=14 250

（4）月末在产品成本=生产费用合计-完工产品总成本

直接材料项目=60 000-36 000=24 000

直接人工项目=22 000-16 500=5 500

制造费用项目=19 000-14 250=4 750

表2　902号产品成本计算单

批号：902　　　　　　　　产品名称 乙　　　　　　　　投产日期：8月份
购货单位：××　　　　　　批量：100件　　　　　　　本月完工：60件

月	日	摘要	直接材料	直接人工	制造费用	合计
9	1	月初在产品成本	60 000	15 000	13 000	88 000
	30	工资福利费用分配表		7 000		7 000
	30	制造费用分配表			6 000	6 000
	30	生产费用合计	60 000	22 000	19 000	1 010 000
	30	约当产量	100	80	80	
	30	完工产品单位成本	600	275	237.5	1 112.5
	30	完工产品成本	36 000	16 500	14 250	66 750
	30	月末在产品成本	24 000	5 500	4 750	34 250

会计分录：

借：库存商品　　　　　　　　　　　　　　　　　　　　　　66 750

　　贷：生产成本——基本生产成本——乙产品　　　　　　　66 750

3.903号产品成本计算

903号产品本月末完工，发生的费用均为在产品成本。

表 3　903 号产品成本计算单

批号：902　　　　　　　产品名称：丙　　　　　　投产日期：9 月份
购货单位：××　　　　　批量：7 件　　　　　　　完工时期：

月	日	摘要	直接材料	直接人工	制造费用	合计
9	1	月初在产品成本	20 000			20 000
	30	工资福利费用分配表		5 600		5 600
	30	制造费用分配表			4 800	4 800
	30	合计	20 000	5 600	4 800	30 400

第二题

根据上述资料，成本计算过程如下：

（1）开设基本生产成本二级账和 A、B、C、D 四种产品成本计算单。

（2）根据要素费用分配表登记基本生产成本二级账，产品成本计算单。

产品成本计算单，平时只登记直接材料费用和生产工时数，只有当产品完工时才能根据基本生产成本二级账计算的间接计入费用分配率和该产品累计工时计算登记完工产品应负担的间接计入费用。

基本生产成本二级账要按成本项目登记该企业全部产品批别的月初（上月末）费用、本月费用、累计费用；同时还要登记月初在产品的累计工时，本月工时和累计工时；当产品累计加工完成时，期末要将完工产品所负担的直接计入费用、按间接计入费用分配率计算的间接计入费用转出。

表 4　基本生产成本二级账（各批产品总成本）
2010 年 4 月　　　　　　　　　　　　　　　　　单位：元

月	日	摘要	直接材料	累计工时（小时）	直接人工	制造费用	合计
3	31	月末在产品成本	30 000	29 000	22 000	15 000	67 000
4	30	材料费用分配表	24 000				24 000
4	30	工资福利费用分配表		17 000	12 960		12 960
4	30	转入制造费用				8 920	8 920
4	30	本月累计	54 000	46 000	34 960	23 920	112 880
4	30	累计间接费用分配率			0.76	0.52	
4	30	转出完工产品成本	23 625	36 625	27 835	19 045	70 505
4	30	月末在产品成本	30 375	9 375	7 125	4 875	42 375

$$直接人工累计分配率 = \frac{直接人工费用累计总额}{累计工时} = \frac{34\ 960}{46\ 000} = 0.76$$

$$制造费用累计分配率 = \frac{制造费用累计总额}{累计工时} = \frac{23\ 920}{46\ 000} = 0.52$$

转出完工产品累计工时 = 14 900 + 19 700 + 2 025 = 36 625（小时）

转出完工产品成本（根据产品成本计算单确定）

产品成本计算单（表6）

产品名称：A产品　　　　　　　　　批量：10台　　　　　　投产日期：2月
计量单位：元　　　　　　　　　　　批号：201　　　　　　　完工日期：4月

月	日	摘要	直接材料	生产工时（小时）	直接人工	制造费用	合计
3	31	月末在产品成本	9 500	11 000			9 500
4	30	本月发生费用		3 900			
4	30	本月累计	9 500	14 900			
4	30	累计间接费用分配率			0.76	0.52	
4	30	转出完工产品成本	9 500	14 900	11 324	7 748	28 572
4	30	完工产品单位成本	950		1 132.4	774.8	2 857.2

完工产品应负担＝A产品的生产工时×间接费用的累计分配率
$$= 14\,900 \times 0.76 = 11\,324\,（元）$$

完工产品应负担的制造费用＝A产品的生产工时×制造费用的累计分配率
$$= 14\,900 \times 0.52 = 7\,748\,（元）$$

$$完工产品的单位成本 = \frac{转出完工产品总成本}{完工产品数量} = \frac{9\,500 + 11\,324 + 7\,748}{10} = 2\,857.2$$

产品成本计算单（表7）

产品成本计算单（表7）

产品名称：B产品　　　　　　　　　批量：15台　　　　　　投产日期：3月
计量单位：元　　　　　　　　　　　批号：302　　　　　　　完工日期：4月

月	日	摘要	直接材料	生产工时（小时）	直接人工	制造费用	合计
3	31	月末在产品成本	12 000	13 000			12 000
4	30	本月发生费用		6 700			
4	30	本月累计	12 000	19 700			
4	30	累计间接费用分配率			0.76	0.52	
4	30	转出完工产品成本	12 000	19 700	14 972	10 244	37 216
4	30	完工产品单位成本	800		998.1	682.9	2 481

产品成本计算单（表8）

产品名称：C产品　　　　批量：8台　　　　投产日期：3月
计量单位：元　　　　批号：303　　　　完工日期：本月完工数量：2台

月	日	摘要	直接材料	生产工时（小时）	直接人工	制造费用	合计
3	31	月末在产品成本	8 500				
4	30	本月发生费用		5 000			
4	30	本月累计	8 500	3 100			
4	30	累计间接费用分配率		8 100	0.76	0.52	
4	30	转出完工产品成本	2 125	2 025	1 539	1 053	4 717
4	30	完工产品单位成本	1 062.5		769.5	526.5	2 358.5
4	30	月末在产品成本	6 375	6 075			

产品成本计算单（表9）

产品名称：D产品　　　　批量：12台　　　　投产日期：4月
计量单位：元　　　　批号：401　　　　尚未完工

月	日	摘要	直接材料	生产工时（小时）	直接人工	制造费用	合计
4	30	本月发生费用	24 000	3 300			

完工产品汇总表（表10）
2014年8月　　　　单位：元

成本项目	A产品		B产品		C产品	
	总成本	单位成本	单位成本	单位成本	单位成本	单位成本
直接材料	9 500	950	12 000	800	2 125	1 062.5
直接人工	11 324	1 132.4	14 972	998.1	1 539	769.5
制造费用	7 748	774.8	10 244	682.9	1 053	526.5
合计	28 572	2 857.2	37 216	2 491	4 717	2 358.5

项目七

一、单选题

1-5　D B D C D

二、选题

1　AC　　2 ABDE 3 AC 4 ABCD 5 DE

三、判断题

1-5　√ × √ × ×

四、计算题

1

第一步骤基本生产成本明细账

车间名称：第一步骤　　　　　　　　　　完工产量：240 件

产品名称：A 半成品　　　　　　　　　200×年 6 月　　　　　　　　金额单位：元

项目	直接材料	直接人工	制造费用	合计
月初在产品成本	3 500	690	1 400	5 590
本月生产费用	28 000	5 800	9 810	43 610
合计	31 500	6 490	11 210	49 200
单位产品成本	90	22	38	150
完工半成品成本	21 600	5 280	9 120	36 000
月末在产品成本	9 900	1 210	2 090	13 200

（5）第一步骤成本计算

直接材料 = 31 500÷（240+110）= 90

直接人工 = 6 490÷（240+110×50%）= 22

制造费用 = 11 210÷（240+110×50%）= 38

根据完工入库半成品成本作如下会计分录：

借：自制半成品——A 半成品　　　　　　　　　　　　　　　　36 000

　　贷：生产成本——基本生产成本——A 半成品　　　　　　　　36 000

半成品明细分类账

半成品明细分类账

名称：A 半成品　　　　　　　　　　　　　　　　　　　　　　单位：元

摘要	收入			发出			结存		
	数量/件	单价	金额	数量/件	单价	金额	数量/件	单价	金额
期初余额							60	145	8 700
一车间交库	240	150	36 000						
二车间领用				250	149	37 250	50	149	7 450

第二步骤基本生产成本明细账

车间名称：第二步骤　　　　　　　　　　完工产量：200 件

产品名称：B 半成品　　　　　　　　　200×年 6 月　　　　　　　　金额单位：元

项目	自制半成品	直接人工	制造费用	合计
月初在产品成本	4 190	430	1 380	6 000
本月生产费用	37 250	10 850	10 620	58 720
合计	41 440	11 280	12 000	64 720

续表

项目	自制半成品	直接人工	制造费用	合计
单位产品成本	148	47	50	245
完工半成品成本	29 600	9 400	10 000	49 000
月末在产品成本	11 840	1 880	2 000	15 720

（6）第二步骤成本计算

直接材料 = 41 440÷（200+80）= 148

直接人工 = 11 280÷（200+80×50%）= 47

制造费用 = 12 000÷（200+80×50%）= 50

根据完工入库半成品成本作如下会计分录：

借：自制半成品——B 半成品　　　　　　　　　　　　　　　49 000

　　贷：生产成本——基本生产本——B 半成品　　　　　　　　　49 000

半成品明细分类账

名称：B 半成品　　　　　　　　　　　　　　　　　　单位：元

摘要	收入			发出			结存		
	数量/件	单价	金额	数量/件	单价	金额	数量/件	单价	金额
期初余额									
二车间交库	200	245	49 000						
三车间领用				190	245	46 550	10	245	2 450

（7）第三步骤成本计算

直接材料 = 64 800÷（250+20）= 240

第三步骤基本生产成本明细账

产品名称：甲产成品　　　　　　　200× 年 6 月　　　　　　金额单位：元

项目	自制半成品	直接人工	制造费用	合计
月初在产品成本	18 250	7 100	3 950	29 300
本月生产费用	46 550	21 500	19 450	87 500
合计	64 800	28 600	23 400	116 800
单位产品成本	240	110	90	440
完工半成品成本	60 000	27 500	22 500	110 000
月末在产品成本	4 800	1 100	900	6 800

直接人工 = 28 600÷（250+20×50%）= 110

制造费用 = 23 400÷（250+20×50%）= 90

根据完工入库产成品成本作如下会计分录：

借：库存商品——甲产品　　　　　　　　　　　　　　　　110 000
　　贷：生产成本——基本生产本——B 半成品　　　　　　　　110 000

2. 分项逐步结转分步法练习

各车间基本生产成本明细账如下：

第一车间基本生产成本明细账

车间名称：第一车间　　　　　　　　完工产量：980 件
产品名称：A 半成品　　　　　　　　200×年 6 月　　　　　　　金额单位：元

项目	直接材料	直接人工	制造费用	合计
月初在产品成本	11 160	1 440	1 700	14 300
本月生产费用	148 340	23 808	24 600	196 748
合计	159 500	25 248	26 300	211 048
单位产品成本	145	24	25	194
完工半成品成本	142 100	23 520	24 500	190 120
月末在产品成本	17 400	1 728	1 800	20 928

（4）第一车间基本生产成本计算为：

直接材料 = 159 500 ÷（980+120）= 145

直接人工 = 25 248 ÷（980+120×60%）= 24

制造费用 = 11 210 ÷（240+120×60%）= 25

第二车间基本生产成本明细账

车间名称：第二车间　　　　　　　　完工产量：1 020 件
产品名称：B 半成品　　　　　　　　200×年 6 月　　　　　　　金额单位：元

项目	直接材料	直接人工	制造费用	合计
月初在产品成本	15 080	7 400	9 760	32 240
上步骤转入费用	142 100	23 520	24 500	190 120
本月生产费用		46 600	85 280	131 880
合计	157 180	77 520	119 540	354 240
单位产品成本	137.88	71.78	110.69	255.53
完工半成品成本	140 637.6	73 215.6	112 903.8	326 757
月末在产品成本	16 542.4	4 304.4	6 636.2	27 483

（5）第二车间基本生产成本计算为：

直接材料 = 157 180 ÷（1 020+120）= 137.88

直接人工 = 77 520 ÷（1 020+120×50%）= 71.78

制造费用 = 119 540 ÷（1 020+120×50%）= 110.69

第三车间基本生产成本明细账

车间名称：第三车间 完工产量：1 060件
产品名称：乙产品 200×年6月 金额单位：元

项目	直接材料	直接人工	制造费用	合 计
月初在产品成本	12 040	5 600	7 000	24 640
上步骤转入费用	140 637.6	73 215.6	112 903.8	326 757
本月生产费用		24 100	24 900	49 000
合 计	152 677.6	102 915.6	144 803.8	400 397
单位产品成本	131.62	93.56	131.64	356.82
完工半成品成本	139 517.2	99 173.6	139 538.4	378 229.2
月末在产品成本	13 160.4	3 742	5 265.4	22 167.8

（6）第三车间基本生产成本的计算为：

直接材料=152 677.6÷（1 060+100）=131.62

直接人工=102 915.6÷（1 060+100×40%）=93.56 制造费用=144 803.8÷（1 060+100×40%）=131.64

3. 该企业的成本计算如下：

（1）根据有关费用资料，登记各步骤产品成本明细账

产品成本明细账

第一步骤：B产品 2003年3月 单位：元

项目		直接材料	直接人工	制造费用	合 计
月初在产品成本		5 200	3 100	3 400	11 700
本月生产费用		29 000	9 500	10 400	48 900
生产费用合计		34 200	12 600	13 800	60 600
分配率		0.95	0.42	0.46	—
应计入产成品成本"份额"	定额	30 000	22 000	22 000	—
	实际	28 500	9 240	10 120	47 860
月末在产品成本	定额	6 000	8 000	8 000	—
	实际	5 700	3 360	3 680	12 740

说明：

①直接材料费用分配

$$直接材料费用分配率=\frac{34\ 200}{30\ 000+6\ 000}=0.95$$

应计入产成品的直接材料费用"份额"=30 000×0.95=28 500（元）

月末广义在产品的直接材料费用"份额"=34 200−28 500=5 700（元）

②直接人工费用的分配

$$直接人工费用分配率=\frac{12\ 600}{22\ 000+8\ 000}=0.42$$

应计入产成品的直接人工费用"份额"＝22 000×0.42＝9 240（元）

月末广义在产品直接人工费用"份额"＝12 600－9 240＝3 360（元）

③制造费用的分配

$$制造费用分配率=\frac{13\ 800}{22\ 000+8\ 000}=0.46$$

应计入产成品的制造费用"份额"＝22 000×0.46＝10 120（元）

月末广义在产品的制造费用"份额"＝13 800－10 120＝3 680（元）

产品成本明细账

第二步骤：B产品 　　　　　　　　　　　2 003年3月 　　　　　　　　　　　单位：元

项目		直接材料	直接人工	制造费用	合计
月初在产品成本			504	480	984
本月生产费用			3 600	3 339	6 939
生产费用合计			4 104	3 819	7 923
分配率			0.72	0.67	—
应计入产成品成本"份额"	定额		4 500	4 500	—
	实际		3 240	3 015	6 255
月末在产品成本	定额		1 200	1 200	—
	实际		864	804	1 668

说明：

①直接人工费用的分配

$$直接人工费用分配率=\frac{4\ 104}{4\ 500+1\ 200}=0.72$$

应计入产成品的直接人工费用"份额"＝4 500×0.72＝3 240（元）

月末广义在产品直接人工费用"份额"＝4 104－3 240＝864（元）

②制造费用的分配

$$制造费用分配率=\frac{3\ 819}{4\ 500+1\ 200}=0.67$$

应计入产成品的制造费用"份额"＝4 500×0.67＝3 015（元）

月末广义在产品制造费用"份额"＝3 829－3 015＝804（元）

（2）根据各步骤产品成本明细账，登记产品成本汇总表

产品成本汇总表

产品名称：B 　　　　 2003年3月 　　　　 产量：500 吨 　　　　 单位：元

成本项目	第一步骤"份额"	第二步骤"份额"	总成本	单位成本
直接材料	28 500		28 500	57.00
直接人工	9 240	3 240	12 480	24.96
制造费用	10 120	3 015	13 135	26.27
合计	47 860	6 255	54 115	108.23

（3）根据产成品成本汇总表和产成品入库单，编制产成品入库的会计分录：

借：库存商品——B产品　　　　　　　　　　　　　　　54 115

　　贷：生产成本——基本生产成本——B产品　（一车间）47 860

　　　　　　　　　　　　　　——B产品（二车间）　　 6 255

项目八

一、单项选择题

1-5　BADBC　　6-10　DCDAD

二、多项选择题

1-5　ABCDE　BCDE　CDE　ABC　ABCE

三、判断题

1-5　× × × √ √

四、计算与核算题

（一）（1）小号丝光毛巾的标准产量合计= 2 000×0.8+ 2 500×0.8×60% = 2 800（条）

中号丝光毛巾的标准产量合计= 2 400×1+3 500×1×40% = 3 800（条）

大号丝光毛巾的标准产量合计= 1 500×1.2+2 000×1.2x80% = 3 720（条）

（2）月末在产品成本= 30 284（元）

完工产品总成本= 388 600（元）

其中：小号丝光毛巾总成本= 10 720（元）

单位成本= 5.36（元）

中号丝光毛巾总成本= 16 080（元）

单位成本= 6.7（元）

大号丝光毛巾总成本= 12 060（元）

单位成本= 8.04（元）

（二）

摘要	直接材料成本项目				
	定额成本	定额差异	定额变动	材料成本差异	合计
月初在产品成本	4 700	190			4 890
月初在产品定额变动调整	1 300		−1 300		0
调整后月初在产品成本	6 000	190	−1300	0	4 890
10 月 5 日投料	36 000	1 200		−372	36 828
10 月 22 投料	24 000	590	−2 000	−225.9	22 364.1
生产费用合计	66 000	1 980	−3 300	−597.9	64 082.1
分配率		0.03	−0.05		
月末在产品成本	18 000	540	−900		17 640
本月完工产品成本	48 000	1 440	−2 400	−597.9	46 442.1
完工产品单位成本					116.11

项目九

一、单选题

1-5　B A A D D

二、多选题

1-5　ABCD　ABC　ABD　ABC　ABC

三、判断题

1-5　√ × √ × ×

四、计算与分析题

1. 运用连环替代法计算各因素影响如下：

材料计划成本 = 200 × 300 × 15 = 900 000（元）

材料实际成本 = 190 × 320 × 20 = 1 216 000（元）

分析对象：1 216 000 − 900 000 = 316 000（元）

计划指标：200 × 300 × 15 = 900 000 元

第一次替代：190 × 300 × 15 = 855 000 元

第二次替代：190 × 320 × 15 = 912 000 元

第三次替代：190 × 320 × 20 = 1 216 000 元

由于产量减少，使材料成本下降了 45 000 元；由于单耗上升，使材料成本上升了 57 000元；由于材料单价上升，使材料成本上升了 304 000 元。以上三个因素共同影响，使材料总成本上升了 316 000（−45 000+57 000+304 000）元。

运用差额计算法计算如下：

（1）由于产量减少，对材料成本的影响是：

（190−200）× 300 × 15 = −45 000 元

（2）由于单耗上升，对材料成本的影响是：

（320-300）×190×15＝57 000 元

（3）由于单价上升，对材料成本的影响是：

（20－15）×190×320＝304 000 元

以上三个因素共同影响，使材料总成本上升了 316 000（-45 000+57 000+304 000）元

2.

商品产品成本表

编制单位：　　　　　　　　　　　　　　　20××年×月　　　　　　　　　　　　　单位：元

产品名称	计量单位	实际产量		单位成本				本月总成本			本年累计总成本		
		本月	本年累计	上年实际平均	本年计划	上年实际平均	实际本年平均累计	成本计算按上年实际单位	单位本年成本计划计算	本月实际	成本计算按上年实际单位	单位本年成本计划计算	本月实际
		1	2	3	4	5	6	7	8	9	10	11	12
可比产品合计								43 100	43 200	43 300	507 600	508 950	509 625
甲	件	100	1 100	163	162	161	161.50	16 300	16 200	16 100	179 300	178 200	177 650
乙	件	200	2 450	134	135	136	135.50	26 800	27 000	27 200	328 300	330 750	331 975
不可比产品合计		300	3 500		108	106	107		32 400	31 800		378 000	374 500
丙	件	300	3 500		108	106	107		32 400	31 800		378 000	374 500
全部商品产品成本合计									75 600	75 100		886 950	8841 25

补充资料：

1. 可比产品成本降低额为-2 025元。

2. 可比产品降低率为-0.399%（本年计划降低率为-0.266%）

参考文献

1. 王立彦. 徐浩萍，饶菁. 成本会计. 大连：东北财经大学出版社，2004

2. 欧阳清. 成本会计. 上海：复旦大学出版社，2004

3. 程坚. 成本会计实务. 北京：清华大学出版社，2004

4. 鲁亮升. 成本会计实验教程.（第 2 版）. 北京：经济科学出版社，2002

5. 丁元霖. 成本会计习题与解答. 上海：立信会计出版社，2004

6. 丁元霖. 成本会计. 上海：立信会计出版社，2002

7. 罗飞. 成本会计.（第 2 版）. 北京：高等教育出版社，2001

8. 于富生，王俊生，黎文珠. 成本会计学.（第 3 版）. 北京：中国人民大学出版社，2002

9. 张伟. 成本会计. 长沙：湖南师范大学出版社. 2016

10. 傅建设. 成本会计教程.（第 2 版）. 上海：立信会计出版社，2002